中国的影子银行与股票市场：内在关联与作用机理

The Shadow Banking and Stock Market: Internal Correlation and Mechanism

李锦成 著

经济管理出版社
ECONOMY & MANAGEMENT PUBLISHING HOUSE

图书在版编目（CIP）数据

中国的影子银行与股票市场：内在关联与作用机理 / 李锦成著. —北京：经济管理出版社，2017.12

ISBN 978-7-5096-5441-5

Ⅰ. ①中… Ⅱ. ①李… Ⅲ. ①非银行金融机构—影响—股票市场—研究—中国
Ⅳ. ①F832.39 ②F832.51

中国版本图书馆 CIP 数据核字（2017）第 256340 号

组稿编辑：宋　娜
责任编辑：胡　茜
责任印制：黄章平
责任校对：王淑卿

出版发行：经济管理出版社
（北京市海淀区北蜂窝 8 号中雅大厦 A 座 11 层　100038）
网　　址：www. E-mp. com. cn
电　　话：（010）51915602
印　　刷：玉田县昊达印刷有限公司
经　　销：新华书店
开　　本：720mm×1000mm/16
印　　张：14
字　　数：223 千字
版　　次：2018 年 1 月第 1 版　　2018 年 1 月第 1 次印刷
书　　号：ISBN 978-7-5096-5441-5
定　　价：88.00 元

第六批《中国社会科学博士后文库》编委会及编辑部成员名单

序 言

博士后制度在我国落地生根已逾30年，已经成为国家人才体系建设中的重要一环。30多年来，博士后制度对推动我国人事人才体制机制改革、促进科技创新和经济社会发展发挥了重要的作用，也培养了一批国家急需的高层次创新型人才。

自1986年1月开始招收第一名博士后研究人员起，截至目前，国家已累计招收14万余名博士后研究人员，已经出站的博士后大多成为各领域的科研骨干和学术带头人。其中，已有50余位博士后当选两院院士；众多博士后入选各类人才计划，其中，国家百千万人才工程年入选率达34.36%，国家杰出青年科学基金入选率平均达21.04%，教育部“长江学者”入选率平均达10%左右。

2015年底，国务院办公厅出台《关于改革完善博士后制度的意见》，要求各地各部门各设站单位按照党中央、国务院决策部署，牢固树立并切实贯彻创新、协调、绿色、开放、共享的发展理念，深入实施创新驱动发展战略和人才优先发展战略，完善体制机制，健全服务体系，推动博士后事业科学发展。这为我国博士后事业的进一步发展指明了方向，也为哲学社会科学领域博士后工作提出了新的研究方向。

习近平总书记在2016年5月17日全国哲学社会科学工作座谈会上发表重要讲话指出：一个国家的发展水平，既取决于自然科学发展水平，也取决于哲学社会科学发展水平。一个没有发达的自然科学的国家不可能走在世界前列，一个没有繁荣的哲学社会科学的国家也不可能走在世界前列。坚持和发展中国特色社会主义，需要不断在实践中和理论上进行探索、用发展着的理论指导发展着的实践。在这个过程中，哲学社会科学具有不可替代的重要地位，哲学社会科学工作者具有不可替代的重要作用。这是党和国家领导人对包括哲学社会科学博士后在内的所有哲学社会科学领域的研究者、工作者提出的殷切希望！

中国社会科学院是中央直属的国家哲学社会科学研究机构，在哲学社会科学博士后工作领域处于领军地位。为充分调动哲学社会科学博士后研究人员科研创新的积极性，展示哲学社会科学领域博士后的优秀成果，提高我国哲学社会科学发展的整体水平，中国社会科学院和全国博士后管理委员会于 2012 年联合推出了《中国社会科学博士后文库》（以下简称《文库》），每年在全国范围内择优出版博士后成果。经过多年的发展，《文库》已经成为集中、系统、全面反映我国哲学社会科学博士后优秀成果的高端学术平台，学术影响力和社会影响力逐年提高。

下一步，做好哲学社会科学博士后工作，做好《文库》工作，要认真学习领会习近平总书记系列重要讲话精神，自觉肩负起新的时代使命，锐意创新、发奋进取。为此，需做到：

第一，始终坚持马克思主义的指导地位。哲学社会科学研究离不开正确的世界观、方法论的指导。习近平总书记深刻指出：坚持以马克思主义为指导，是当代中国哲学社会科学区别于其他哲学社会科学的根本标志，必须旗帜鲜明加以坚持。马克思主义揭示了事物的本质、内在联系及发展规律，是“伟大的认识工具”，是人们观察世界、分析问题的有力思想武器。马克思主义尽管诞生在一个半多世纪之前，但在当今时代，马克思主义与新的时代实践结合起来，越来越显示出更加强大的生命力。哲学社会科学博士后研究人员应该更加自觉地坚持马克思主义在科研工作中的指导地位，继续推进马克思主义中国化、时代化、大众化，继续发展21世纪马克思主义、当代中国马克思主义。要继续把《文库》建设成为马克思主义中国化最新理论成果宣传、展示、交流的平台，为中国特色社会主义建设提供强有力的理论支撑。

第二，逐步树立智库意识和品牌意识。哲学社会科学肩负着回答时代命题、规划未来道路的使命。当前中央对哲学社会科学愈加重视，尤其是提出要发挥哲学社会科学在治国理政、提高改革决策水平、推进国家治理体系和治理能力现代化中的作用。从2015年开始，中央已启动了国家高端智库的建设，这对哲学社会科学博士后工作提出了更高的针对性要求，也为哲学社会科学博士后研究提供了更为广阔的应用空间。《文库》依托中国社会科学院，面向全国哲学社会科学领域博士后科研流动站、工作站的博士后征集优秀成果，入选出版的著作也代表了哲学社会科学博士后最高的学术研究水平。因此，要善于把中国社会科学院服务党和国家决策的大智库功能与《文库》的小智库功能结合起来，进而以智库意识推动品牌意识建设，最终树立《文库》的智库意识和品牌意识。

第三，积极推动中国特色哲学社会科学学术体系和话语体系建设。改革开放30多年来，我国在经济建设、政治建设、文化建设、社会建设、生态文明建设和党的建设各个领域都取得了举世瞩目的成就，比历史上任何时期都更接近中华民族伟大复兴的目标。但正如习近平总书记所指出的那样：在解读中国实践、构建中国理论上，我们应该最有发言权，但实际上我国哲学社会科学在国际上的声音还比较小，还处于“有理说不出、说了传不开”的境地。这里问题的实质，就是中国特色、中国特质的哲学社会科学学术体系和话语体系的缺失和建设问题。具有中国特色、中国特质的学术体系和话语体系必然是由具有中国特色、中国特质的概念、范畴和学科等组成。这一切不是凭空想象得来的，而是在中国化的马克思主义指导下，在参考我们民族特质、历史智慧的基础上再创造出来的。在这一过程中，积极吸纳儒、释、道、墨、名、法、农、杂、兵等各家学说的精髓，无疑是保持中国特色、中国特质的重要保证。换言之，不能站在历史、文化虚无主义立场搞研究。要通过《文库》积极引导哲学社会科学博士后研究人员：一方面，要积极吸收古今中外各种学术资源，坚持古为今用、洋为中用。另一方面，要以中国自己的实践为研究定位，围绕中国自己的问题，坚持问题导向，努力探索具备中国特色、中国特质的概念、范畴与理论体系，在体现继承性和民族性、体现原创性和时代性、体现系统性和专业性方面，不断加强和深化中国特色学术体系和话语体系建设。

新形势下，我国哲学社会科学地位更加重要、任务更加繁重。衷心希望广大哲学社会科学博士后工作者和博士后们，以《文库》系列著作的出版为契机，以习近平总书记在全国哲学社会科学座谈会上的讲话为根本遵循，将自身的研究工作与时代的需求结合起来，将自身的研究工作与国家和人民的召唤结合起来，以深厚的学识修养赢得尊重，以高尚的人格魅力引领风气，在为祖国、为人民立德立功立言中，在实现中华民族伟大复兴中国梦的征程中，成就自我、实现价值。

是为序。

王京清

中国社会科学院副院长

中国社会科学院博士后管理委员会主任

2016年12月1日

摘　要

2007 年美国次贷危机爆发后，美国的金融市场首次提出了影子银行的概念。2008~2016 年，众多国内外学者对影子银行的理论与实践发展进行了大量的学术探讨，提出了一系列研究成果。本书从国际影子银行的界定、发展、与经济和金融市场的关系、监管、风险传染出发，结合中国本土影子银行的界定、统计、发展、对市场的影响性、监管多个视角，梳理了国内外学者 2008 年以来影子银行发展过程中的主要研究成果和学术观点。从结果可以看出，美国学术界认为影子银行对美国股市是有较大影响性的，而中国学术界还没有检验中国影子银行对中国股市影响性的实证研究。所以，本书将通过实证研究中国影子银行对中国股市的影响性，并提出有效监管和发展中国影子银行的建议。

近年来，中国影子银行规模呈现了井喷式增长，中国广义货币 M2/GDP 在 1996 年后首次有效突破了 100%，与美国等发达金融市场长期保持 M2/GDP 在 80%以下相比，这种货币超发现象值得反思。本书首次通过 M2、GDP、信贷规模等要素测算出 1996~2015 年的中国影子银行月度规模数据，结果发现：自 2003 年后影子银行规模快速增长，一直到 2012 年基本稳定在了一个区间内上下波动，而 2015 年以后，影子银行规模呈现了显著的下降趋势。

基于推算出的 1996~2015 年的月度影子银行数据，本书从基础计量学的角度入手，利用基本的曲线拟合研究方法构造一个逼近函数来表达影子银行和 A 股市场样本数据的总体趋势与特征。通过描述样本数据的特征，可以选择出最为简单合适的函数模型，然后，通过模型再来观察影子银行对 A 股市场的影响性。利用 11 种曲线拟合分析中国影子银行与 A 股市场的相关性，结果发现：影子银行与 A 股市场呈现出较为复杂的三次函数与"S"形函数关系。然后，利用 ARIMA（4，1，5）预测了 2016 年到 2018 年初的影子银行月度规模数据，结果发现：预测值有显著的下降趋势。通过协整检验和误差修正模型检验了中国影子银行与 A 股市场的长期稳定与动态关系，结果发现：影子银行对 A 股市场存在−7%的动态影响性。

本书通过全样本的格兰杰检验证明了中国影子银行与 A 股市场存在因果关系。通过残差自举窗口滚动检验进一步证明了影子银行与 A 股市场在不同时频维度上的结构突变相关性。然后，利用小波相关系数与相位差对自举滚动窗口方法进行了完善，即影子银行对 A 股市场的影响偏正向，这种正向关系表现在时频维度上是不同的两个时期，即 2003~2008 年和 2008~2011 年。在频域维度上产生了二者间彼此领先对方的情况，这说明资金成本决定了其逐利性，并且二者间的关系更偏向于中短期，长期则会弱化。

基于影子银行与 A 股市场同时存在的局部突变性特征，本书继续利用极值理论对二者间的极值风险进行了度量。对极值数据的分布函数，通常无法用高斯分布或者 t 分布来有效表达。尤其是金融时间序列的尖峰、拖尾、右偏情况，可以基于广义帕累托分布的 POT 模型对极值数据进行拟合，确定超出安全阈值的极值数据的分布形式。利用 Gibbs 抽样的贝叶斯 MCMC 模拟方法来估计模型的参数，这样可以解决当样本数据不足时极大似然估计中误差增大的问题，提高数据的拟合效果。基于 POT 模型对中国影子银行与 A 股市场的极值进行实证研究，确定阈值后分别测算了 MCMC 估计和 MLE 估计下的 VaR 和 ES。结果发现：上证成交量极值风险更大，影子银行极值风险相对较小。基于二者间极值分布的情况，继续利用连接函数对二者间的极值相关性进行了探索。线性相关性无法捕捉变量间非正态分布图中上下尾相关性结构，即当影子银行作为一个变量取较大值或者较小值时，对上证指数作为一个变量的取值是否有影响。

Copula 函数可以有效刻画各种变量间的尾部相关性，对于各种非线性相关性有很好的度量。金融时间序列通常呈现尖峰厚尾的形态，本书基于极值理论测算了影子银行与 A 股市场的尾部相关性，对二元数据联合分布和边缘分布的关系，采用 Gumbel-copula 和 Clayton-copula 函数进行验证，从而检验中国影子银行对 A 股市场的尾部影响性。

基于实证研究中国影子银行对股市的影响性，可以得出结论：中国影子银行对中国股市有一定负面影响，但在局部的时频上又存在正相关性。美国影子银行在 2008 年已经对美国股市和金融市场产生了巨大冲击，而中国影子银行还没有对中国宏观经济和金融市场产生较大影响。为防患于未然，对于做好预警工作，有效监管和健康发展中国影子银行，本书提出了一些建议：要有一套有效统计影子银行的办法，在此基础上，通过借鉴西方发达市场监管影子银行的政策经验，并推进中国宏观方面的经济体制改革，微观方面的国企改革、财税改革和金融改革，才可以有效发展中国影子银行。本书认为影子银行是通过金融创新和垄断导致的资源错配所产生的，那么，健康发展影子银行就需要对金融创新进行有效监管，这可以借鉴西方发达市场的监管经验；同时，需要对宏观经济体制、国有企业、税制和金融进行改革，从而消除垄断以达到市场资源的有效配置，才可以使影子银行对中国经济和金融市场发挥积极作用。

展望未来，2015 年中央经济工作会议提出了重点落实“十三五”规划建议要求，推进结构性改革，推动经济持续健康发展。同时，会议提出了供给侧结构性改革五大攻坚任务，即“去产能、去库存、去杠杆、降成本、补短板”。通过减少无效供给，提高有效供给，解放和发展社会生产力，增强供给结构对需求变化的适应性和灵活性，提高全要素生产率。所谓结构性改革，既强调供给又关注需求，既突出发展社会生产力又注重完善生产关系，既发挥市场在资源配置中的决定性作用又更好地发挥政府作用，既着眼当前又立足长远。通过供给侧改革的五大攻坚任务来展望影子银行的发展，坚持党的十八届三中全会提出的以市场对资源配置起决定性作用，中国影子银行一定会健康有序发展，对中国资本市场起到积极的作用。

关键词： 影子银行；中国股市；曲线拟合；AIRIMA-ECM 模型；残差自举—小波分析；POT 模型；非对称 Copula 函数；有效发展与监管

Abstract

U.S. financial market firstly put forward the concept of shadow banking after the 2008 financial crisis. From 2008 to 2016, many domestic and foreign scholars have made a lot of academic researches on the theory and practice of shadow banking, and presented a series of research results. This paper summarized main research achievements and academic point of view regarding the development of shadow banking since 2008, based on definition, development, relations with economics and financial market, supervision, risk contagion of international and domestic shadow banking. The results show that U. S. academic circles have a view that shadow banking has a great impact on U. S. stock market. Chinese academic circles have not yet tested the empirical research the impact of China shadow banking on China stock market. Therefore, this paper will study the impact of China shadow banking on China stock market by empirical research, and put forward recommendations of effective supervision and development of China shadow banking.

In recent years, the scale of China shadow banking presents a dramatically growth. At the first time, China's M2/GDP effectively breached the point of 100% in 1996, which worth of introspection, compared with U. S. and other developed financial markets whose M2/GDP present below 80% of long-term period. This paper firstly estimates the monthly scale data of China shadow banking of 1996 to 2015. The results show that shadow banking scale was rapidly increased since 2003, and basically stabilized until 2012, and after 2015, the shadow banking scale presents significant downward trend.

After calculating 1996~2015 monthly shadow banking data, based on basic metrology, the basic curve fitting method can express overall trends and characteristics of shadow banking and A share market sample data by constructing a function approximation. It can be chosen the most appropriate model by describing the characteristics of the sample data. This paper uses 11 kinds of curve fitting to analyze the correlation of shadow banking and A share market. The results found that shadow banking and A share market present cubic function and S-shaped function with complexity. Then, using ARIMA (4, 1, 5) predicted 2016~2018 shadow banking monthly data, the result found that the predicted data has a significant downward trend. By cointegration test and ECM, the long-term and dynamic relationship between China's shadow banking and A share market was tested, the result shows that the dynamic impact of shadow banking on A share market is -7%.

This paper proved Granger causality test of shadow banking system and A share market, and found that there is structured change of time-frequency dimension for those two variables by residual bootstrap window scroll analysis. Then, wavelet analysis is used to further improve the bootstrap analysis, that there is positive correlation, which reflects two periods from 2003 to 2008 and from 2008 to 2011, between shadow banking system and A share market. Also, there is leading each other's situation between two variables at the frequency angel, which indicates that the cost of capital determines it's profit-driven, and the relationship between them is more short-term, and long-term becomes weakened.

Based on the simultaneously local characteristics of the shadow banking and A share market, the paper uses the extreme value theory to measure the extreme risk of the two variables. The distribution function of the extreme value data can not be effectively expressed by Gauss or t-distribution. Especially for financial time series, its extreme value can be fitted by POT model based on GPD.

Bayesian MCMC simulation method is used to estimate the parameters of the model, which can solve the problem of increasing error in MLE when the sample data is insufficient, and fitting effect can be improved. The paper researched for the extreme value of shadow banking and A stock market based on the POT model, and calculated VaR and ES in terms of MCMC and MLE estimates. The results found that: The extreme value of Shanghai index turnover is greater risk, shadow banking is relatively small. Based on the extreme value distribution of two variables, the paper continues to use Copula functions exploring the correlation of two extreme values. Linear correlation can not capture the upper and lower tail dependence structure of non-normal distribution between variables, that is, when shadow banking as a variable value, whichever is greater or lesser value, is there any impact to the Shanghai index as a variable value? Copula function can effectively portray the tail dependence of variables. Financial time series typically exhibit a fat tail, the paper estimates tail dependence between shadow banking and A share market based on extreme value theory. The paper uses Gumbel-copula and Clayton-copula test the relations of binary data joint distribution and marginal distributions, so that to calculate the tail impact between shadow banking and A share market.

Based on the empirical study of the impact of China shadow banking on stock market, it can be concluded that: China shadow banking has a certain negative impact on China stock market, there is also a positive correlation on local time frequency. U. S. Shadow banking has a huge impact on the U. S. stock market and financial markets in 2008, while China shadow banking has not had a big impact on China's macroeconomics and financial markets. But the nip in the bud, do a good job of early warning: Effective supervision and healthy developing of China shadow banking, this paper puts forward some suggestions: There should be a set of effective statistical shadow banking approaches. On this basis, by drawing on Western developed market supervision experience of shadow banking, and promote China's economic reform of macro aspects, reform of state-owned enterprises, fiscal and financial reform of micro-aspects, which could cause effective development of China shadow banking. This paper argues that China shadow banking is generated by financial innovation and financial monopoly, which causes misallocation of resources, so that healthy development of shadow banking requires effective supervision of financial innovation, which can be learned from western developed market supervision experience; moreover, it is required to drive on the reform of macro-economic system, state-owned enterprise reform, fiscal and financial reform, in order to eliminate the monopoly and achieve efficient allocation of resources, which can make China shadow banking play an positive role for economy and financial market.

Looking to the future, the central economic work conference proposed focus on the implementation of the "13th Five-Year" planning proposals in 2015, promoted the structural reform, the sustained and healthy development of economy. At the same time, the meeting proposed a supply side structural reform five crucial tasks, namely "cutting production and inventory, reducing cost and leverage, supplementing weaknesses". Through reducing the invalid supply, improving the effective supply, liberating and developing the productive forces, enhancing the adaptability and flexibility of the supply structure to the change of demand, improving the total factor productivity. The so-called structural reforms, both supply and demand attention, not only highlight the development of social productivity and the improvement on the relations of production, as well as the market to play a decisive role in the allocation of resources and better play the role of government, both on the current and long-term. To prospect the development of shadow banking through the supply side reform five crucial task, based on the "decision" in the third Plenary Session of the 18th CPC Central

Committee, the market allocation of resources play a decisive role, the shadow banking will be healthily and effectivily developed, and have effect and positive influences on Chinese capital market.

Key Words: Shadow Banking; China Stock Market; Curve Fitting; ARIMA -ECM Model; Bootstrap -wavelet Analysis; POT Model; Non-symmetric Copula Function; Effective Development and Supervison

目　录

第一章　引　言 …………………………………………………………… 1

第一节　研究背景与意义 ………………………………………………… 1

一、研究背景 …………………………………………………………… 1

二、研究意义 …………………………………………………………… 2

第二节　中外文献综述 …………………………………………………… 3

一、国外文献回顾 ……………………………………………………… 3

二、国内文献回顾 ……………………………………………………… 11

第三节　研究思路与方法 ………………………………………………… 22

一、研究思路 …………………………………………………………… 22

二、研究方法 …………………………………………………………… 24

第四节　本书的主要内容 ………………………………………………… 25

第二章　中国影子银行规模的有效统计方法 ………………………… 31

第一节　中国影子银行的统计口径选择 ………………………………… 31

一、影子银行统计口径的方法确定 …………………………………… 31

二、影子银行统计起始年份的确定 …………………………………… 35

三、影子银行开始高速发展的主要原因 ……………………………… 41

第二节　中国影子银行的统计 …………………………………………… 48

一、理论基础 …………………………………………………………… 48

二、实证研究 …………………………………………………………… 50

第三节　小结 ……………………………………………………………… 62

第三章　多曲线拟合分析影子银行与 A 股市场的相关性 ……… 65

第一节　理论基础 ………………………………………………………… 65

第二节　实证分析 …………………………………………………… 68
第三节　小结 ………………………………………………………… 73

第四章　影子银行的预测与对 A 股市场的影响性
——基于 ARIMA-ECM 模型 ………………………………… 75

第一节　理论基础 …………………………………………………… 75
第二节　实证研究 …………………………………………………… 78
一、影子银行的预测 ……………………………………………… 78
二、影子银行与 A 股市场的协整关系 ………………………… 85
三、影子银行与 A 股市场的 ECM ……………………………… 86
第三节　小结 ………………………………………………………… 87

第五章　基于残差自举法—小波分析多尺度检验影子银行对 A 股市场的结构时频影响性 ………………………………… 89

第一节　理论基础 …………………………………………………… 89
一、残差自举法全样本格兰杰检验 …………………………… 89
二、残差自举法滚动窗口检验 …………………………………… 91
三、小波时频分析法 ……………………………………………… 91
第二节　实证研究 …………………………………………………… 94
一、影子银行与 A 股市场的全样本格兰杰检验 ……………… 94
二、影子银行与 A 股市场的滚动窗口检验 …………………… 95
三、影子银行与 A 股市场的小波时频分析 …………………… 99
第三节　小结 ………………………………………………………… 103

第六章　基于 MCMC-POT 模型度量影子银行与 A 股市场 GPD 极值 VaR-ES 估计 ………………………………………… 105

第一节　理论基础 …………………………………………………… 105
一、POT 模型理论 ………………………………………………… 105
二、GPD 分布的检验 ……………………………………………… 106
三、选取安全阈值 ………………………………………………… 107

四、参数估计 …… 108
五、MCMC 模拟估计模型参数 …… 109
六、Gibbs 抽样方法 …… 110
七、POT 模型下的 VaR-ES 估计 …… 111
第二节 实证分析 …… 113
一、影子银行的 MCMC-POT 模型估计 …… 113
二、上证指数的 MCMC-POT 模型估计 …… 119
三、上证成交量的 MCMC-POT 模型估计 …… 121
四、影子银行与 A 股市场的 VaR-ES 估计 …… 124
第三节 小结 …… 125

第七章 基于非对称 Copula 函数度量影子银行对 A 股市场的尾部影响性 …… 127

第一节 理论基础 …… 127
一、确定边缘分布 …… 128
二、确定联合分布 Copula 函数类型 …… 129
三、尾部相关分析与 Copula 函数的相关性分析 …… 130
四、模型检验与评价 …… 131
第二节 实证研究 …… 131
一、影子银行与 A 股市场的边缘分布 …… 131
二、影子银行与 A 股市场的尾部相关性 …… 135
三、尾部相关性参数估计与评价 …… 138
第三节 小结 …… 138

第八章 有效监管和发展影子银行的建议 …… 141

第一节 要有效统计影子银行规模 …… 142
一、确定各影子银行单元的负责单位 …… 144
二、建立银监会联合各地银监局的资金监控系统 …… 144
三、制定并优化信息处理与控制系统流程 …… 145
四、建立长期国家层面的金融督导工作 …… 145

第二节　借鉴国际影子银行监管经验有效发展和监管中国影子银行 …… 146
第三节　经济体制改革是有效监管和发展影子银行的根本 …… 149
第四节　从国企改革的角度分析影子银行的有效发展 …… 150
第五节　从税制改革的角度分析影子银行的有效发展 …… 151
第六节　从金融改革的角度分析影子银行的有效监管和发展 …… 154
第七节　展望 …… 162

参考文献 …… 169

索　引 …… 179

后　记 …… 183

专家推荐表 …… 185

Contents

1 Introduction …… 1

1.1 Research Backgrounds and the Value of the Book …… 1

1.1.1 Research Backgrounds …… 1

1.1.2 The Value of the Book …… 2

1.2 The Literature Review of China and Foreign Countries …… 3

1.2.1 The Foreign Literature Reviews …… 3

1.2.2 The Domestic Literature Reviews …… 11

1.3 The Research Thoughts and Methods …… 22

1.3.1 The Research Thoughts …… 22

1.3.2 The Research Methods …… 24

1.4 The Main Contents of the Book …… 25

2 Effective Statistical Methods for the Size of Shadow Banking …… 31

2.1 The Options of Statistical Caliber …… 31

2.1.1 Methods of Determining the Statistical Caliber …… 31

2.1.2 The Determination of the Starting Year …… 35

2.1.3 The Main Reasons for the Rapid Development …… 41

2.2 Statistics of China Shadow Banking …… 48

2.2.1 Theoretical Basis …… 48

2.2.2 Empirical Study …… 50

2.3 Summary …… 62

3 Analysis of the Correlation between Shadow Banking and A Stock Market by Multi-Curve Fitting …… 65

3.1 Theoretical Basis …… 65
3.2 Empirical Study …… 68
3.3 Summary …… 73

4 Shadow Banking Forecasts and Impact on the A Stock Market —Based on the ARIMA-ECM Model …… 75

4.1 Theoretical Basis …… 75
4.2 Empirical Study …… 78
4.2.1 Shadow Banking Forecasts …… 78
4.2.2 Cointegration Relationship between Shadow Banking and A Stock Market …… 85
4.2.3 ECM in Shadow Banking and A Stock Market …… 86
4.3 Summery …… 87

5 Multiscale Analysis of the Structure and Time Frequency Effects of Shadow Banking on A Stock Market Based on Bootstrap Wavelet Analysis …… 89

5.1 Theoretical Basis …… 89
5.1.1 Bootstrap-Full Sample Granger Test …… 89
5.1.2 Bootstrap-Rolling Window Test …… 91
5.1.3 Wavelet Time-Frequency Analysis …… 91
5.2 Empirical Analysis …… 94
5.2.1 The Full Sample Granger Test of Shadow Banking and A Stock Market …… 94
5.2.2 The Rolling Window Test of Shadow Banking and A Stock Market …… 95
5.2.3 Wavelet Time Frequency Analysis of Shadow Banking and A Stock Market …… 99

5.3 Summery …… 103

6 GPD Extreme Value VaR-ES Estimation of Shadow Banking and A Stock Market Based on MCMC-POT Model …… 105

6.1 Theoretical Basis …… 105
6.1.1 POT Model Theory …… 105
6.1.2 Test of GPD Distribution …… 106
6.1.3 Selection of Security Threshold …… 107
6.1.4 Parameter Estimation …… 108
6.1.5 MCMC Simulation to Estimate Model Parameters …… 109
6.1.6 Gibbs Sampling Method …… 110
6.1.7 VaR-ES Estimation under POT Model …… 111
6.2 Empirical Analysis …… 113
6.2.1 MCMC-POT Model Estimation of Shadow Banking …… 113
6.2.2 MCMC-POT Model Estimation of Shanghai Stock Index …… 119
6.2.3 MCMC-POT Model Estimation of Shanghai Stock Exchange Volume …… 121
6.2.4 VaR-ES Estimates of Shadow Banking and A Stock Market …… 124
6.3 Summery …… 125

7 The Measurement of Shadow Banking's Tail Impact on A Stock Market Based on the Asymmetric Copula Function …… 127

7.1 Theoretical Basis …… 127
7.1.1 Determination of Marginal Distribution …… 128
7.1.2 Determination of the Type of Joint Distribution Copula Function …… 129
7.1.3 The Analysis of Tail Correlation and Copula Function …… 130
7.1.4 Model Test and Evaluation …… 131

7.2 Empirical Analysis …… 131
7.2.1 The Marginal Distribution of Shadow Banking and A Stock Market …… 131
7.2.2 The Tail Depedence of Shadow Banking and A Stock Market …… 135
7.2.3 Estimation and Evaluation of Tail Dependent Parameters …… 138
7.3 Summery …… 138

8 Proposals for Effective Regulation and Development of Shadow Banking …… 141

8.1 Effective Statistics of Shadow Banking Scale …… 142
8.1.1 Determination of Units Responsible for Each Shadow Banking Unit …… 144
8.1.2 Establishment of A Capital Supervision and Control System …… 144
8.1.3 Optimization the Process of Information Processing and Control System …… 145
8.1.4 Establishment of Long-Term Financial Supervision at the National Level …… 145
8.2 Drawing on the Experience of International Supervision …… 146
8.3 From the Perspective of Economic System Reform …… 149
8.4 From the Perspective of State-Owned Enterprise Reform …… 150
8.5 From the Perspective of Tax Reform …… 151
8.6 From the Perspective of Financial Reform …… 154
8.7 Expectation …… 162

Reference ·· 169
Index ·· 179
Acknowledgements ··· 183
Recommendations ··· 185

第一章　引　言

第一节　研究背景与意义

一、研究背景

2007 年，美国发生了次贷危机，直接影响就是美国股市出现了自 1929 年以来最大的跌幅，此次金融危机的溢出效应使全球股市也随之快速下挫。美国华尔街与学术界普遍认为影子银行体系在极端情况下产生的流动性问题是导致金融危机的重要因素之一。国务院办公厅在 2014 年初发布了 107 号文《关于加强影子银行业务若干问题的通知》，此文一出，就被市场普遍看作是关于中国影子银行界定、发展与监管的顶层设计。文中也强调了 2008 年的国际金融危机表明，影子银行风险具有复杂性、隐蔽性、脆弱性、突发性和传染性，容易诱发系统性风险，要认真吸取此次危机的教训，加强大局意识和忧患意识，在坚持金融创新的基础上，加强金融监管，防范金融风险，落实责任，加强协调，在发挥影子银行积极性的同时，把其隐患与负面影响降到最低。

美国政府从 20 世纪 80 年代开始，就对金融市场进行了一系列的改革，大力发展金融衍生品和资产证券化产品。作为全球金融中心，美国金融市场受到了全球投资界的“吹泡沫”影响，各种资产证券化和衍生品的价格越“吹”越高，当然，这是在美国经济不断稳定增长、各大媒体唱多美国市场和科技不断创新的背景下发生的。但是，当资产价格与实体经济预期收益产生严重背离时，这种高估值就会被质疑。这个时候刺破泡沫的行为就随时可能会产生，只要有一个无论政治还是经济方面的“黑天鹅”事件，就会产生资产证券化的流动性危机，大量的卖盘没有交易对手接盘，金融资产就会产生毒性，甚至崩盘。在美国如此丰富多样化的金融创新、金融衍生、资产金融化、资产证券化、长期低利率和货币宽松的背景下，除了高科技行业估值较高外，其他行业都已经进入长期低估值状态，传统经济和金融市场的低回报导致影子银行资金大量流入。一旦突破一定的安全阈值，那么影子银行就会对整个宏观经济和金融市场产生冲击，美国股市是经济的晴雨表，必然最为显著。然而，如果影子银行在安全阈值下，实际上对整个金融市场或者实体经济都是有正面意义的，如提供了商业银行无法满足的流动性，缓解金融供给端压力；在经济转型背景下对新兴产业提供融资支持，缓解需求端压力。

中国长期以来有着较为严格的利率管制、金融服务业垄断、社会投资渠道有限和中小微企业融资门槛高等情况，致使中国影子银行规模近年来迅速扩张。美国的影子银行主要是流向金融结构性衍生品，和发达国家美国不同，中国特殊金融管制背景下，影子银行主要是流向了信贷市场。尤其是 2007 年美国次贷危机后，为了使中国经济保持稳增长，政府进行了一系列经济刺激，进一步激发了影子银行的膨胀。其中，鼓励商业银行创新发展中间业务，直接导致中国商业银行与信托公司的同业合作规模迅速扩张，尤其是商业银行“表内转表外”理财产品的井喷式发展，这构成了近年来商业银行自身衍生出的一种规模较大的影子银行形式。同时，政府的刺激投资和默许地方竞争也使中国地方债务规模不断扩大，这又形成了以地方融资平台为主的影子银行形式。另外，资本市场的场外融资和各类私募基金的快速发展，形成了资本市场的影子银行形式。最后，中小微企业高速发展而融资难，货币长期超发泛滥无高回报投资渠道，又产生出了影子银行民间借贷和以小贷公司为主的形式。这几种形式构成了中国影子银行的主力资金。

二、研究意义

中国经济增速经历了长期的高速发展后，在 2007 年美国次贷危机后开始下降，尤其是 2010 年的欧债危机重挫中国在欧洲的外贸业，导致出口对经济增速的贡献度快速下降，而中国国民经济“三驾马车”中的消费一直较为乏力，如果没有投资的高贡献率，中国经济难免会硬着陆。在政府的管理下，中国的确经历了 GDP 的快速增长，然而，一味追求高财务杠杆产出的高投资率直接导致中国货币超发，有价资产泡沫严重。中国 A 股市场自 2007 年上证指数创历史高点后持续下挫，并且，在 2015 年再次发生了和 2007 年类似的情景，即股指快速上扬后迅速暴跌。中国资本市场长期的怪异现象是：股市并没有反映出经济的“晴雨表”，历次上涨反而是经济较差的时期，而长期低迷又是经济增长较快的时期。发达经济体不但对次贷危机和欧债危机免疫力较强，而且多数发达市场股市在次贷危机后表现相对稳定。海外一些知名基金经理在 A 股市场中按照西方经济学投资理念进行投资组合管理后，并没有创造骄人战绩，反而深套其中，纷纷退出 A 股市场，这种背离现象引起了国内外学术界的好奇与反思。基于美国学术界提出的影子银行是导致 2007 年次贷危机和全球股市巨幅波动的重要因素观点，中国影子银行作为脱离监管的巨量资金流动与股市有何种相关性值得研究。所以，深入研究中国影子银行的风险传染性，探索其规模的快速扩张与 A 股市场持续低迷的关系，从而捕捉影子银行对 A 股市场的影响性，对理解 A 股市场长期波动率较大的现象有一定意义，可以为监管层提供一定的决策价值。而且通过研究影子银行和 A 股市场间的风险安全阈值，可以进一步准确度量中国影子银行的风险。同时，本书以影子银行对 A 股市场影响性的定量研究结论为依据，提出了有效的金融监管措施和有序发展影子银行的建议。

第二节 中外文献综述

一、国外文献回顾

1. 国际影子银行的界定

关于影子银行的研究，最早始于 2007 年美国次贷危机，首先由美国加州著名的共同基金——太平洋投资管理有限责任公司在全球央行会议中提出了这个概念。次年，其总经理 Pacul McCulley 在《去杠杆化的悖论将被打破》一文中界定了影子银行：它是一种杠杆式金融中介，其负债被广泛视为相似于货币的优良本质，且流动性与传统银行存款相似。这些负债可能是货币市场基金的份额、金融公司的商票通道或者结构性投资工具、投资银行或者对冲基金的回购借款、抵押贷款的优先批次和类似其他筹资工具。Buiter（2008）研究了2007年基于不利监管下的英国新增抵押贷款排名第一的北岩银行，指出宽松的监管导致影子银行的快速扩张。同时，他也界定了影子银行：影子银行部门主要包括高杠杆化的非存款类机构，这些机构在市场中借出流动性差的长期资金，并且借入流动性好的短期资金，它们的功能类似于银行，但却很少被监管。它们同时占有很少的资本金，其资产和负债的流动性、杠杆比方面基本上没有实质性监管。同时，影子银行很少履行进行信息披露的义务，也很少能满足政府制定的标准，因为多数影子银行是私人或者少数人持股，如对冲基金、私募基金、货币市场基金、债券承保、通道业务、结构性投资工具、资产负债表外业务等。Farhi 和 Cintra（2009）指出违约率的增加、房地产的贬值和次级抵押金融资产的折旧触发了2008年金融危机，类似以房地产信贷的信用衍生品和结构化产品无法被有效监管，它们通过各种途径再次流向了全球市场，这些影子银行无资本需求、无存款保险制度、没有进行再贴现，但获得了央行的信用额度，积聚了越来越大的风险。以上这些机构与资本市场交织构成了全球影子银行体系。纽约联邦银行职员 Pozsar 等（2010）在其报告《影子银行》中首次对影子银行做出了官方性质的界定，如体制特点、其经济作用、其与传统银行的关系。他们指出影子银行实施信贷和流动性转换业务，但未得到中央银行或者公共信用部门担保，包括财务公司、资产支持商票通道、有限目的财务公司、结构性投资工具、信用对冲基金、货币市场共同基金、证券借出人和政府资助企业。影子银行虽然像传统银行一样提供信用、到期和流动性转换，但是其没有美联储的贴现窗口或者联邦存款保险支持，其在2007年次贷危机中更加脆弱。美联储的 Adrian 等（2012）进一步界定了影子银行、其存在的原因和对其监管的意义。文中探讨了三个影子银行快速增长的动机：一是在货币供应量中的金融创新；二是避税、会计准则、资本要求的动机；三是金融市场的代理人问题，其导致不正当的动机。

2. 国际影子银行的发展

Bouveret（2011）评估了欧洲地区影子银行的规模，他认为欧洲地区在 2014 年第四季度共有 13 万亿美元规模的影子银行。Pozsar 和 Singh（2011）指出在 2007 年次贷危机前后美国影子银行规模高达 25 万亿美元；到 2010 年末，下降到了 18 万亿美元。Friedman 和 Schwartz（1963）指出在大萧条期间，同样的负反馈循环也曾发生。西方学者最早关注亚洲影子银行（包含中国）的是世界银行的 Ghosh 等，他们在《追踪影子银行：影子银行在新兴市场是如何显著的?》中指出：在发展经济体和新兴市场中，影子银行并没有被严肃地讨论和理解。这些地区的影子银行并不像发达地区影子银行那样有着较长的、复杂的、不透明的中介链，但是，它仍然会导致系统性风险的增长，通过间接和受管制的传统银行联系在一起，直接增加了整个金融系统的稳定性。同时，他们首次提出了一种新的观点：即由于欧元区降财务杠杆的压力在持续，影子银行成为了欧洲另类资金来源的通道。所以，新兴市场监管层应该有效管理来自发达地区另类资金的风险。美国国家经济研究局的 Ordonez（2013）在其工作文件中提出了如何保持影子银行的可持续发展。他指出：影子银行是商业银行的一部分，商业银行受到监管层对其投资的限制，当商业银行试图通过法律逃避监管时，说明商业银行看好未来经济前景，通过影子银行业务去努力提高潜在收益率。但是，如果经济下滑，可能会导致影子银行的崩溃，使所有业务又再次回归到传统银行业，导致整体市场收益率下降。美联储的 Duca（2014）分析了自从 20 世纪 60 年代早期以来影子银行提供的短期商业债务风险和对这些债务的使用改变因素。结果表明，影子银行债务规模在长期来看不仅被信息改变和存款准备金成本所影响，而且被政策法规对银行和非银行信用来源的影响转移所影响。短期来看，当存款利率上限被约束、经济前景向好时，或者由于事件风险扰乱金融市场导致风险溢价下降时，影子银行的规模会扩大。

3. 国际影子银行对经济和金融市场没有显著性影响

Stockhammer（2010）指出影子银行由于金融创新而大量泛滥，且无法被监管，类似投资基金、货币市场基金、对冲基金、私募基金等，2007~2009 年的次贷危机动摇了乐观的宽松化前景，但是影子银行对经济的影响仍然并不明朗。Adrian 和 Shin（2010）指出 2007 年美国次贷危机凸显了金融机构的角色转换和影子银行体系快速增长的重要性。影子银行主要是来源于商业银行与资本市场同业合作过程中的资产证券化，其在美国的发展是最为显著的，但是对全球的金融市场有着深远的影响。以市场为基础的金融系统，银行与资本市场是不可分割的，融资条件往往和杠杆率的波动有着密切的关系，金融中介如影子银行的资产负债表的增长可以提供大量信贷流动性，但是，当资产负债表萎缩时，金融危机的可能性就越来越大。

4. 国际影子银行对经济和金融市场有正面影响

美联储政策分析师 Noeth 和美联储经济学家 Sengupta（2011）从另一个角度质疑了市场对影子银行缺陷属性的观点，他们指出尽管很多学者认为影子银行是多余和低效的，但是不难看出其所带来的好处。首先，证券化是风险在借方、产品和地理位置间分散。而且，证券化分享了在分割不同信贷中介活动中由不同广度和尺度产生的益处，从而减少成本。影子银行作为传统银行的补充形式，提供了不同种类、风险和到期日的证券产品，使机构投资者可以更好地管理投资组合。最重要的是，影子银行在某种程度上增强了透明度和信息披露，因为如果影子银行不收购传统银行持有的资产，传统银行可能会将那些资产放在不透明的资产负债表上。所以，两位专家最后认为影子银行是传统银行业的补充，而非替代品，关键问题是监管层如何能更有效地发挥其优势，减少其风险。Calmès 和 Théoret（2011）指出影子银行的出现，极大地促进了银行营业收入的波动性，他们发现影子银行对银行业收益的积极影响被忽略了，即使在次贷危机中也是如此。

5. 国际影子银行对经济和金融市场存在负面影响

Eichengreen（2008）指出影子银行的快速发展是 1929 年大萧条时期的“Glass Steagall”法案被废除所导致的，其中规定了商业银行与投资银行的分离。这些投资银行的资本充足率要远远低于传统商业银行，导致其更容易诱发危机。一旦遇到危机，这些公司为了去杠杆会迅速贱卖资产，而在下跌市场中的贱卖会进一步导致这些机构本身资产价值的下降。美国国家经济研究局的 Bordo（2008）指出 2007~2008 年的金融危机是一种多年生模式，是金融机构经过多年的问题后，某个导火索事件就会导致危机的模式，类似于 1857 年、1893 年、1907 年、1929~1933 年的危机。同时，一种现代化的金融扭曲也是此次危机的重要影响因素，这种扭曲就是非银行金融部分影子银行系统，其未被中央银行监管，也未被金融安全网覆盖。Adrian 等（2009）指出了 2007 年的次贷危机使学术界开始反思美国宽松的金融监管缺陷，尤其是影子银行直接导致了关于资产安全性的反思，其与资本市场息息相关，对美国股市产生了很大的间接性影响，并且影子银行对全球金融系统产生了深远的影响。同时，他们指出银行系统和资本市场的发展不是分离的，融资条件是与影子银行杠杆率紧密联系的，这些机构的资产负债表的增长为市场提供了信用，而萎缩会导致金融危机。Imtiaz 和 Ahmad（2010）研究了 2007~2009 年的美国按揭贷款危机、流动性危机、股市波动和其对全球经济的溢出效应，他们认为大量无监管或弱监管的金融产品鼓励了影子银行的发展，这些高杠杆的影子银行对股票市场稳定性会有很大的负面影响，他们建议应当进行金融和经济政策的改革，使全球资本市场更加透明，这样才可以使其减少面对系统性风险的脆弱性，避免今后再次发生类似金融危机。Bernanke（2012）在《危机的思考与应对的策略》演讲中指出影子银行没有被有效地监管，在次贷危机前，影子银行系统在全球金融市场扮演了一个重要的角色，其与传统银行有着相似的功能。类似传统银行，影子银行便利了信贷到期转换，即利用短期和流动性强的负债去资助长期和弱流动性的资产，并且它可以使存款通过其自身渠道进入特殊投资，像多数负债性质的衍生工具。在次贷危机中很明显，金融体系的脆弱性很大程度上是因为影子银行。

6. 国际影子银行的监管

Adrian（2010）认为次贷危机正是影子银行增长的结果，这些影子银行体系来源于资产证券化和金融创新，并且，影子银行对全球金融体系有着深刻的影响。在后危机时代，资产证券化需要被严格监管，这样可以避免过度的杠杆和期限错配，否则将损害金融稳定性。Gorton，Gary 和 Andrew（2010）提出影子银行是造成美国次贷危机的重要因素之一，其并未受到严格监管，他们在文中提出了一些有效的监管措施，包括对抵押品、政府担保保险实施严格的指导方针。并且，他们建议对货币市场共同基金实施保险，并对证券和回购协议抵押品制定严格的协议准则，通过起草新形式的狭义银行规章制度来进一步控制影子银行风险。并且，利用破产安全港去激励影子银行的规范化运营。国际货币基金组织研究部的 Pozsar，Zoltan 和 Manmohan（2011）指出当前影子银行吸纳资金方面，并没有把资产管理公司纳入研究，资产管理公司是除了 M2 货币的主要需求方，并在影子银行体系中扮演着“源抵押品地雷”的角色。银行通过资产管理公司再利用的抵押品得到资金，根据这种杠杆化的量化研究结果，全美国影子银行规模在 2007 年底达到 25 万亿美元，2010 年下降到 18 万亿美元。作为监管机构，当确定银行杠杆率时，应当进一步考虑再利用的抵押担保物，同时，由于影子银行对 M2 以外的货币有极大的需求，所以监管难度较大。Perotti 和 Enrio（2012）同样支持 Pozsar，Zoltan 和 Singh 的观点，他们强调了由于安全港规则，影子银行在隔夜回购利率下持有风险低流动性资产可以赚取风险溢价。美国各州和各机构间的流动性转换具有顺周期效应，影子银行在正常和繁荣时期增强了信贷和资产流动性。任何对于影子银行的改革，都应该考虑其对资产流动性和信贷的有利效果。不过，给予影子银行最高水平的保护是否真的可行，需要监管部门继续深入研究。Adrian，Tobias 和 Adam（2012）在美联储发布的《影子银行规章制度》中指出了影子银行促进了 21 世纪初的信贷繁荣，但也在一定程度上导致了 2007 年金融危机和美国股市的崩塌。文中，他们汇编了历年与影子银行相关的规章制度，认为美国政府一直在努力改革监管制度，旨在加强影子银行系统的稳定。而且对于影子银行的监管主要应该对其资金的来源进行审慎研究，尽管监管层、会计师和律师自 2007 年后做出了一系列有意义的努力，但没有得到与影子银行系统相平衡的稳定性进步。

7. 国际影子银行的风险传染性

Borgioli 等（2012）以欧洲为研究地域，分析了美国次贷危机中影子银行风险传染性，认为影子银行具有流动性和到期转换性的信用中介转换功能，使证券可以在不同地域间虚拟转换，使得美国 2007 年的次贷危机对欧洲产生了极大的风险传染性。同时，他们认为由于影子银行和银行的联系近年来有所增加，风险蔓延加剧。而且，由于欧元区银行现在对影子银行这种中介的证券化资金依赖性有所加强，而这些资金有些来自美国，且久期很短，导致潜在流动性危机加大。他们最后还质疑了研究欧元区影子银行风险传染性的数据来源及准确性。Bengtsson（2013）通过研究欧元区货币市场基金，进一步分析了影子银行的传染性。他指出美国次贷危机很快传染到欧元区，使欧元区货币市场资产价格迅速下挫和基金赎回。货币市场的崩溃直接导致银行体系崩溃，从而致使金融系统不稳定。他在研究中重点分析了风险传染的传输通道。Luttrell，Rosenblum 和 Thies（2012）分析了影子银行的内在风险，他们认为：2007~2009 年的金融危机是由影子银行导致。同时，他们分析了影子银行与系统性风险、金融危机、证券市场尤其股市暴跌的相关性。Gennaioli 等（2013）通过实证分析研究了影子银行的风险模型，在其检验数据中，他们发现了尾部风险，虽然传统银行可以通过投资组合多样化分散风险，这些投资组合也可以通过资产证券化进入二级市场，在预期范围内，影子银行是稳定的且收益率增加的，但是，投资者不得不面对模型中的尾部现象。Brunnermeier（2009）研究了2007~2008 年美国金融市场的流动性紧缩情况，他指出商业银行资产端投向的实体项目和按揭是一年期或者一个季度到期的，传统商业银行给予这些项目的信贷存在的问题是：存款人也就是多数投资者更偏好于到期时间短的货币市场基金，所以，随时会取走存款，这就导致同样的期限错配被转移到了商业银行表外业务的影子银行渠道产品，而影子银行这些结构化产品也是长拆短的各种产品，这种复杂的机构设计会导致流动性问题。Adrian 等（2013）描述了金融稳定协会对影子银行做出的风险监管要素。同时，他们强调了由于影子银行业务与传统银行、券商和保险息息相关，而影子银行在流动性困境下很难得到政府的流动性支持和信用逆止，使影子银行的内在性质极度脆弱，其脆弱性会传染传统金融行业，从而导致整个金融体系的系统性风险加大。Serletis，Lstiak 和 Gogas（2013）在货币政策方面对主流的新凯恩斯主义模型提出了质疑，特别是对美联储联邦基金利率作为短期名义利率提出反对意见。他们认为在美国活跃的影子银行所产生的杠杆利率影响了整个货币和利率市场，因为自从联邦基金利率下降至零以下后，美联储陷入了流动性陷阱。所以，如果有一个能够结合杠杆和货币的模型，将极大地有助于货币政策和商业周期分析。所以，进行量化实证研究，加入影子银行的杠杆率变量，将对货币政策更有价值。

8. 国外金融波动性与影响性模型和理论的应用

最早研究金融波动性可追溯到 Wiener（1923）提出布朗运动理论描述证券价格波动的变化行为，其起源于物理学中的动力学，即粒子的运动是大量分子碰撞所导致的，布朗运动是马尔科夫过程的一种特殊形式。金融资产在证券市场中的波动可以用布朗运动理论来分析，金融资产的波动是受多种因素影响的，即随机过程如果满足：过程具有正态增量、过程具有独立增量是一个连续函数，则为布朗运动。被称为华尔街最著名的日本数学家伊藤（1951）在布朗运动理论的基础上建立了带有布朗运动干扰项的随机微分方程，称为伊藤过程。Calvet 和 Fisher（2008）解释了一个新的波动性预测技术，通过利用数量化分析来解释多重分形技术在金融中的应用。之前市场上的理论是利用过去的冲击性和可能的噪声成分来预测波动性，但是其很难捕捉精确的不连续性和金融波动的巨大变化。通过借鉴使用在自然科学与数学中的多重分形理论，他们展示了如何去构建高维地域切换模型，很容易预测波动性，并且这种模型要优于之前的 GARCH 模型。Markowitz（1952）提出了分散投资与效率组合投资理论，解释了理性的投资者（并且是厌恶风险的）如何通过有效的均值方差和相关系数方法在很多风险资产中挑选最佳的投资组合，即同一方差水平下均值最大的投资组合。Sharp（1964）、Lintner（1965）和 Mossin（1966）在马克维茨的理论基础上，提出了资本资产定价模型（CAPM），CAPM 理论大大简化了马克维茨的投资组合理论，对预期投资组合的收益和预期风险建立线性关系，即投资组合的预期收益与贝塔值之间存在正相关关系。Fama（1968）继续深化了资本资产定价模型的推导，提出了市场组合（Market portfolio）理论，即如果所有投资者都选择相同的风险资产组合，可以确定这一投资组合由现存证券按照市价加权计算所得。Fama 和 MacBeth（1973）对 CAPM 模型中的贝塔值进行了进一步的检验，检验结果进一步支持了资本资产定价模型，即股票组合的平均收益与贝塔系数呈现正相关关系。Fama 和 French（1992）提出了三因子模型，即美国股票市场的贝塔值不能解释不同投资组合收益的差异性，他们通过检验实证数据，即 1941~1990 年的数据，发现平均收益与贝塔系数关系微弱；他们又检验了 1963~1990 年的数据，发现平均收益与贝塔系数没有关系。Ross（1976）提出了套利定价理论，基于 CAPM 理论和有效市场理论，套利行为是市场形成的一个决定因素，当市场不是均衡状态时，市场就会存在无风险套利机会，通过多种因素来解释对冲基金投资组合的收益，在无风险套利原则下，对冲基金的均衡收益与多种因素之间存在近似于线性的关系。G30 集团（1993）提出了 VaR 理论方法，即在市场正常波动下某一金融资产或证券组合的最大可能损失，意味着某一金融资产或投资组合在一定置信度下，可能产生的最大波动率。Fung 和 Hsieh（2004）质疑了传统的模型方法，他们利用 ABS（Asset-based Style）因素，建议利用类似于套利定价理论的对冲基金回报模型，并加入动态的风险因素相关系数来度量对冲基金的风险。七种 ABS 因素可以解释超过 80%的月度收益变动。由于 ABS 因素可以通过市场价格来观察，这种模型可以度量不同对冲基金指数的差别，以检测对冲基金指数与市场指数波动的相关性。Shik（2004）利用小波分析法研究了股票市场的国际传导机制，这种方法相对过去常用的 GARCH 模型来说是一种创新，离散小波分析法提出了一种全新的方法来研究国际股票市场的动态关系和潜在互动性，经过实证研究发现：波动溢出效应从美国这样的发达市场转向韩国这样的新兴市场，但不会反向流动。Rua 和 Nunes（2009）通过利用小波分析法，在时间和频率的角度实证研究了国际股市的联动性。Nguyen 和 Bhatti（2012）认为对于新兴市场来说，油价的波动对经济产生了很大的不确定性。尤其是油价和股市之间的相关性在新兴市场尤为引人注目。他们通过利用非参数的 Chi-plots、K-plots 和参数的 Copula 函数检验了国际石油价格和越南股市的左尾部依赖性，结果发现：二者间呈现负相关性，但是在中国呈现正相关性。Parent 和 Bernier（2003）对时间序列采用贝叶斯设置来解决经典 Poisson-GPD 分布 POT 模型，其中，任何一种不确定性和不精确性的历史数据作为损失数据都可被作为决策分析，MCMC 工具可以用来增强数据的算法。

从以上西方学者对影子银行的研究可以看出：影子银行的概念最早源于次贷危机爆发后学者们对危机原因的反思；影子银行的主要研究多出自于美联储学者，说明美国中央银行对影子银行的重视和担忧；多数学者认为 2007~2009 年次贷危机是影子银行导致的，至少其是导致危机的主要因素；影子银行有一定的风险传染性，其对股市产生较大的波动性，不止美国本土，对发达市场和新兴市场都产生极大的负面影响；对影子银行的有效金融监管是促进影子银行发挥其积极作用的根本；度量金融波动性和影响性的模型和理论非常多，本书将从中选择适合的模型来进行实证研究。

二、国内文献回顾

1. 中国影子银行的界定

文维虎和陈荣（2010）指出中国的民间信用、地下钱庄、金融掮客等，均具有影子银行的一般特征。担保公司、贷款公司、小额贷款公司等，也属于影子银行的组成部分。在不同阶段影子银行有不同的表现形式。王增武（2010）认为中国市场的影子银行主要是阳光私募基金、公募基金、券商资产管理产品、信托产品、保险产品和银行理财产品。其中，银行理财产品规模占影子银行比重最大，其规模再加当年 10 万亿元的信贷规模上限，导致市场实际信贷规模上限远远超标，扰乱了央行的货币政策目标。陆眠峰和陶瑞（2014）指出中国的影子银行与美国的影子银行有许多本质不同，应当正确看待影子银行在经济发展中的利弊，通过加强金融监管和积极引导，促进影子银行发展。根据2014年国务院办公厅发布的《关于加强影子银行业务若干问题的通知》，即107号文的界定，影子银行包括第三方理财机构、无监管的信用中介、网络金融公司、存在监管不足的货币市场基金、证券化资产、部分理财产品。中国影子银行与美国影子银行相比较，更多为商业银行表外的信用流动性，而美国影子银行主要为金融交易性衍生品。孙国峰和贾君怡（2015）指出中国影子银行业务包括银行通过资产创造负债的会计手段创造信用货币所形成的银行影子，以及非银行金融机构通过货币转移途径扩张信用形成的传统影子银行。从银行资产负债表出发，用扣除法对中国影子银行规模进行测度发现，影子银行在信用货币创造中占比较高。

2. 中国影子银行的统计

毛泽盛和万亚兰（2012）通过采集1992~2010年的年度数据对中国影子银行规模和银行体系稳定性进行实证研究发现：影子银行规模与银行体系稳定性之间存在阈值效应，当影子银行规模低于阈值时，影子银行的发展有利于提高银行体系的稳定性，相反则降低银行体系的稳定性。哈继铭（2013）指出：影子银行规模在2010年已经超过30万亿元。李若愚（2013）测算了影子银行规模，他认为2012年底中国广义影子银行规模约为22.76万亿元，可能引起系统性风险和存在监管套利的狭义影子银行规模约为11.68万亿元。张世强、张青超和眭悦（2013）汇总银行资产池理财产品、委托贷款、信托贷款、小额贷款公司、私募股权投资基金、典当公司、民间金融规模，得出了影子银行总规模为17.3万亿元。孙国峰和贾君怡（2015）经过测算认为影子银行规模2008年以前基本维持在6万亿元，之后一路高速增长，到2014年，影子银行规模高达30万亿元左右。胡碧和曹宝玉（2015）通过利用2002~2006年的M2/GDP以GDP为权重的加权平均值测算出货币需求系数，然后根据2007年以来各年份的名义GDP与需求系数相乘得到各年份的货币需求量，根据各年份货币需求量与本年份的信贷规模之差求得影子银行规模。李锦成（2016）通过推算影子银行规模，认为中国影子银行规模最高达29万亿元。

3. 中国影子银行的发展

刘文雯和高平（2010）研究了影子银行的产生背景、内在本质和崩塌原因，辨析中国信托公司与影子银行体系在经营理念、运作方式、风险管理等方面的差异，并最终提出了影子银行体系的崩塌对中国金融结构发展和信托行业成长的启示。谈佳隆（2011）指出 2010 年新增人民币贷款以外融资 6.33 万亿元，占融资总量的 44.4%，这意味着所谓银信合作理财、地下钱庄、小额贷款公司、典当行等其他非银行的金融机构的贷款规模已经逼近半壁江山。这在客观上动摇了人民银行作为央行使用利率、存款准备金率等常规的抑制通胀手段的效果。邵延进（2011）分析了中国区域性影子银行风险，发现河北省的影子银行包括：首先，银监会批准的信托公司、金融租赁公司和财务公司；其次，政府批准的典当行、小额贷款公司、融资性担保公司和 PE；最后，其他中介，如农村资金互助组织、民间借贷、第三方支付和地下钱庄。杨旭（2012）指出中国影子银行严格的市场准入限制使得中国金融组织发育不足，受管制而偏低的市场利率，尤其是存款利率，导致中国金融发展出现替代化，即非正规金融对正规金融的替代，主要包括银信合作、企业转贷、民间借贷和贷款融资创新四种类型。哈继铭（2013）指出：中国由于长期利率管制，国有垄断企业和国有商业银行资源错配，民营企业在高速发展下对资金的大量需求催生了中国影子银行的发展。鹿朋（2013）认为中国影子银行发展是历史的必然，一方面政府希望保持经济持续增长，货币政策始终未敢进一步放松，同时监管部门对房地产、政府融资平台、产能过剩行业等领域信用风险实施了严格监管，这两者间的矛盾冲突恰恰为中国影子银行的发展创造了空间。王维维（2014）分析了中国影子银行快速增长的原因，他认为：从资金需求来看，中小企业和地方政府一直有很强烈的融资需求，而商业银行贷款很难完全满足这些融资需求。从资金供给来看，中国的居民储蓄增长迅速，这些储蓄资金需要高于银行存款利率的投资渠道；而银行也希望突破监管的限制，通过影子银行业务获取更高的收益。

4. 中国影子银行对经济和金融市场不存在显著影响

杨旭（2012）指出中国的影子银行对个别地区和个别领域金融安全会形成一定压力，但目前来看还不构成现实威胁，风险冲击还在可控范围内。巴曙松（2013）指出中国影子银行在本质上与美国并不相同，其本质上是对传统银行的补充，也被纳入了监管体系内。中国影子银行不具备引发系统性风险的特征，其是金融结构发展和融资多元化进程中的一个表现。陈剑和张晓龙（2012）采用短期约束的 SVAR 模型研究了影子银行对中国经济增长、通货膨胀、货币供给量的影响，结论发现：影子银行的发展对经济增长具有促进作用，对通货膨胀并不存在显著影响。

5. 中国影子银行对经济和金融市场存在正面影响

沈悦和谢坤锋（2013）通过 Granger 因果检验验证影子银行发展与经济增长的关系，结果显示：在当前金融体制下，经济增长与影子银行发展存在单向因果关系，即经济增长为影子银行发展提供了基础，反之不成立，经济增长与影子银行之间存在长期稳定的均衡关系。他们建议政府要充分利用影子银行这种促进经济增长和优化融资环境的特点。樊晓静、龙建成和张雄（2013）实证研究了影子银行与 GDP、CPI 之间的关系，结果发现：影子银行与二者存在正向关系，即影子银行在一定规模上能够促进中国经济的增长。雷曜、祝红梅和王亮亮（2013）指出应该客观分析中国影子银行对金融体系的积极影响，中国影子银行体系的发展体现了利率市场化和金融监管方式变革的需求，应该肯定影子银行在支持实体经济发展、推动利率市场化、推动扩大直接融资、促进多层次资本市场的发展和完善、分散银行体系风险等方面的积极作用。闻岳春和肖敬红（2014）在总结中国影子银行发展现状与运行特点的基础上，基于银信合作的视角，从信托公司和投资者两个角度探讨了中国影子银行对金融市场的积极影响。他们认为影子银行在一定意义上能实现利率的市场化，并且能有效地分配风险，有利于社会总量的提高，因此，在规范影子银行的同时应鼓励其发展。王晓枫和申妍（2014）选取 2007 年 1 月到 2012 年 12 月的月度数据，以影子银行的流动性、银行的表内信贷和经济增长为主要指标，利用向量自回归（VAR）模型和脉冲响应函数等计量分析手段，实证分析影子银行的流动性及其对宏观经济的影响，并与银行表内信贷的流动性创造进行了对比分析。结果表明：自 2007 年以来，影子银行的流动性创造对中国经济增长发挥了一定的积极作用；在短期内影子银行创造的流动性波动较大，对经济增长具有一定的负面效应，但是从长期看将趋于稳定；影子银行的发展具有顺周期性。张亦春和彭江（2014）通过 Granger 因果检验和 VAR 模型检验了影子银行对商业银行稳健性和经济增长的影响，结果发现：影子银行的发展会增强商业银行的稳健性，其对经济的增长有积极的促进作用。

6. 中国影子银行对经济和金融市场存在负面影响

在美国 2007 年次贷危机的背景下，西方学术界有观点认为影子银行的泛滥是股市暴跌的罪魁祸首，即美国长期鼓励金融创新所衍生出的影子银行与美国股市有一定的相关性。那么，中国的影子银行近年来也快速发展，是否和中国股市也有一定的关系？这值得深入研究。中国学者最早开始研究影子银行是在美国次贷危机后期。何德旭和郑联盛（2009）指出影子银行的杠杆操作、业务界限突破、过度金融创新、信息披露不完整以及规避金融监管等特性给金融体系带来了新的风险，甚至是系统性风险，对金融体系的稳定造成了严重的威胁。杜亚斌和顾海宁（2010）认为影子银行成为了金融机构逃避监管的重要工具，其掩盖了银行资产负债表的真实情况，其内生的脆弱性是引发金融危机的重要因素。张宝林和潘焕学（2013）指出影子银行可以通过房地产泡沫引起系统性金融风险。封思贤、居维维和李斯嘉（2014）认为影子银行对中国金融稳定性的冲击程度已远远超过通胀率风险、银行自身风险等因素，且存在时滞效应。强化影子银行创新功能与完善影子银行监管体系是实现金融稳定的关键。曹宪章（2014）认为影子银行可能对股票市场和债券市场造成波动，特别是对债券市场的冲击更显著。甘甜（2014）认为中国影子银行发展迅速，对资产价格起到推动作用，通过实证研究发现：影子银行在短期内对上证综指的影响显著。何德旭和李锦成（2015）分析了影子银行和A股市场的相关性，结果发现：影子银行对A股市场有微弱的负相关性。李锦成（2015）利用ARIMA模型检验了影子银行与A股市场的协整关系，拟合了误差修正模型，其发现影子银行与A股市场存在长期稳定与动态的关系，并且发现影子银行对A股市场存在-7%的影响。涂晓枫和李政（2016）通过实证研究发现，银行的影子业务与银行系统性风险之间呈显著的“U”形关系，在银行的影子业务发展初期，银行间通过风险共担（Risk-sharing）确实能降低系统性风险，但随着银行的影子业务进一步发展，银行间通过风险传染（Risk-contagion）的金融加速作用而增大银行的系统性风险。

7. 中国影子银行的监管问题

巴曙松（2009）认为影子银行正在经历着去杠杆化的过程，但是，其作为传统银行业的平行银行系统不会就此彻底萎缩消亡。监管机构会逐渐对影子银行进行严格监管，要求其进行信息披露和补充资本金。姚军和葛新峰（2011）指出在中国金融市场快速发展、鼓励创新和多样化的大背景下，游离于监管之外的影子银行发展迅速，人民币贷款外的融资规模甚至超越了其增速。从积极的角度看，影子银行促进了投资者收益率和融资者的信贷渠道，但是，由于其并不受监管层严格审慎的跟踪，无限制的发展势必会影响中国防通胀和调结构的政策实施，有必要对影子银行进行严格监督和管理。李波和伍戈（2011）指出影子银行及其信用创造功能对中国的货币政策形成了挑战，在收紧信贷的整体宏观背景下，央行发布了一系列降财务杠杆的调控措施，导致商业银行信贷收紧。但是，商业银行通过银信合作积极开展了资产负债表外业务，即发行理财产品，规避国家信贷调控管理。这种影子银行应该受到监管层的严格管理。朱孟楠等（2012）通过利用自有资本监管模型研究了影子银行，他们指出对传统银行更加严格的监管会导致影子银行的活动更加活跃。考虑到中国影子银行体系发展的特殊性，继续推进利率市场化改革，营造更为宽松的金融信贷环境，有助于减少监管套利；正确引导和规范影子银行要优于对其进行严格的管制。张世强、张青超和眭悦（2013）提出了对影子银行监管的建议，即风险重点监管，监管强度与风险并举，监管需要前瞻性，国内的协调统一化，有良好的反馈机制。

8. 国内金融变量影响性模型应用

宿成建等（2004）应用小波分析方法研究沪深股市的价格和波动性的特征以及两市之间的溢出效应。对沪深股指收益率序列用小波分析做信号分解，分解为高频信号（细节信号）和低频信号（离散逼近信号）。通过比较沪深股市的高频信号之间的关系获知沪深股市之间存在着显著的价格和波动性的溢出效应。深市和沪市之间存在着一定程度的负的价格溢出效应；而深市对沪市存在着正的波动性溢出效应，沪市对深市存在着负的波动性溢出效应，并且波动性溢出效应大于价格溢出效应。刘玉红和高铁梅（2006）利用了状态空间模型方法建立了 2000 年以来中国季度可变参数 IS 曲线和 LM 曲线，并在此基础上测算了中国动态货币乘数，从实证的角度分析了中国近年来的货币政策效应。他们认为：自 2000 年以来中国的货币政策效应在不断提高；而中国总需求曲线的形状趋于平坦，从定量的角度说明了中国近年来出现的高增长和低通胀现象。董直庆和王林辉（2008）通过利用小波变换方法，从时频两个维度研究了中国证券市场与宏观经济波动关联性。在小波变换下证券市场与宏观经济长短周期波动存在非一致性，短周期波动具有共变性和双向 Granger 因果关系，中周期波动出现一定程度的异动性、时滞性和单向 Granger 因果关系，而长周期波动具有完全异动性和双向 Granger 因果关系。相干谱和相位谱分析表明，二者长短周期波动相关性较强，中周期波动宏观经济先行，长周期波动二者具有反向共变性，这与小波变换的结论一致。罗世华、周斌和李颖

（2012）以上证指数和深圳成份股指数日收盘价的时间序列为样本，利用小波分析方法剔除序列的噪声干扰，对序列保留的波动趋势进行多重分形辨识，通过 WTMM 计算配分函数、尺度函数和多重分形谱等，全面细致地量化了序列的局部及不同层次的波动奇异性。计算结果表明：去除噪声干扰后，中国现行证券市场的波动呈现显著的多重分形特征。贺磊和王雄（2014）分别从财产保险市场和人身保险市场与信贷市场的 Granger 因果关系及累积作用两个方面研究了中国保险市场与信贷市场之间相互作用关系的动态变化。为克服传统 Granger 因果检验在小样本情形下所面临的精度问题，采用基于 bootstrap 仿真的 Wald 检验、似然比检验、Lagrange 乘数检验对 1985~2011 年财产保险市场、人身保险市场与信贷保险市场分别在全样本和滚动窗口所选子样本情形下进行 Granger 因果检验，并对两大保险市场与信贷市场之间相互的累积作用进行 bootstrap 模拟估计，结论表明中国财产保险市场、人身保险市场与信贷市场存在相互作用关系，且随着保险市场的发展发生了结构性变化，其中财产保险市场与信贷市场存在互补关系而人身保险市场与其存在竞争关系。肖曼君和夏荣尧（2008）利用 ARIMA 模型对中国 1990 年 1 月到 2007 年 11 月的 CPI 月度数据进行了预测，实证检验结果认为：运用 ARIMA（1.1.10）模型为主的通货膨胀提供了较好的预测，如果央行能依靠通货膨胀预测数据来制定相应的货币政策，那么将有助于央行陷入货币政策的时间滞后，有利于正确引导和稳定市场预期，最终提高货币政策的有效性。许立平和罗明志（2011）利用 ARIMA 模型对 1973 年 1 月至 2010 年 11 月伦敦现货黄金月度价格进行了短期预测，通过建立 ARIMA 模型，对 2011 年上半年的黄金价格走势进行预测分析，并得出短期内国际黄金价格将继续上涨的结论，为中国调整外汇储备结构、增加黄金储备提供了政策依据。熊志斌（2011）深入分析了 ARIMA 模型与神经网络模型的特点，建立了 ARIMA 融合 NN 的人民币汇率时间序列预测模型。利用两种模型在线性空间和非线性空间的预测优势，即将汇率时间序列的数据结构分解为线性自相关主体和非线性残差两部分，首先用 ARI-MA 模型预测序列的线性主体，然后用 NN 模型对其非线性残差进行估计，最终合成为整个序列的预测结果。对三种人民币汇率序列的仿真实验表明，融合模型的预测准确率显著高于包括随机游走模型在内的单一模型的预测准确率，从而证实了融合模型用于汇率预测的有效性。这一结果也表明，人民币汇率市场并不符合有效市场假设，可以通过模型对汇率未来走势做出较准确的预测。黄新建和王勇（2010）通过利用协整检验和误差修正模型拟合了1978~2008年江西农业经济和财政的数据，分析了财政支农对江西农业经济的增长效应。研究结果发现：财政支农对江西农业经济增长的弹性系数为0.649。财政支农支出结构对江西农业经济增长效应高低的次序依次为：以农村救济费、挖潜改造为主的其他支出最高，支援农村生产支出次之，农林水利气象等部门事业费支出最低，农业基本建设支出不明显。崔连翔和张莹（2012）利用协整检验和误差修正模型检验了中国外汇储备对物价水平的影响。研究结果认为：二者间存在协整关系，且外汇储备是物价水平的格兰杰原因，外汇储备增加对通货膨胀形成压力。中国外汇储备对物价水平的影响在短期内有限，其主要原因是中国央行短期内进行大量的外汇冲销操作。因此，中国需要采取有效的措施来缓解通胀压力。姜春海、李姝和田露露（2012）利用协整检验和误差修正模型检验了上网电价和中国火电发电量的相关性，其拟合了2003~2010年的季度数据，结果表明：上网电价是影响火电发电量的最重要因素，季度上网电价每提高1%，火电发电量就提高13.42%。李春霄和贾金荣（2012）通过拟合1985~2009年的农村金融规模、结构、效率三个指标的数据，运用协整检验和误差修正模型对中国农村金融发展与农村经济增长的关系进行了实证研究。研究发现：农村金融发展和农村经济增长在长期内具有协整关系，在短期内农村经济增长与农村金融结构的关系明显，与农村金融规模和效率的关系则不明显。韦艳华、张世英和郭焱（2004）通过构建M-Copula-GARCH模型对上海和深圳股市进行了相关性分析，研究结果发现：单个Copula函数只能反映相关性变化的某个方面，而M-Copula函数则更加灵活，对金融市场相关性的描述也更全面。运用M-Copula-GARCH模型可将金融市场之间的相关程度和相关模式的研究更好地结合在一起，能够更准确地捕捉到各个时期股市之间相关性变化的特征，正确地反映两市之间非对称的相关性。任仙玲和张世英（2008）通过利用秩的极大似然估计Copula函数的参数，再结合4类双参数非对称BBx-Copula函数检验了民生银行和浦发银行股票价格的尾部相关性，结果表明：A股市场在熊市时期的尾部相关性高于牛市。易文德（2012）通过ARMA-GARCH-Copula函数检验了股市成交量与价格的尾部相关性，结果发现：日指数对数极差与交易量对数之间存在较强的正相关关系，且具有上尾高、下尾低的非对称的相依现象。李强和周孝华（2014）以GPD分布为边缘分布函数，引入 Dehaan 矩估计和 Bootstrap 抽样方法定量选取阈值，进而运用三种 Copula 簇方法研究了中国台湾和韩国股票市场之间的尾部相关性，然后比较了单参数与双参数 Copula 的拟合效果，测算了两市场突发情况下市场风险的条件概率，探讨了双参数 Archimedean-copula 函数在构建联合分布中的应用。研究结果表明：BB7-Copula 较好地刻画了两市场尾部相关的非线性、非对称特征，且相关结构拟合度较好，表明两市场在低迷时期的相关性明显高于其活跃时期的相关性，但通过对两市场构建组合难以有效降低风险。同时，回测检验显示 Copula-GPD 模型能有效测度两市场组合的极值风险。另外，当韩国指数日波幅出现下降超过 7%时，台湾加权指数也出现同样日波幅下跌的概率为 5.72%。刘睿、詹原瑞和刘家鹏（2007）利用 POT 模型对商业银行内部欺诈风险进行了度量，使用 Gibbs 抽样的贝叶斯 MCMC 模拟方法估计了 POT 模型的参数，目的是解决当样本数据不足时极大似然估计中误差增大的问题。花拥军和张宗益（2010）基于 VaR 正态性假设导致的尾部风险低估的问题研究了 POT 模型，并针对样本平均函数法在某些数据结构下失效的缺陷，利用峰度法定量选取了阈值。沪深股市极端风险实证表明：涨跌停板影响了 POT 模型的有效性。涨跌停板前，在较高与较低的置信水平下，POT 模型均比 VaR 模型有效；涨跌停板后，POT 模型在较高置信水平下优于 VaR 模型，但在较低置信水平下反而不及 VaR 模型。研究认为，这主要是因为涨跌停板抑制了极值数据的异质性，造成极值密集分布在涨跌停板附近，致使厚尾分界线向内收敛，从而影响 POT 模型的有效性。桂文林、韩兆洲和潘庆年（2010）对超阈值近似服从的广义 Pareto 分布的形状参数与“厚尾”性关系及其在金融风险测度中的应用进行了分析。结果表明，当 $0<\varepsilon\leq 1$，$y>2\beta/(1-\varepsilon)$ 时，分布为“厚尾”分布且尾部随着形状参数的增加而变厚，此时最适合于金融资产时间序列“厚尾”分布风险测度和参数的极大似然估计。花拥军和张宗益（2009）比较了极值理论 BMM 模型和 POT 模型，认为在较高置信水平下 POT 模型更为有效，而 BMM 模型存在低估的问题。徐绪松和王频（2006）以股票市场为例，在正态分布和非正态分布条件下对 VaR 和 ES 估计的凸性和有效性进行了实证研究，结果发现：在非正态稳定分布条件下，VaR 不能满足凸性和次可加性，而 ES 满足凸性和次可加性；正态分布下二者都满足凸性和次可加性；在两种分布条件下 ES 的有效性要高于 VaR，股票收益率通常服从非正态分布，那么，

ES 估计是比 VaR 估计更好的风险度量方法。高岳和张翼（2012）首先利用 GARCH 模型对深圳成指的自相关和异方差进行弱化，然后运用 POT 模型对 GARCH 模型所得的残差序列进行拟合，利用 MLE 估计了 GPD 分布参数，最后计算了 VaR 和 ES 估计。

从以上国内学者对影子银行的研究可以看出：中国影子银行与美国影子银行有很多不同之处；国内学术界对影子银行对于经济和金融市场的影响持三种态度：第一是无显著影响；第二是正面的态度，即影子银行作为传统银行业的补充，可以促进经济发展，尤其可以解决中小企业融资需求和更高回报的投资需求，只要监管层对其制定相关有效的政策就可以防止影子银行产生系统性风险；第三是负面的态度，即影子银行发展速度过快，直接冲击了实体经济，并且扰乱央行的货币政策，由于其业务本身和传统银行捆绑，所以，一旦影子银行出现问题，势必会拖累传统银行业，最终导致金融危机，进而使资本市场大幅波动。对影子银行的有效金融监管是促进影子银行发挥其积极作用的根本。度量金融波动性和影响性的模型和理论非常多，本书将从中选择适合的模型来进行实证研究。

经过综合以上对国际影子银行（以美国为主）和中国影子银行的研究，可以看出有以下几点不同和相同之处：

（1）美国学者对影子银行的研究较多，且主要集中在美国本土影子银行领域，这说明美国更关心影子银行对本国的影响性。美国影子银行的国际溢出效应最大，导致中国等新兴市场国家学者在研究中国影子银行的基础上，对海外影子银行也进行了探索研究。实际上这是有必要的，因为研究国际影子银行的溢出效应可以提高中国监管层做好预警工作的效率。

（2）相比美国影子银行规模，中国影子银行规模较小，美国影子银行规模最高达 25 万亿美元，而中国最高达 30 万亿元，这进一步说明美国影子银行的国际属性更强、规模更大、影响力更大。

（3）美国影子银行资金主要投向金融衍生品，寻求高回报率，这说明了美国多层次的资本市场是可以满足企业融资需求的，而缺乏的是高回报资产。美国长期保持的低利率和货币宽松导致金融市场收益率偏低，大量资金需要一个通道来实现高回报，影子银行作为中介承担了重要的流动性通道作用。中国影子银行主要投向金融资源错配导致的信贷市场，由于中国长期实行较为严格的金融管制，商业银行在金融市场中独大，间接融资比例过大，国有企业在国民经济中占比较大，导致金融市场资源错配至国有系统，民营企业融资难，进而产生了影子银行信贷市场。所以，中共十八大提出建立多层次资本市场，提高直接融资比例，这是有效促进影子银行有序发展的重要途径。

（4）美国影子银行里不存在民间借贷和小额贷款公司这样的形式，中国影子银行这两种形式较多，这说明中国金融市场发展仍然比较落后，古代民间借贷这种无有效合同的传统传承了下来。这也体现了中国金融市场存在民营企业融不到资，国有金融机构又提供不了相对高回报的金融产品的困境。所以，需要进一步加大金融产品创新，建立多层次资本市场。这既可以满足融资企业的需求，也可以满足投资者的需求，进而转移银行过度贷款可能会产生的系统性风险。

（5）美国影子银行已经导致了全球性金融危机，中国影子银行虽然局部性问题很多，但还未触发系统性金融危机。在借鉴国外学者对国际影子银行的研究成果基础上，中国应该取长补短，吸取教训，加强政府监管，使中国影子银行有序健康发展。

（6）中美学术界对影子银行补充商业银行业务和促进金融市场效率等都比较认可，二者都认为有效监管影子银行是必要的。这说明影子银行不是完美的，但不应该由于它的潜在风险就遏制它，因为它带来的效益是巨大的。通过加强有效的监管，完善其不足，使其发挥对经济有益的一面。

（7）中美学术界都利用了金融变量的波动性和影响性模型进行了大量的实证研究，但可以发现：美国在统计和计量方面研究更早，从 20 世纪初就利用了大量数学模型来检验金融时间序列、截面数据和面板数据的拟合效果。中国学术界在近年来也参考借鉴了现代西方经济学、计量经济学和统计学的理论对中国本土的经济和金融现象进行了建模预测，分析单变量波动性和多变量间的相关性。

第三节　研究思路与方法

一、研究思路

从2007年次贷危机后，影子银行被美国华尔街首次提出后并开始被重视，原因是美国学术界有一个普遍的认识：即美国爆发次贷危机进而产生股灾的根本原因是影子银行的长期泛滥。学术界认为：美国的影子银行无法被监管机构有效监管，其杠杆效应会不断放大潜在的信用，最终导致流动性陷阱引发金融危机。由于美国与中国的国情不同，其金融市场多样化，资本市场、利率、汇率完全市场化，所以，美国中小微企业融不到资的现象较少。同时，由于美国资本市场的直接融资远大于银行间市场的间接融资，且资本市场充分市场化和多层化，如美国股市每年都有上百家企业上市和退市，私募基金、风险投资、对冲基金、天使投资普遍化，这导致美国金融市场不存在中国的资源错配问题。美国的市场对资源配置起到了决定性作用，市场靠价格浮动来调节供需以达到微观的平衡，进而导致美国影子银行的投向组成主要为金融衍生品，目的主要是为了超额回报率和套利，而不是像中国的影子银行主要投向了中小微企业的信贷。

通过回顾大量的海内外文献，本书梳理了大多数近年来学术界的观点，发现了美国学术界多数学者认为影子银行是导致2008年股灾的重要因素，那么，研究中国影子银行对中国股市的影响就显得很有价值。中国影子银行以高于银行表内的资金价格投向全社会，从流动性的角度看，中国如此之大的经济体，大量中小民营企业要通过影子银行支持来发展，所以，中国影子银行的实际规模不容小觑，因为它间接体现了社会的真实收益率水平和资金需求最高可以接受的水平。所以，这么大的影子银行规模到底对中国股市有多大影响，首先测算出影子银行的实际规模就显得格外重要。在测算影子银行规模的过程中，实际上需要得到很多影子银行分支的统计数据，如小额贷款公司放贷规模、高利贷规模、非法集资规模、创新的互联网金融规模、民间金融杠杆产品，但事实上这些数据几乎不可能

得到，即便得到，也是一些年度数据，无法拟合模型分析参数。所以，测算影子银行规模需要新的方法，而不是简单地加总各影子银行分支。本书通过参考 2008 年以来的国内影子银行文献，找到了一种相对合理的推算方法。但是，由于需要进行建模分析统计参数，而国家统计局和其他公共机构公布的数据很多是季度数据，无法得到月度数据，所以，本书又对数据进行了低频转高频处理，最终，求出了影子银行 1996~2015 年的月度数据，这样，就便于通过时间序列建模来观察影子银行对 A 股市场的影响。至于统计影子银行月度规模要从 1996 年开始是因为，通过国家统计局数据可以看出中国的货币超发现象从 1996 年开始有显著的迹象，如 M2/GDP 显著突破了 100%，这在很多发达市场是几乎见不到的一个值。

度量影子银行对 A 股市场的影响，本书是根据国务院颁发的 107 号文中所提出的影子银行具有复杂性、隐蔽性、脆弱性、突发性和传染性角度，如本书利用了曲线拟合和小波分析法来观察其复杂性；利用了极值理论的非对称连接函数研究其突发性；利用了 POT 模型和 GPD 分布检验了其脆弱性和隐蔽性；利用了 ARIMA 模型和误差修正模型研究其传染性。本书利用了三个变量来拟合模型：影子银行规模变量、上证指数变量和上证成交量变量。然后，从不同的尺度和维度进行了实证检验，如曲线拟合分析、长期相关稳定性分析、全样本影响性分析、滚动窗口全样本分析、时域和频域相关性分析、极值分布和极值风险价值分析以及极值相关性分析。利用多种模型分析影子银行对 A 股市场的影响可以从多个角度来洞察两者间的结构互动性，通过对参数的分析可以进一步认识两者间关系存在的效果。

A 股市场从 1990 年开始至今已经过去近 30 个年头，与发达国家百年的股票市场相比还只是一个正在成长的“少年”。拉长历史周期看月线图，A 股市场总是无法避免涨多少最终又跌多少的尴尬局面，到底是什么因素导致 A 股市场大起大落？长期以来，监管层付出了极大的努力，不断修正完善监管策略，每次都力图扭转 A 股市场的大幅波动状态，但总是收效甚微。令监管层和政府焦虑的是中国股票市场与亿万的普通个人投资者息息相关，一旦股市产生危机性暴跌，投资者将损失惨重，对国家经济改革与治理能力的信心也会应声骤降，市场中歪曲中国改革和过度唱空中国的声音比比皆是，这对正在转型和改革中的中国经济并不有利。如 2015 年 6 月的股灾，不但令个人投资者损失惨重，就连国家队机构投资者也深套其中，数以亿计的投资者怨声载道，这马上受到了国家领导人的高度重视，学术界也进行了一系列反思和研究。学术界多认为自中共十八届三中全会后中国第一次创新性地大力发展金融衍生杠杆型产品导致了 2015 年股市流动性危机，从而酿成股灾，但是，并没有多少人研究这些创新性杠杆属于哪里。本书认为多数杠杆型产品都属于中国影子银行的一部分，通过高利率信贷渠道转入股票市场追逐更高收益。监管层并不能有效监管这些杠杆产品，这间接说明了本书的研究是有价值的，因为影子银行对 A 股市场显然是有影响的。本书首次深入研究了中国影子银行对 A 股市场的影响性，力图寻找两者间的关系，总结中国影子银行与股票市场间流动性的规律。同时，本书分析了有效统计影子银行的方法，借鉴了美国次贷危机后美国政府颁布的一系列监管新规经验，并反思影子银行作为金融市场的一部分，如何才可以使其健康有效地发展，并促进金融市场发展。

二、研究方法

本书以实证研究为主，理论结合实际，主要涉及定量和定性两种研究方法。在定量研究方面，本书首先利用 M2、GDP、货币需求系数、信贷规模等因素来测算影子银行的月度规模。其次利用 ARIMA 模型来预测影子银行的短期发展情况，利用 X12 季节调整法和低频转高频法对季度影子银行数据进行处理。最后同时对月度影子银行时间序列、上证指数时间序列和上证成交量时间序列进行对数化处理以消除异方差，一阶差分后使三个时间序列变量平稳。

在建模方面，首先利用 11 种曲线回归拟合影子银行分别与上证指数、上证成交量之间的函数关系，通过曲线拟合图直观地观察变量间的线性或非线性的回归关系。通过参数 R^2 可以简单分析出变量之间的相关性。通过协整方程检验影子银行与 A 股市场的长期稳定关系，在确认两者间确实存在长期稳定的关系后，利用误差修正模型检验变量间全样本相关性，通过这种方法可以分析两者间全样本的正负相关性。然后，通过残差自举进一步检验影子银行与 A 股市场的因果关系，在确定两者间存在显著的因果关系后，利用自举法滚动窗口检验两者间因果关系的结构动态特征。从而，在动态的结构化相关关系中利用时频小波分析两者间的动态局部结构性关系，进一步验证了前几章的变量间非线性相关性和结构相关关系特征。以上基本利用了多种方法检验了影子银行与 A 股市场全样本的整体到局部的相关结构，由于存在局部相关关系的特征，则继续利用极值理论 POT 模型对三个变量的极值情况进行了拟合，通过马尔科夫链蒙特卡洛模拟了其广义帕累托分布，观察完变量的极值后对极值进行了测算。然后，利用非对称 Copula 函数检验两者间的尾部相关性，通过观察两者间的上下尾部动态特征，进一步验证了两者间存在局部相关关系和特殊极值相关性情况。

最后，本书在定性研究中，结合中国自身的国情和发展阶段，结合影子银行对股票市场存在影响的结论，探讨了有效统计影子银行的方法。借鉴美国监管的经验、宏观和微观层面的改革建议，提出有效监管和发展影子银行的建议。

第四节　本书的主要内容

本书内容分为八个部分，第一部分即本书的第一章，是本书研究的铺垫：

第一章在阐述研究背景、中外文献综述、研究思路与方法的基础上，提出了本书的研究意义，最后确定了本书的创新与不足之处。首先，本书的研究背景是在经历 2007 年次贷危机后，美国学术界与金融市场认为影子银行的泛滥对美国金融市场的冲击是巨大的，尤其是学术界有很多声音表态此次次贷危机中影子银行是罪魁祸首。美国金融衍生品的泛滥，游离于监管之外，当由于无法兑付而产生多米诺效应的流动性危机时，直接造成的冲击就是股灾。所以，在美国影子银行危机爆发后所产生的股市暴跌的前车之鉴下，有必要研究中国的影子银行是否会导致中国发生美国那样的金融危机的可能性。所以，本书利用推算的中国影子银行规模时间序列拟合模型检验其对中国 A 股市场的影响性，就可以在一定角度下观察上述问题。从中国的经济历史背景看，由于中国在 1952~1978 年采取的政策是信用集中、信贷计划控制、银行依附财政全面支持国有企业工业化建设，公有制经济下生产资料由国家控制，所以这个阶段是没有影子银行的。中国影子银行发展的背景可以追溯到 1992 年的中共十四大，在经历了三年的紧缩、调整和经济衰退以后，1992 年中国经济的改革开放步伐在确立了社会主义市场经济体制目标后开始加快。中共十四大报告里指出：个体经济和私营经济等与公有制经济长期共同发展，中小微民营企业在邓小平南方谈话后摆脱姓“资”姓“社”的争论背景下高速发展。在加快改革与经济发展背景下，产生了很多新的问题，中国部分地区产生了房地产过热、乱集资、乱拆借、乱设金融机构、过度投资等现象，这都可以说明中国影子银行的苗头在那时已经开始，民营经济参与到了社会主义市场经济建设之中，当无法通过商业银行资金支持时就会寻求社会集资和拆借等影子银行渠道来维持经营或扩大投资。所以，1993 年 3 月开始，中共中央开始实施一系列从紧的财政与货币政策，1993 年 4 月国务院颁布了《国务院关于坚决制止乱集资和加强债券发行管理的通知》，6 月又颁布了“国十六条”《中共中央、国务院关于当前经济情况和加强宏观调控的意见》，解决乱集资、乱拆借、经济过热问题。经过三年努力，1996 年金融秩序恢复好转，物价和通胀率得到控制。然而，由于 1997 年的亚洲金融危机、1998 年的南方特大洪灾和经济过热后的通货紧缩，1997 年后中国政府采取了积极的财政和货币政策，这个时期的货币宽松化使中国影子银行的规模实现了快速增长。中国银行业发展的背景要追溯到 1987~1996 年，先是 1987 年股份制商业银行如交通银行、中信银行等，接着是 1992 年光大银行和华夏银行等的成立，重点支持机电、能源、交通等国家产业；三大政策性银行在 1994 年成立也同样是支持国家工业、高端装备和农业建设；而 1996 年中国第一家民营企业投资的银行——民生银行建立，其为民营工商业服务的宗旨意味着民营经济在中国开始崛起，而 1996 年开始中国 M2/GDP 也有效突破了 100%，似乎可以看到影子银行与民营经济崛起有一定正相关性。可以总结为以下三点：1996 年后国企改革放开下游行业导致的中国民营企业的快速发展；1996 年后的货币宽松化；美国次贷危机中影子银行对股市的负面影响。这三个因素是本书研究的主要背景。在此背景下，通过实证分析中国影子银行对中国股市的影响就显得很有价值。

第二章通过搜集文献与资料，回顾了中外学术界和监管机构对中国影子银行的界定与统计口径。量化影子银行对股票市场的影响性，首先要对中国影子银行规模数据进行准确的收集，才可以制作时间序列拟合模型检测。影子银行概念最早是在 2008 年由美国对冲基金经理 Pacul McCulley 提出，至今美国没有一个准确的本土影子银行月度规模统计数据，而中国央行也没有相关数据，金融市场与经济学术界有多种界定影子银行规模的统计方法，本书将一一对比各种理论方法，从中寻找一个较为客观的影子银行规模统计方法。通过理论联系实际，本章首次通过 M2、GDP、信贷规模等要素测算出了 1996~2015 年的中国影子银行月度规模数据，结果发现：自 2003 年后影子银行规模快速增长，一直到 2012 年基本稳定在了一个区间内上下波动，而 2015 年以后，影子银行规模呈现了显著的下降趋势。

第三章在影子银行数据测算的基础上，检测影子银行对 A 股市场的影响性，首先需要度量影子银行对股票市场的相关性，如果有显著的相关性，那么，就可以利用一种或多种度量全样本或者局部影响性的模型来检验影响效果。本章利用了多种曲线拟合影子银行与 A 股市场的函数关系，通过参数发现影子银行与 A 股市场呈现复杂的二次、三次、S 形曲线关系。检验结果发现：上证指数随着影子银行增长而产生增长—下降—增长的趋势。影子银行与上证成交量之间呈现的是介于直线回归与 S 形曲线的关系式，即上证成交量随着影子银行的增长而产生初期较慢的增长，中期迅急增长，后期成交量趋缓并最终达到饱和状态。从解释度来观察，基于三次函数的影子银行与上证指数的关系式拟合效果没有基于 S 形曲线函数的影子银行与上证成交量关系式更优，这从侧面可以理解为影子银行规模时间序列与上证成交量规模时间序列更为相似的数据特征，都是典型的金融市场流动性指标。无论是三次函数还是 S 形函数都说明影子银行与 A 股市场之间存在复杂的短期、中期、长期的时频局部关系，也有可能存在局部极值概率相关性。所以，值得继续利用其他模型与方法来检验中国影子银行对 A 股市场的影响性。

第四章为了进一步分析中国影子银行的发展，利用了 ARIMA（4，1，5）模型预测了截至 2018 年初的中国影子银行规模数据，预测的结果也是一个重要的发现，就是影子银行在中共十八大以后有显著的下降。这似乎可以解释新一届政府对宏观经济的策略已经从需求端转向供给端，基于金融业去杠杆的供给侧改革已初见成效。模型预测结果是 2016 年后影子银行开始下降，或许是对供给侧改革产生效果的一种正反馈。预测图形中也显现出一个短期的快速脉冲现象，2016 年全球经济处在一个美元加息的周期中，或许是美国自 2015 年底的首次加息后的二次加息对中国货币市场产生了一个短期的溢出效应，境内影子银行快速下降后“V”形反弹，总之，美国的加息势必会导致中国境内影子银行的流出，这或许可以解释预测的这种短期现象。此外，通过协整方程检验了中国影子银行规模和 A 股市场的长期关系，结果显示两者的确存在着长期的稳定关系，因为影子银行代表了货币在非银行体系的流动性，而股票市场对流动性有着最高的需求，流动性越高，股票市场的风险溢价也会越高。在股市的估值模型中，除了未来现金流业绩增速外，流动性是最重要的。通过误差修正模型检验了中国影子银行规模和 A 股市场的动态关系，发现影子银行对 A 股市场有-7%的影响，即影子银行增长，股票市场下降，影子银行分流了一定货币量，对股票市场的流动性会有一定的影响。

第五章在第三章的多曲线拟合结果基础上检验了影子银行与 A 股市场的局部时频相关关系。全样本的格兰杰检验证明了影子银行与 A 股市场存在因果关系，残差自举窗口滚动检验进一步证明了影子银行与 A 股市场在不同时频维度上的结构突变的相关性。在小波分析中利用小波相关系数与相位差对残差自举滚动窗口方法进行了修正，即影子银行对 A 股市场的影响偏正向，这种正向关系表现在时频维度上是不同的两个主要时期，即 2003~2008 年和 2008~2011 年。在频域维度上产生了两者间彼此领先对方的情况，这说明资金的成本性决定了其逐利性，并且两者间的关系更偏向于中短期，长期后弱化。

第六章利用极值理论 POT 模型中 Hill 图和平均超额函数图观测了影子银行、上证指数、上证成交量的安全阈值，再使用广义帕累托分布对低频高损数据进行了拟合，拟合效果显著增强。GPD 分布通常对金融时间序列尖峰厚尾右偏的特征具有很好的刻画，其拟合的效果更接近数据实际分布，能最大限度地提高拟合效果。通过利用极大似然法估计了 GPD 分布的参数，然后用 Gibbs 抽样的 MCMC 再次估计了 GPD 分布的参数，这解决了当样本数据不足时极大似然估计中误差增大的问题，提高了数据的拟合效果。接着对 GPD 分布参数进行 MCMC 分位数检验，结果 MC 误差项通过了理论小于标准差 5%的检验，可以认定 MCMC 估计方法效果更佳。三个变量的模型参数的迭代轨迹基本处于平稳状态，进一步证明了 MCMC 估计的有效性。最后，估计了在 95%和 99%概率水平下极大似然估计和 MCMC 估计的 POT 模型最大损失 VaR 和 ES，结果显示 VaR 估计中上证成交量极值风险最高，影子银行极值风险最小；ES 估计中上证成交量极值风险最高，上证指数极值风险最小。这说明：相对 A 股市场，影子银行的极值风险更小；上证成交量相对上证指数极值风险较大说明了 A 股市场流动性的重要性，成交量作为最重要的流动性指标从极值角度看敏感度很大；影子银行的极值风险相对较小，也说明影子银行基本是持续走高的一个过程，而不是类似 A 股市场一样大起大落的发展状态。

第七章在第六章的基础上，利用非对称 Copula 函数实证检验中国影子银行对 A 股市场的尾部相关性，可以看出，Copula 函数可以有效检验单个金融资产经常出现的厚尾情况下的结构性相关性，而这种尾部风险有必要被长期跟踪，原因是中国的股票市场波动性较大，而货币超发情况也极为显著。金融资产间存在的非线性关系通过 Copula 函数有效检验，可以使我们有效观察特殊情况下影子银行与 A 股市场的尾部结构相关关系。尾部风险是不可能独立存在的，其互相影响程度是可被捕捉到的，非对称的 Gumbel-copula 和 Clayton-copula 显然提高了尾部风险影响性的精度，两者在密度函数图中各呈现“L”形和“J”形形态分布。影子银行对上证指数的尾部相关性在利用 Gumbel-copula 函数时更有意义，但尾部相关性只有 0.3%，说明影子银行短期快速增长时，对上证指数的影响较小。影子银行对成交量的尾部相关性在利用 Clayton-copula 函数时更有意义，且尾部相关性高达 50%，说明影子银行短期快速下跌时，对 A 股市场成交量的影响较大。同时，通过 Matlab 制作的资产边缘分布的概率二元直方图和概率密度图可以看出：二元 Copula 函数中基于正态分布条件的椭圆 Copula 函数（包括 Guassian-copula 和 t-copula）显然不适于本章的度量方法，而基于非正态性阿基米德 Copula 中的 Gumbel-copula 函数较适合描述本书研究的影子银行和股市。通过以上一元化的模型检验并不能绝对化地说明影子银行与 A 股市场之间的尾部相关性，实证研究是基于多元化的模型检测数据的拟合效果与回归效果。

第八章通过以上对影子银行的月度测算与实证研究其对 A 股市场的影响，可以看出中国影子银行经过了 20 年的发展历程，作为银行信贷的补充，其占银行信贷规模的比重也呈现较大的波动性：从 1996 年 1 月开始的 73%快速升至 12 月的历史最高 100%，说明这个时期影子银行的需求达到了最高值，也间接说明民营企业对资金的需求达到峰值。然后呈现楔形下降趋势，直到 1999 年 3 月的 50%，之后又一次开始上扬，到 2000 年的第三季度再次达到1996年初的水平73%，这或许是20世纪90年代末期国企改革和房地产改革政策落地的表现。即民营企业通过吸收和接盘了一些国企资产，并且开始加大了房地产业的投资，需要更多的资金支持，而当商业银行主要支持对象为国企时，会导致民营企业寻求影子银行。从此以后，影子银行占银行信贷比开始下落至2003年底的45%。总体来看大趋势，1993年后影子银行规模占银行信贷比是呈现下降走势的，而2003~2008年，影子银行占银行信贷比持续走高直到84%，后在次贷危机期间断崖式下挫至2009年中下旬的47%左右，这说明了2003年后中国经济是高速发展的，经济呈现较热状态，尤其是民营企业高速发展，从影子银行持续的需求量就可以看出民营企业对资金的需求持续增长，发展迅速。事实上，2003年中共十六届三中全会提出大力发展混合所有制经济，2005年中央出台《国务院关于鼓励支持和引导个体私营等非公有制经济发展的若干意见》，2007年中共十七大提出“坚持平等保护物权，形成各种所有制经济平等竞争、相互促进新格局”。总的来说，1998年后朱镕基总理力推的国企改革，放开国企下游行业准入，使民营企业介入下游服务业和制造业，借助中国作为人口大国的廉价劳动力优势快速展开了产能扩张，中共十六大以来，非公有制经济成为了社会主义市场经济建设中的重要力量。可以看出中国影子银行发展是有政治周期轨迹的。如何有效监管影子银行发展，最终可以使影子银行在中国不同宏观经济周期时期有效服务于金融市场，发挥其最大效用，并倒逼中国经济体制改革、财税改革、金融改革、国企改革，防范影子银行潜在风险，避免其产生美国式的流动性危机，将是中国金融市场健康稳定发展的长期目标。同时，本书通过给出有效发展和监管影子银行的建议，基于2016年中央提出的供给侧结构性改革五大攻坚任务展望中国影子银行未来的发展。

第二章　中国影子银行规模的有效统计方法

第一节　中国影子银行的统计口径选择

一、影子银行统计口径的方法确定

由于影子银行是次贷危机后的新创金融术语，所以，并没有一个统一且权威的定义，各学者和各机构对影子银行的统计口径从大至小各不相同。美国 1929 年大萧条导火索是对银行的挤兑从而产生了流动性危机；而 2007 年次贷危机就是对影子银行的挤兑从而产生的流动性危机。影子银行良性发展对金融市场流动性有积极作用，如重庆市市长黄奇帆曾指出："社会需要影子银行，2013 年重庆市社会融资增量接近一半都是来自影子银行，影子银行对重庆的经济发展起到了重要作用。"

2009 年，作为权威机构银监会工作年报最早提出了中国影子银行一词，但并无详细阐述。2011 年，银监会在上半年经济形势分析会上将影子银行列为银行业三大风险之一，并首次提出了影子银行统计口径方面的范畴不包含信托公司、财务公司、汽车金融公司、金融租赁公司、货币经纪公司、消费金融公司这六类非银行金融机构。2012 年，银监会在监管任务部署中再次将影子银行列为四大重点监管领域之一。2014 年，一行三会与外汇局联合发布了 9 号文《关于规范金融机构同业业务的通知》，首次将理财产品、信托产品、银行同业业务在内的整个影子银行体系纳入监管。同年，国务院办公厅颁发了被称为"中国影子银行基本法"的 107 号文《国务院办公厅关于加强影子银行监管若干问题的通知》，将影子银行大大扩围，根据一行三会“谁批设机构谁负责”的原则，由相关部门分工实施归口监管。文中界定了影子银行：指第三方理财机构、无监管的信用中介、网络金融公司、存在监管不足的货币市场基金、证券化资产、部分理财产品。这是界定影子银行的首次官方发文，但是文中并没有具体到哪种资金属于影子银行范畴，而仅是罗列了影子银行机构类型。107 号文彰显了监管层，清晰化了监管思路，但对影子银行的认识仍然处于模糊状态，无法有效统计影子银行。在 107 号文之前，中国学术界和金融市场都对中国影子银行有所研究，但对其统计的口径并没有形成一个较为统一的看法。如毛泽盛和万亚兰（2012）认为影子银行的借款人有农户、私营企业、个体工商户等，由于此类借款人信用度相对低，正规金融机构并无意愿借款于他们，所以，其贷款渠道转为影子银行。影子银行的规模计算公式为：$Shadowbank = (R_{YL} - R_{FL}) \times GDP_F + (R_{YL} - R_{FL}) \times GDP_E$，其中，$R_{YL}$ 表示全社会未偿还贷款/GDP；R_{FL} 表示农户从正规金融机构获得的借款与其实现的 GDP 的比值；GDP_F 表示农户在一定时期内实现的 GDP；GDP_E 表示私营企业和个体工商户等在一定时期内实现的 GDP。通过此方法计算并收集《中国统计年鉴》（2011）的数据测出的影子银行规模如图 2-1 所示。

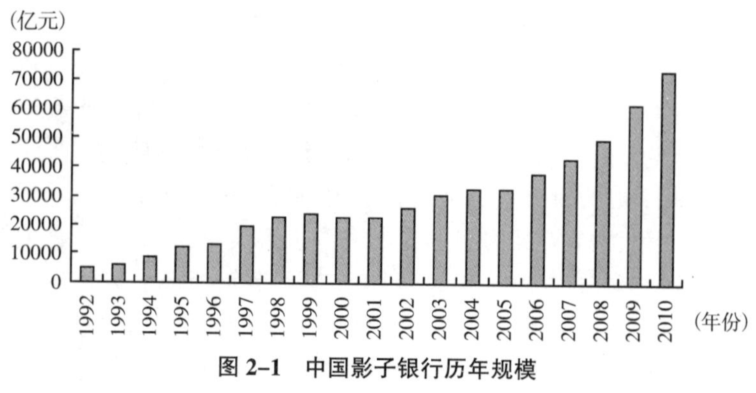

图 2-1　中国影子银行历年规模

毛泽盛认为，影子银行规模对金融稳定性存在 6.07 万亿元的安全阈值，呈现“U”形影响，即安全阈值内影子银行的发展会对金融起到积极正面的作用，而随着其规模不断发展，突破安全阈值后，其对金融稳定性的影响会趋向负面。

招商证券在 2012 年也提出了界定影子银行规模的方法：从资产端来看，除了央企国企外，中小微实体经济不能有效地得到商业银行的信贷，只能选择利率较高的委托贷款、银行承兑汇票和民间融资。从负债端来看，持续较高的通胀率和“资产荒”背景下的投资需求使较高收益的理财产品、民间揽储、信托产品成为了影子银行的资金流向渠道。李若愚（2013）研究出了一种狭义影子银行规模估算法，其认为影子银行规模占比依次为：未贴现银行承兑汇票（25.7%）、非保本理财产品（21.8%）、信托业务（17.6%）、民间借贷（11.9%）等。杨均华（2014）利用中国人民银行公布的月度社会总融资量得出：中国影子银行的规模=社会总融资量-（人民币贷款+外币贷款）。

哈继铭（2013）指出计算全社会信贷总量是非常必要的，根据概念，计算得到的社会总量，即中国老百姓、企业、政府的总体负债，包括所有银行贷款以及影子银行的活动，总量达到 GDP 的 220%。2008 年以后，从结构上看，上升最快的是影子银行和地方政府融资平台，这两项值得未来更加关注。从图 2-2 可以看出，哈继铭测算的影子银行规模逐渐走高，从 2004 年的 12 万亿元提升至 2012 年的 43 万亿元，影子银行规模增长了 258%。

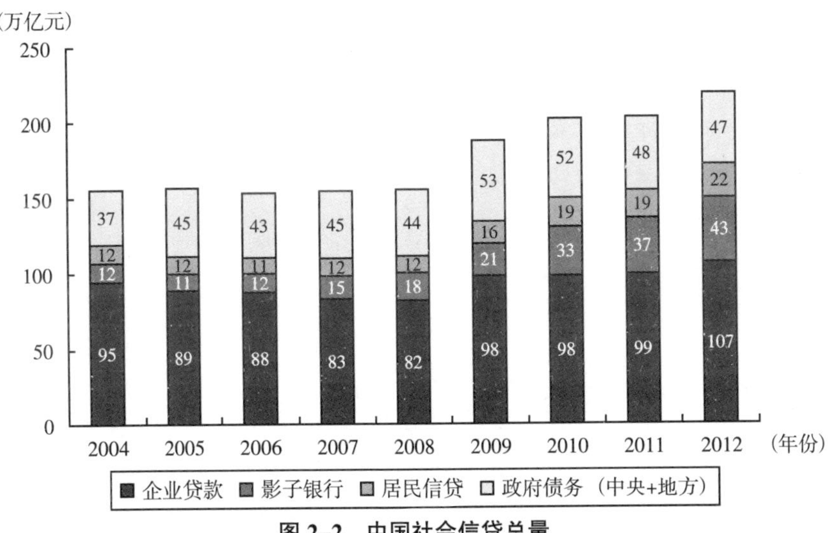

图 2-2　中国社会信贷总量

107 号文后，学术界对影子银行规模的测算有了进一步的修正，胡碧等（2014）指出 1990~2012 年，M2 增长了 63 倍，但 GDP 增长了仅 27 倍，M2/GDP 由 1990 年的 0.94 倍增长到了 2012 年的 1.88 倍，而中国 CPI 最高 5%，说明 M2 虚夸了实体经济真实货币供应，影子银行导致货币供应统计失真。胡碧和曹宝玉（2015）对之前学者对影子银行规模统计口径的算法进行了修正：利用 M2/GDP 以 GDP 为权重的加权平均值测算出货币需求系数 β，然后用名义 GDP 乘以需求系数算出各年份货币需求量 M_d，假设本年份的信贷规模为 S_c，即影子银行规模公式为 $Shadowbank = M_d - S_c$，流入虚拟经济的货币规模为 $SX = M_s - M_d$。假设货币供求在 E 点达到平衡，此时利率为 I，货币需求量为 X_0，从银行获得信贷规模为 X_1，则影子银行提供的资金为（$X_0 - X_1$），而市场实际货币供应为 X_2，则流入虚拟经济的货币为（$X_2 - X_0$）。以上方法修正了以前统计方法的两个不足：从银行获得信贷不能反映实体经济对资金的真实需求，如银行主要贷款给央企国企，而中小微民营企业却无法从商业银行获得贷款，只能寻求影子银行；没有统计流入虚拟经济的货币，如商业银行放贷后，央企国企由于产能过剩，资金无法流入实体后进入了虚拟经济，类似股市、房地产市场和货币市场，如图 2-3 表示。

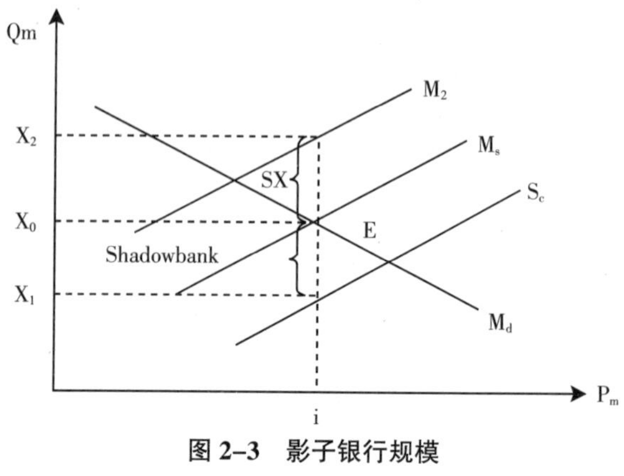

图 2-3 影子银行规模

其实，早前王增武（2010）也指出了中国影子银行与发达国家大相径庭，M2 作为人民银行重要的经济指标，实际上是等于虚拟经济和实体经济总货币需求量之和。中国 2010~2015 年 M2/GDP 高达 200%左右，M2 的虚增并没有显著推升 CPI，说明影子银行资金流入虚拟经济空转，并未进入实体经济。他认为中国的影子银行是“宽松货币和紧缩信贷”导致的，由于资本充足率和存贷比限制，银行将自身的表内风险转嫁表外，设计出了各种同业金融合作产品，如银信业务、银证业务、银基业务等，实际上将风险转嫁给了这些机构。这些同业产品推高了从商业银行资产端到负债端的收益率，进一步加剧了社会流动性宽裕而中小微企业融资贵的现象。事实上，2015 年，中共中央提出了供给侧改革，其中明确提出要对国有企业进行兼并重组，破除僵尸企业，国有企业掌握着国家经济命脉，很多属于传统周期性企业，而商业银行在信贷方面又对其略有偏向，导致资金错配，很多极具创新力的中小微企业得不到资金的关爱，影子银行只能会愈演愈烈，规模越来越大，形成金融结构性扭曲现象。

二、影子银行统计起始年份的确定

本书认为胡碧等的影子银行统计方法较为合理有效，故利用其方法来测算中国影子银行规模。首先，需要确认利用哪些年的 M2 和 GDP 为基数测算出未来货币需求系数 β，即哪几年的 M2 和 GDP 比算出来的 β 最有意义。那么，就需要理解中国 M2 发展情况。程国平和刘丁平（2015）研究了中国 M2/GDP 的比值和世界其他国家的比值，发现中国作为发展中国家，并且作为中等收入国家，M2/GDP 在 1996 年后超过了 100%，高达 106%。与中国情况相同的都是一些以间接融资为主的国家，如德国、荷兰、日本和葡萄牙，这说明了中国金融脱媒程度较低，沉淀在商业银行的资金较多，社会直接融资水平仍然较低，资金无法绕开银行进行交易，无法有效降低 M2/GDP。中国作为中等收入国家，其 M2/GDP 显著高于同类型国家，如在 2010 年，中等收入国家 M2/GDP 均值为 77%（见表 2-1），而中国高达 180%。

表 2-1　不同收入水平国家 M2/GDP

单位：%

年份	高收入国家	中等收入国家	低收入国家
1960	53	25	
1965	60	28	

续表

年份	高收入国家	中等收入国家	低收入国家
1970	58	30	
1975	70	32	
1980	75	40	20
1985	85	45	25
1990	100	50	24
1995	102	46	26
2000	110	60	30
2005	130	63	32
2010	145	77	48

资料来源：《2012 年世界发展报告》。

从表 2-2 中可以发现：中国当前的 M2/GDP 大约与日本 20 世纪 80 年代末 90 年代初相似，日本在 20 世纪 90 年代泡沫破裂后经历了长期经济零增长，被称为“失去的 20 年”。如今日本的 M2/GDP 仍然很高，在老龄化严重的背景下通过货币宽松化实际上导致日本经济改革难以见效。另外，英国、法国和德国 M2/GDP 也在 100%以上，但是需要指出的是，以上各国 M2/GDP 都是在欧元诞生后有效突破 100%的。例如，在 1999 年 1 月 1 日欧元正式诞生前，德国 M2/GDP 仅从 1978 年的 27%升至 1998 年的 38%，可想而知，欧元区的成立是欧洲货币宽松化的开始（程国平和刘丁平，2015）。美国的 M2/GDP 却长期保持在 100%以内，这说明美联储对货币的管理还是相当有效的。

表 2-2 中国与发达经济体的 M2/GDP

单位：%

年份	中国	英国	美国	法国	德国	日本
1960		40.34	62.67			50.66
1961		39.08	65.48			48.55
1962		36.42	66.32			68.89
1963		37.37	68.72			74.61
1964		36.05	69.77			73.13

续表

年份	中国	英国	美国	法国	德国	日本
1965		36	69.91			77.56
1966		35.03	66.77			77.64
1967		36.86	69.68			76.52
1968		36.46	69.37			74.19
1969		34.93	64.86			74.84
1970		34.51	68.5			103.19
1971		35.03	71.86			116.47
1972		40.01	74.17			127.13
1973		44.36	73.11			124.21
1974		44.25	72.66			118.73
1975		37.53	73.28			125.69
1976		35.39	72.47			129.27
1977	26.81	33.31	72.94			131.93
1978	24.41	33.1	71.81			137.07
1979	32.68	31.64	70.55			140.57
1980	36.76	32.07	71.76			142.18
1981	40.43	36.53	71.71			147.82
1982	42.56	37.86	75.87			153.89
1983	45.5	38.19	75.61			160.52
1984	49.92	39.65	76.5			162.91
1985	54.07	40.23	77.21			164.95
1986	61.79	45.83	79.87			172.08
1987	65.99	78.78	78.27			181.06
1988	63.83	82.34	77.59			183.73
1989	67.05	90.1	76.04			189.31
1990	78.65	91.72	73.58			187.36
1991	85.39	88.83	72.69			186.54
1992	90.36	61.01	68.74			188.12
1993	100.98	60.74	65.78			195.25

续表

年份	中国	英国	美国	法国	德国	日本
1994	97.35	61.73	62.17			201.45
1995	99.92	70.17	63.13			207.16
1996	106.91	75.37	64.66			210.75
1997	116.33	88.49	65.56			218.19
1998	125.07	101.24	67.87			229.76
1999	134.98	100.37	69.85	102.83	167.58	239.72
2000	137.04	106.24	70.95	100.99	169.58	240.56
2001	142.64	110.56	73.75	104.4	169.13	201.04
2002	147.06	110.79	74.4	104.9	171.97	205.45
2003	155.36	114.36	74.23	110.51	174.79	206.64
2004	151.63	118.97	73.76	114.28	177.39	205.93
2005	153.03	128.71	74.91	117.96	182.18	206.85
2006	159.77	139.1	77.07	123.5	182.29	204.25
2007	151.78	152.08	82.13	133.2	183	203.17
2008	151.31	175.57	87.24	140.22	188.11	209.51
2009	179	180.35	88.62	145.9	193.41	227.39
2010	180.78	179.27	83.69	150.15	184.1	226.64
2011	180.09	165.66	86.63	158.92	179.83	239.99
2012	187.59					

资料来源：《2012 年世界发展报告》。

从表 2-3 中中国与金砖国家货币化程度的比较，可以看出：中国的 M2/GDP 显著高于其他四个国家。中国在 1996 年 M2/GDP 有效突破 100%，而此时的印度、巴西、南非和俄罗斯仅在 17.8%至 50.07%的区间波动。到 2011 年，中国 M2/GDP 已经高达 180%，而其他金砖国家基本在 70%左右。这说明了中国货币超发是严重的，大量资金错配到了低回报的领域，一方面主要配置到了国有产能过剩企业，成为低流动性的沉淀存量资金；另一方面配置到了政府投资领域，其回报率很低甚至为负。这些资金很大一部分成为了影子银行的存量资金，其带来的风险在加剧，中国需要密切观察这类变量。

表 2-3　中国与金砖国家 M2/GDP

单位：%

年份	中国	巴西	印度	南非	俄罗斯
1960		24.63	21.69		
1961		24.78	21.13		
1962		21.49	21.55		
1963		20.62	20.75		
1964		18.35	19.47		
1965		20.43	20.47	60.67	
1966		17.04	20.11	60.6	
1967		19.06	18.78	58.28	
1968		19.38	19.42	61.19	
1969		19.2	20.02	60.65	
1970		19.41	21	60.47	
1971		20	22.97	59.33	
1972		18.72	24.04	61.87	
1973		19.16	23.61	61.35	
1974		17.66	22.44	58.2	
1975		17.91	23.84	61.76	
1976		15.35	27.55	59.53	
1977	26.81	14.54	28.97	58.99	
1978	24.41	14.53	32.41	59.48	
1979	32.68	15.05	34.78	58.18	
1980	36.76	11.89	33.87	53.67	
1981	40.43	11.29	33.86	54.31	
1982	42.56	10.08	35.48	54.31	
1983	45.5	10.25	35.61	54.04	
1984	49.92	11.52	37.5	55.23	
1985	54.07	13.59	38.85	54.86	
1986	61.79	19.97	40.94	50.98	
1987	65.99	19.88	41.9	52.12	
1988	63.83	75.08	41.77	55.16	

续表

年份	中国	巴西	印度	南非	俄罗斯
1989	67.05	111.33	42.08	55.39	
1990	78.65	30.39	41.46	53.8	
1991	85.39	35.03	42.67	55.01	
1992	90.36	60.93	43.38	50.46	
1993	100.98	93.66	44.11	46.86	23.9
1994	97.35	45.46	45.23	49.01	21.24
1995	99.92	32.46	42.79	50.02	19.31
1996	106.91	35.57	43.92	50.07	17.8
1997	116.33	37.47	46.64	53.83	19.65
1998	125.07	40.26	48.06	56.5	24.1
1999	134.98	43.72	50.46	57.18	20.59
2000	137.04	47.26	53.92	54.09	21.54
2001	142.64	48.95	56.93	58.78	23.9
2002	147.06	47.39	61.68	60.56	26.42
2003	155.36	49.62	62.17	63.17	29.94
2004	151.63	50.67	63.52	64.27	31.06
2005	153.03	54.58	64.46	69.88	33.38
2006	159.77	58.68	67.43	76.17	37.62
2007	151.78	61.84	71	82.75	42.82
2008	151.31	64.06	75.78	84.61	39.43
2009	179	69.45	77.96	81.23	49.21
2010	180.78	68.84	77.28	78.27	52.67
2011	180.09	74.37	77.77	76.08	52.68
2012	187.59				
2013	425.18				

资料来源：《世界发展报告》。

三、影子银行开始高速发展的主要原因

从以上表中可以看出，中国 M2 从 1996 年开始快速增长，与 GDP 比重超过了 100%，M2 是流通中的现金、活期存款和定期存款的总和，如图 2-4 所示，可以明显看出 M2 的同比增速是大于 GDP 增速的。这说明了一些重要的问题：①通货膨胀增速在 1996 年后显著下降，而 GDP 增速和M2 增速有显著的上升，但 M2 增速更大。这说明 1996 年后，城乡居民收入没有显著跑赢 GDP 增长，特别是农村人口收入增长缓慢，国企改革攻坚导致的未来大额刚性消费预期升温，居民对未来的教育、医疗、养老、就业有很强的不确定性与不安全感，遏制了国内消费，不断缩减开支增加储蓄，导致 M2 增速加大。②1996 年后货币显著超发，贫富差距也是一个重要的关注点，大量的超发货币实际上集中在少数人手里，通过股票市场和房地产市场在低通胀水平下资产快速增值，尤其是房地产市场，1998 年被称为中国房地产元年，房地产改革的大幕在那一年彻底掀开，1998 年一系列国家的政策快速地推动了房地产行业的发展。房地产市场开始了一轮大产业周期，以房地产为中心带动了上中下游各个行业。股市价格上涨和地价的上涨吸收了大量的货币供应，而很多资金在这两个市场里空转一圈后赚得盆满钵满，大量超发货币对中国的实际 GDP 增长甚微，只会显得 M2/GDP 越来越高。③M2 居高不下也说明中国货币流通率较慢，以国有经济为主体的体制下，商业银行惜贷中小微民营企业，而国有企业没有有效的资源配置，导致产能过剩，杠杆率较高，而这又进一步催化了商业银行的不良贷款率，这些信贷长期沉淀在国企账户上，无法有效盘活，导致流动性进一步放缓。这说明中国的投融资市场并不完善，以商业银行间接信贷为主的融资体系实际上会降低流动性，并且加大流动性风险，而投资市场主要以股票、货币、债券、银行存款为主，股票市场由于没有退出机制，空壳的民营公司和“大烂臭”的大国企长期无法退出。导致真正优质的公司和它们一样一荣俱荣、一损俱损地大幅波动，没有能够通过自身业绩而有效穿越“牛熊”的投资标的；导致股市在好的时候，大量资金纷涌而入，一旦萧条，大量资金证转银再次存入银行定期，使 M2 长期居高不下。④中国自 1996 年后 M2/GDP 长期居高不下，说明了中国的银行存款也处在一个长期居高不下的状态，一个是企业存款，另一个是居民存款，这不

得不联系到整个市场对经济预期的态度，如果经济现在和未来向好，那么无论个人还是企业都会增加开支、扩大生产、扩大消费。所以，1996 年后，中国经济给市场的信心实际是较低的。拉动中国经济真正增长的实际主要是以房地产为主的产业链。

以上说明了中国 M2 超发所产生的一些影响，尤其是以 1996 年为分界线，M2/GDP 从此一直为 100%以上，西方学者普遍认为 M2/GDP 畸高可能是金融市场不发达的信号，而高度成熟的金融市场这一比例反而较低，因为后者通常持有与之经济相适应的货币量。理由是最高收入经济体和地区金融市场发达，以银行为主的间接融资占比并不多，而是直接到股票或债券市场筹集资金，储户存款的功能及其需求就会减少。如果以美国为标准，100%的比值或许是一个衡量货币超发与否的分水岭。那么，这也提供了本书测算中国影子银行的区间依据，即中国货币显著超发是从 1996 年开始的，而 20 世纪 90 年代中期，中国的确出现了经济过热的现象，主要体现在了“四热、四高、三乱”三方面。其中“四热”是指开发区热、房地产热、股票热、集资热；“四高”是指固定资产投资、高信贷投资、高货币发行、高物价上涨；“三乱”则是指乱集资、乱拆借、乱设金融机构[①]。那么，可以说从 1996 年以后中国影子银行开始快速发展，从根本上说是由于社会总需求增长过快推动经济过热，从而导致民间资金拆借和集资泛滥。所以，这也是本书统计影子银行规模从 1996 年开始的一个重要因素。

我国近年 GDP、M2、CPI 同比增速对比如图 2-4 所示。

另外一个以 1996 年为中国影子银行统计开始年的重要原因是房地产业的崛起和中国逐渐开始的积极财政政策。温铁军（2013）指出 1988 年的“价格闯关”使物价指数月度攀升接近 30%，全年 18.6%，为防止挤兑，提高利率，加强调控，又导致了 1989 年出现连锁负债和生产停滞现象，于是滞胀形态危机在 1988~1989 年爆发。1992 年邓小平南方谈话使得 1992 年和 1993 年的经济高涨，1992 年中国同时取消了所有物资的票证制工具，开始加快货币化，政府大量增发货币来货币化它的实体经济，同期，为了吸纳货币，中国放开股票市场、期货市场和房地产市场，货币的增速从 1992 年开始陡然往上，中国进入了所谓的货币化时代。这又导致

① 彭森、陈立等：《中国经济体制改革重大事件》（下），中国人民大学出版社 2008 年版，第 433 页。

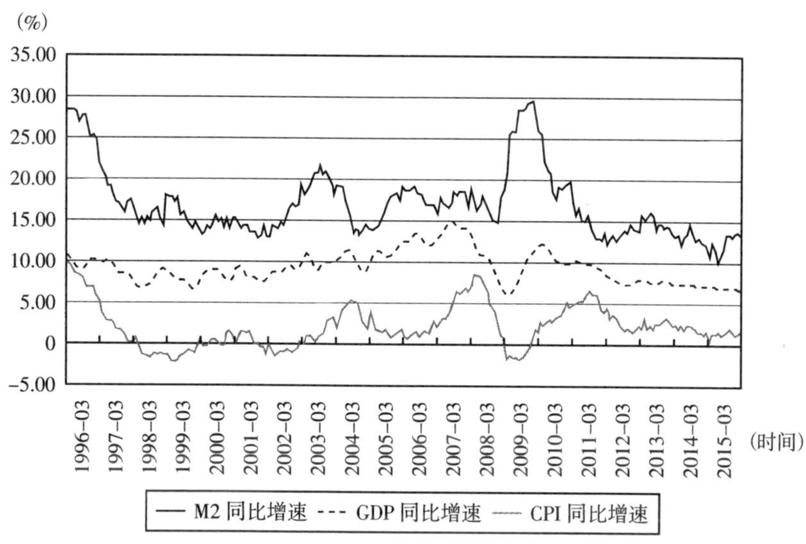

图 2-4　中国 1996~2015 年 GDP、M2、CPI 同比增速对比

了 20 世纪 90 年中期的经济过热，外汇赤字、金融赤字、财政赤字同步爆发在 1993 年。紧接着在 1994 年中央推动了三大改革来抑制经济过热：第一是汇率改革，即一次性贬值 57%，促进出口，解决外汇赤字；第二是分税制改革，解决了中央财政赤字问题，但诱发了地方政府圈地依赖土地财政；第三是国企改革，即一系列兼并重组和下岗再就业，解决金融赤字。所以，可以看到，中国 GDP/M2 在 1993 年时首次突破 100%，但这并不是有效突破，因为 1994~1995 年经过朱镕基总理的强力整顿，又回到了 100%以下，经济实现“软着陆”。但是，1997 年亚洲金融危机爆发导致中国经济增长再次放缓，尤其是出口。1998 年，中国外贸的增长幅度明显放缓，并于 3 月出现负增长，那么拉动经济增长的“三驾马车”就只能依靠驱动投资和消费。所以，为应对危机，从 1998 年开始中央首次施行了积极的财政政策，同时放开了房地产市场，中国开始了具有自身特色的凯恩斯主义经济（贺铿，2013）。从图 2-5 中可以看出，积极的财政政策导致固定资产投资迅速上升。所以，1996 年 M2/GDP 和 1993 年的 100%不同，1996 年突破 100%以后再没有回落到 100%以下，可见中国影子银行的发展从 1996 年开始计算是有经济史依据的。

如表 2-4 所示，1998 年作为房地产业高速发展的元年，中央政府颁发了多项鼓励房地产业的政策。同时，1998 年 6 月，国务院转发了国家计委《关于今年上半年经济运行情况和下半年工作建议》，提出实施积极的财政政策，增发1000亿元财政债券，并增加1000亿元银行贷款，用于增加基础设施建设。同年7月，朱镕基再次强调要贯彻积极的财政政策，加大基础设施建设，扩大内需①。所以，1996年以后M2/GDP持续高增长，长期保持在100%以上。这也是本书以1996年为起始统计影子银行的一个重要原因。

表2-4　1998年房地产改革的各项发文

序号	时间	鼓励房地产业的政策
1	1998年5月14日	中国人民银行颁布《个人住房贷款管理办法》
2	1998年6月25日	中央国家机关住房资金管理中心发布《中央国家机关个人住房组合贷款管理暂行规定》
3	1998年7月3日	发布《国务院关于进一步深化城镇住房制度改革加快住房建设的通知》（国发〔1998〕23号）
4	1998年7月	建设部成立住宅产业化办公室
5	1998年9月1日	建设部开始在房地产开发企业的商品房销售中实行《住宅保证书》和《住宅使用说明书》制度
6	1998年9月	国家计委、建设部、国土资源部、中国人民银行下发《关于进一步加快经济适用住房（安居工程）建设有关问题的通知》
7	1998年9月10日	建设部、国家计委、国土资源部、人民银行、科技部、教育部、文化部、卫生部联合发布《关于支持科研院所大专院校文化团体和卫生机构利用单位自用土地建设经济适用住房的若干意见》
8	1998年9月14日	建设部、国家计委、国土资源部印发《关于大力发展经济适用住房的若干意见》
9	1998年12月16日	建设部、财政部发布《住宅共用部位共用设施设备维修基金管理办法》（建住房〔1998〕213号）

① 邹东涛、欧阳日辉：《新中国经济发展60年（1949~2009）》（第1版），人民出版社2009年版，第380页。

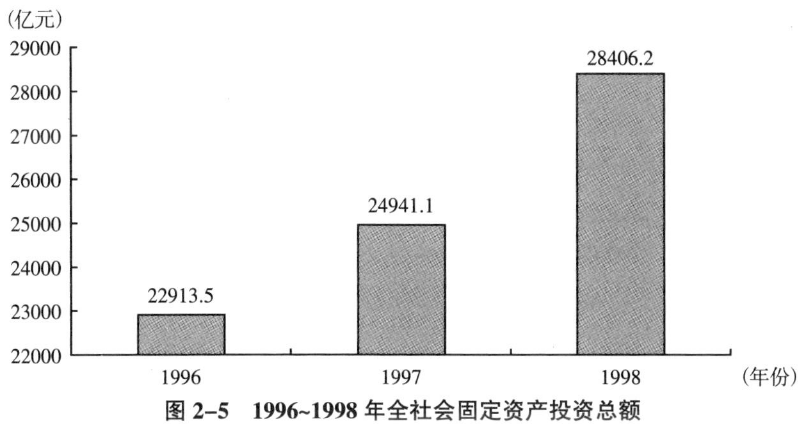

图 2-5　1996~1998 年全社会固定资产投资总额

事实上，国际上并没有一个统一且公认合理的 M2/GDP 比率，美国、欧元区、日本、国际货币基金组织和世界银行虽然一直都在研究 M2 和 GDP 的关系，但是不同区域的国情、经济历史、经济发展水平和地缘政治等因素导致没有形成统一的理论。从传统理论来看，M2 增速超过 GDP 增速，说明信贷扩张势头过强，当实体经济面临产能过剩和投资空间有限时，扩大的信贷就会流入股市和房市，这必然造成杠杆率的继续攀升、不良贷款增加、金融和房地产泡沫不断扩大。然而，中国影子银行发展很快，信贷资金长期以来脱实向虚，房地产价格持续走高，但股市却不是大起大落，就是长期萎靡不振。另外，美国作为世界最强的经济体和市场经济的典范国家，其 M2/GDP 是长期低于 100%的。从图 2-6 和图 2-7 也可以看出，美国的月度 M2 供应和中国在整体趋势上是一致的，但斜率显然是中国的更大。

从图 2-8 可以看出，美国货币供应长期呈现增长趋势，但是其 CPI 同比增速自 20 世纪 80 年代后却保持相对稳定的趋势，基本维持在 6%以内。这说明美国的 M2/GDP 维持在 100%以内是合理的。货币的稳定供应使美国的经济保持较为稳定的增长，通货膨胀率也相对稳定。

再从图 2-9 看中国 1990~2015 年的 CPI 同比增速，可以看出相对美国呈现出了较大波动，最高时在 20 世纪 90 年初接近 28%，近年来最高超过 8%，2011 年至今较为稳定，维持在 4%以内。这说明中国的货币供应是超额的，直接表现就是中国 M2/GDP 持续保持高增长。

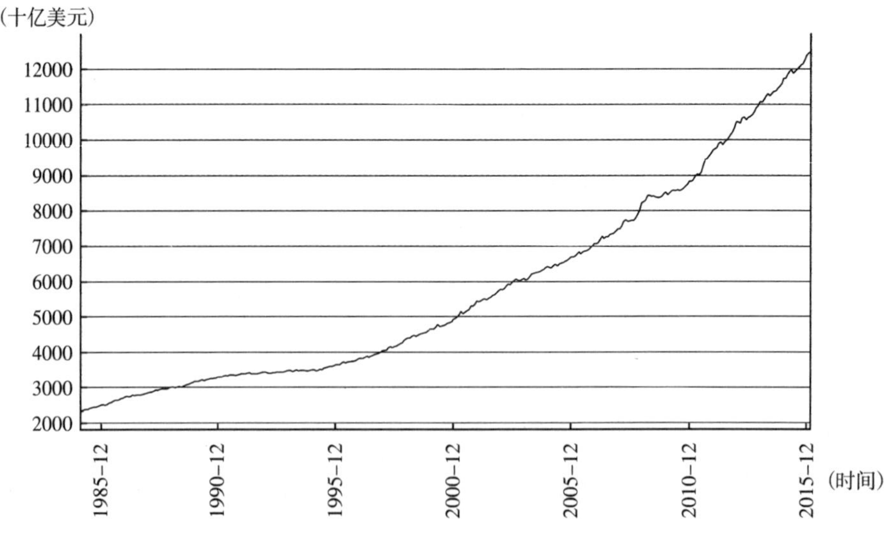

图 2-6　美国 1985~2016 年月度货币供应量 M2

资料来源：Wind 资讯。

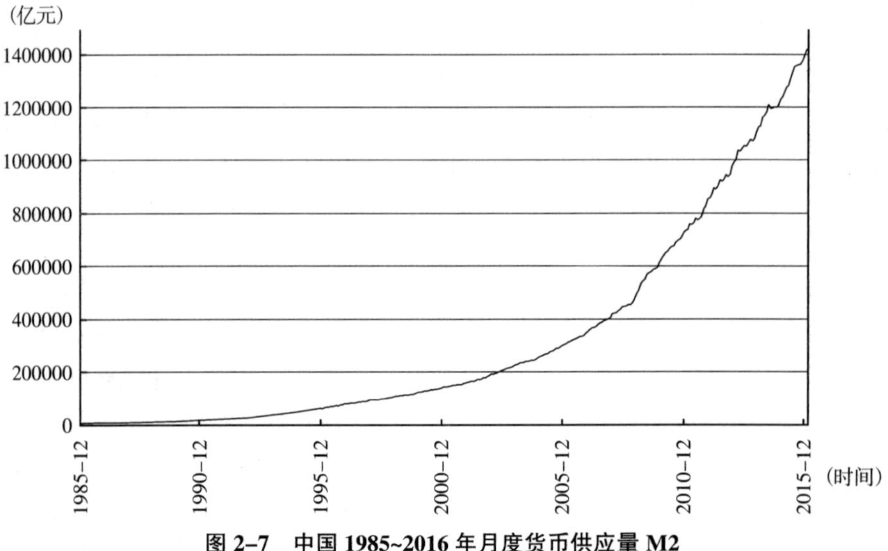

图 2-7　中国 1985~2016 年月度货币供应量 M2

资料来源：Wind 资讯。

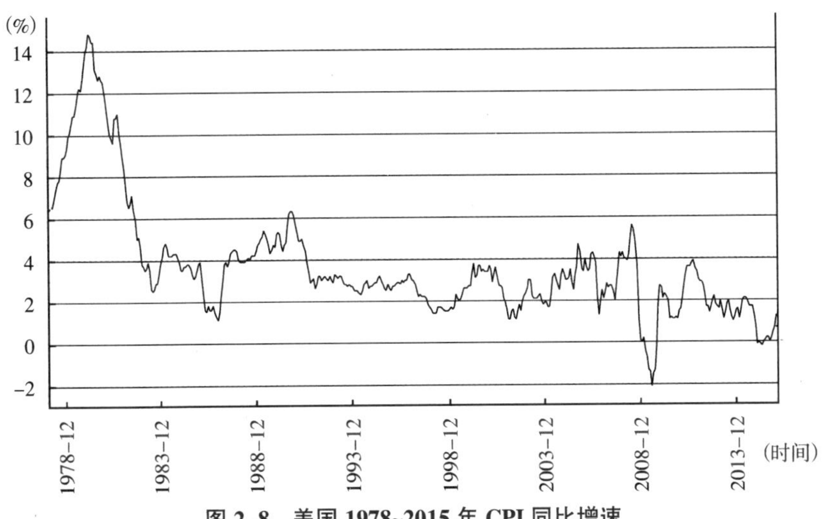

图 2-8　美国 1978~2015 年 CPI 同比增速

资料来源：Wind 资讯。

图 2-9　中国 1990~2015 年 CPI 同比增速

资料来源：Wind 资讯。

最后，从中国 1978~2015 年的国内生产总值观察，如图 2-10 所示，同样，1996 年以前的 GDP 曲线是较为平稳的，1996 年以后斜率逐渐加大，GDP 增长显著。这说明虽然 GDP 增速和 CPI 增速没有 M2 增速高，但是显然 M2 从 1996 年开始的高增速在 GDP 方面是有一个对应的。

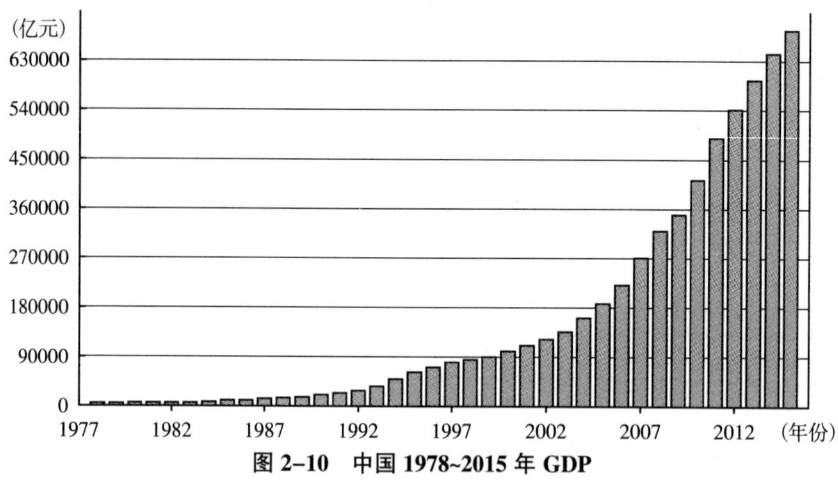

图 2-10 中国 1978~2015 年 GDP

资料来源：Wind 资讯。

第二节 中国影子银行的统计

一、理论基础

所以，本书以 1996 年 M2/GDP 有效超过 100%为统计中国影子银行的起始点。由于国家统计局公布的 GDP 为季度数据，存在显著的季节波动性，如图 2-11 所示，中国 GDP 季度累计值在每年的第一季度最低，在第四季度时达到顶峰，这些要素会掩盖经济发展中的客观变化。高铁梅（2009）指出在经济计量研究前需要对季度时间序列进行季节调整，剔除其中的季节变动要素和不规则要素，从而显示出序列潜在的趋势循环分量，趋势循环分量可以真实反映经济数据运动的客观规律。那么，需要首先对 GDP 的季节时间序列进行调整以求平滑化。最早的进行季节调节计量方法是美国商务部国势普查局在 1960 年研究出的 X-3 法，1965 年又进一步研究出了更精细典型的 X-11 法，后期通过对 X-11 法的不断调节研

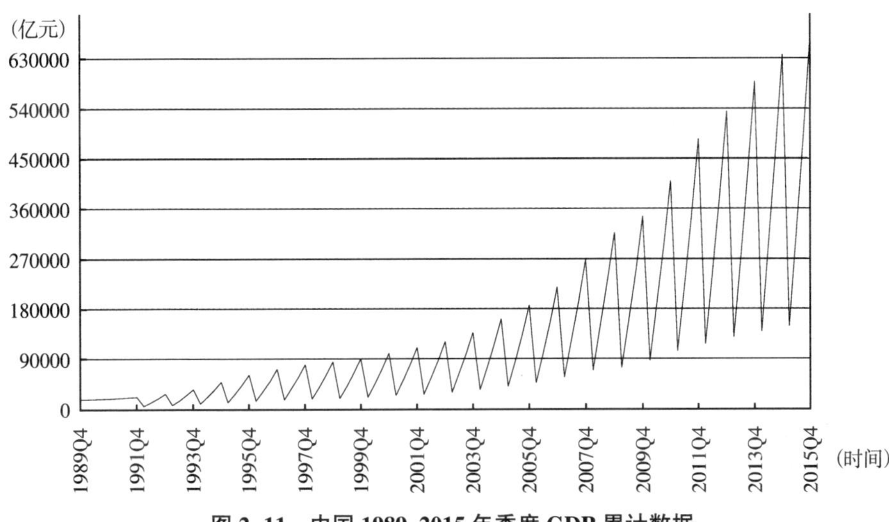

图 2–11　中国 1989~2015 年季度 GDP 累计数据

资料来源：Wind 资讯。

发出了 X–12 法。

首先，季度 GDP 时间序列包含四种变动要素：长期趋势要素 T、循环要素 C、季节变动要素 S 和不规则要素 I。X–12 季节调整法是假设 Y_t 为无奇异值的季度 GDP 序列，把 Y_t 分解为趋势循环项 TC_t、季节项 S_t 和不规则要素 It。按照季节调整中的加法分解形式模型：

$$Y_t = TC_t + S_t + I_t \tag{2–1}$$

对季节调整进行初始估计，首先，通过中心化 12 项移动计算平均季度循环要素的初始估计：

$$TC_t^{(1)} = \left(\frac{1}{2}Y_{t-6} + Y_{t-5} + \cdots + Y_t + \cdots + Y_{t+5} + \frac{1}{2}Y_{t+6}\right)/12 \tag{2–2}$$

计算 SI 项的初始估计：

$$SI_t^{(1)} = Y_t - TC_t^{(1)} \tag{2–3}$$

简单的移动平均公式是设 Y 为时间序列 $Y\{y_1, y_2, \cdots, y_T\}$，T 为样本长度，在时点 t 上的 2k + 1 项移动平均值 MA_t 的一般表示为：

$$MA_t = \frac{1}{2k+1}\sum_{i=-k}^{k} y_{t+i},\ t = k+1,\ k+2,\ \cdots,\ T-k \tag{2–4}$$

以上作为以 12 个月为中心的二次移动平均，也可用一次移动平均加权平均法，其中 3X3 移动平均法是对 3 项移动平均值再进行 3 项移动平均，通过加权移动平均 3X3 项法计算季节因子 S 的初始估计：

$$\hat{S}_t^{(1)} = (SI_{t-24}^{(1)} + 2SI_{t-12}^{(1)} + 3SI_t^{(1)} + 2SI_{t+12}^{(1)} + SI_{t+24}^{(1)})/9 \tag{2-5}$$

消除季节因子中的残余趋势：

$$S_t^{(1)} = \hat{S}_t^{(1)} - (\hat{S}_{t-6}^{(1)} + 2\hat{S}_{t-5}^{(1)} + \cdots + 2\hat{S}_{t+5}^{(1)} + \hat{S}_{t+6}^{(1)})/24 \tag{2-6}$$

GDP 季度序列季节调整的一次结果估计：

$$TCI_t^{(1)} = Y_t - S_t^{(1)} \tag{2-7}$$

利用 Henderson 移动平均公式计算暂定的趋势循环要素：

$$TC_t^{(2)} = \sum_{j=-H}^{H} h_j^{(2H+1)} TCI_{t+j}^{(1)} \tag{2-8}$$

计算暂定的 SI 项：

$$SI_t^{(2)} = Y_t - TC_t^{(2)} \tag{2-9}$$

通过加权移动平均 3X5 项法计算暂定的季节因子：

$$\hat{S}_t^{(2)} = (SI_{t-36}^{(2)} + 2SI_{t-24}^{(2)} + 3SI_{t-12}^{(2)} + 3SI_t^{(2)} + 3SI_{t+12}^{(2)} + 2SI_{t+24}^{(2)} + SI_{t+36}^{(2)})/15 \tag{2-10}$$

计算最终的季节因子：

$$S_t^{(2)} = \hat{S}_t^{(2)} - (\hat{S}_{t-6}^{(2)} + 2\hat{S}_{t-5}^{(2)} + \cdots + 2\hat{S}_{t+5}^{(2)} + \hat{S}_{t+6}^{(2)})/24 \tag{2-11}$$

GDP 季度序列季节调整的二次结果估计：

$$TCI_t^{(2)} = Y_t - S_t^{(2)} \tag{2-12}$$

Henderson 移动平均公式计算趋势循环要素：

$$TC_t^{(3)} = \sum_{j=-H}^{H} h_j^{(2H+1)} TCI_{t+j}^{(2)} \tag{2-13}$$

不规则要素结果：

$$I_t^{(3)} = TCI_t^{(2)} - TC_t^{(3)} \tag{2-14}$$

二、实证研究

通过 EViews 6.0 对 GDP 季度数据图进行 X-12 法处理后，季节调整序列为 GDP-SA，季节因子为 GDP-SF，趋势循环序列为 GDP-TC，不规则要素为 GDP-IR，如图 2-12 所示。

从图 2-12 可以显著地看出：季节因子要素对 GDP 影响最为显著，季

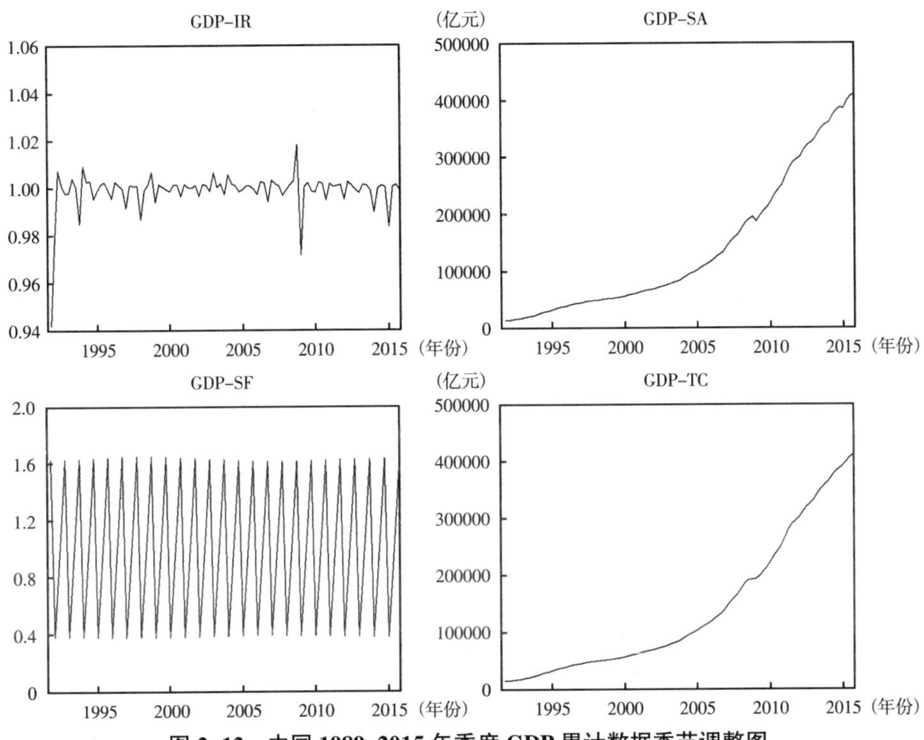

图 2-12　中国 1989~2015 年季度 GDP 累计数据季节调整图

节调整后的 GDP 季度数据 GDP-SA 有了经济意义。然而，由于 GDP 数据为季度数据，所以需要通过 EViews 转换低频数据为高频数据，即从季度数据转换到月度数据，为了使曲线光滑更贴近现实，利用三次样条插入法，从而得到了 GDP 的月度时间序列，如图 2-13 所示。

本书利用月度 M2/GDP 乘以 GDP 为权重的加权平均值得出货币需求系数 β，由于本书要以实证检验的时间序列为月度数据，所以，利用各年的月度名义 GDP 乘以 β 得到各个月的货币需求量 M_d，最后利用 M_d 减去月度信贷规模 S_c 得到月度影子银行规模，假设月度 GDP 为 g_1，g_2，…，g_n，月度 M2 为 m_1，m_2，…，m_n，则：

$$\frac{M_2}{GDP}=\frac{g_1}{m_1},\ \frac{g_2}{m_2},\ \frac{g_3}{m_3},\ \cdots,\ \frac{g_n}{m_n} \tag{2-15}$$

其中：

$$W_n=\frac{g_1}{g_1+g_2+\cdots+g_n},\ \frac{g_2}{g_1+g_2+\cdots+g_n},\ \cdots,\ \frac{g_n}{g_1+g_2+\cdots+g_n} \tag{2-16}$$

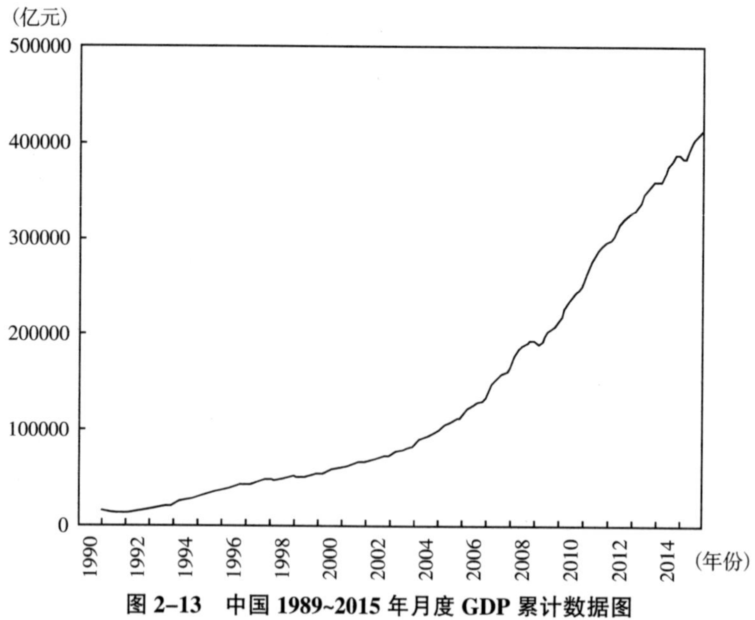

图 2-13　中国 1989~2015 年月度 GDP 累计数据图

则：

$$\beta = \frac{g_1}{m_1} \times W_1 + \frac{g_2}{m_2} \times W_2 + \cdots + \frac{g_n}{m_n} \times W_n \tag{2-17}$$

需求系数结果测算如表 2-5 所示，影子银行规模测算如表 2-6 所示。

表 2-5　需求系数结果测算表

指标 时间	GDP（亿元）	M2	M2/GDP	权重	需求系数
1996 年 1 月	37540.13	58401.00	1.555695378	0.000956	2.799
1996 年 2 月	37872.33	63778.00	1.684026417	0.000964	
1996 年 3 月	38342.74	64511.00	1.682483002	0.000976	
1996 年 4 月	39018.92	65723.00	1.684388064	0.000993	
1996 年 5 月	39809.4	66880.00	1.680005428	0.001014	
1996 年 6 月	40564.99	68132.00	1.679576488	0.001033	
1996 年 7 月	41155.66	69346.00	1.684968585	0.001048	
1996 年 8 月	41665.58	72309.00	1.735461121	0.001061	
1996 年 9 月	42198.05	69643.00	1.650384138	0.001074	

续表

时间 \ 指标	GDP（亿元）	M2	M2/GDP	权重	需求系数
1996 年 10 月	42773.26	73152.20	1.710231916	0.001089	2.799
1996 年 11 月	43298	74142.00	1.71236565	0.001102	
1996 年 12 月	43595.92	77265.00	1.772299035	0.00111	
1997 年 1 月	43629.4	78648.00	1.802637669	0.001111	
…	…	…	…	…	
2014 年 12 月	389197.6	1228374.81	3.156172628	0.00991	
2015 年 1 月	387551.7	1242709.56	3.206564938	0.009868	
2015 年 2 月	385117.8	1257384.48	3.264934842	0.009806	
2015 年 3 月	384280.2	1275332.78	3.318757809	0.009784	
2015 年 4 月	387116.1	1280779.14	3.308513998	0.009857	
2015 年 5 月	392280.2	1307357.63	3.332713744	0.009988	
2015 年 6 月	398120.1	1333375.36	3.349179037	0.010137	
2015 年 7 月	402493.7	1353210.92	3.362067174	0.010248	
2015 年 8 月	405982.5	1356907.98	3.342281859	0.010337	
2015 年 9 月	408678.1	1359824.06	3.327371942	0.010406	
2015 年 10 月	410858.6	1361020.70	3.312625367	0.010461	
2015 年 11 月	412571.5	1373956.01	3.330225549	0.010505	
2015 年 12 月	414050.4	1392278.11	3.362580844	0.010542	

资料来源：Wind 资讯。

表 2–6　影子银行规模测算表

单位：亿元

时间	月度国内生产总值（GDP）	月度货币需求量（M_d）	月度信贷规模（S_c）	影子银行规模（Shadowbank）	需求系数 β
1996 年 1 月	37655.944	105398.99	61156.6	44242.38774	2.799
1996 年 2 月	37843.75	105924.66	61156.6	44768.05725	
1996 年 3 月	38161.393	106813.74	61156.6	45657.14002	
1996 年 4 月	38750.613	108462.97	61156.6	47306.36713	
1996 年 5 月	39501.969	110566.01	61156.6	49409.41187	
1996 年 6 月	40267.448	112708.59	61156.6	51551.98638	

续表

时间	月度国内生产总值（GDP）	月度货币需求量（M_d）	月度信贷规模（S_c）	影子银行规模（Shadowbank）	需求系数β
1996年7月	40912.653	114514.52	61156.6	53357.91538	2.799
1996年8月	41518.399	116210	61156.6	55053.3991	
1996年9月	42179.118	118059.35	61156.6	56902.75036	
1996年10月	42870.7	119995.09	61156.6	58838.48816	
1996年11月	43486.659	121719.16	61156.6	60562.55918	
1996年12月	43801.971	122601.72	61156.6	61445.11632	
1997年1月	43752.194	122462.39	74914.1	47548.28961	
1997年2月	43530.133	121840.84	74914.1	46926.74121	
1997年3月	43489.178	121726.21	74914.1	46812.11045	
1997年4月	43934.79	122973.48	74914.1	48059.37623	
1997年5月	44666.305	125020.99	74914.1	50106.88871	
1997年6月	45435.133	127172.94	74914.1	52258.83763	
1997年7月	46013.741	128792.46	74914.1	53878.36077	
1997年8月	46536.955	130256.94	74914.1	55342.83731	
1997年9月	47160.663	132002.69	74914.1	57088.59448	
1997年10月	47857.091	133952	74914.1	59037.89791	
1997年11月	48456.468	135629.65	74914.1	60715.55319	
1997年12月	48605.361	136046.4	74914.1	61132.30434	
1998年1月	48177.775	134849.59	86524.1	48325.49178	
1998年2月	47464.145	132852.14	86524.1	46328.04174	
1998年3月	46982.343	131503.58	86524.1	44979.47687	
1998年4月	47207.946	132135.04	86524.1	45610.94159	
1998年5月	47860.874	133962.59	86524.1	47438.48544	
1998年6月	48618.749	136083.88	86524.1	49559.77976	
1998年7月	49167.357	137619.43	86524.1	51095.33187	
1998年8月	49671.963	139031.82	86524.1	52507.72411	
1998年9月	50305.993	140806.47	86524.1	54282.37486	
1998年10月	51048.685	142885.27	86524.1	56361.17002	

续表

时间	月度国内生产总值（GDP）	月度货币需求量（M_d）	月度信贷规模（S_c）	影子银行规模（Shadowbank）	需求系数β
1998年11月	51716.232	144753.73	86524.1	58229.63421	2.799
1998年12月	51930.639	145353.86	86524.1	58829.7596	
1999年1月	51534.222	144244.29	93734.3	50509.98806	
1999年2月	50826.134	142262.35	93734.3	48528.04838	
1999年3月	50325.837	140862.02	93734.3	47127.71901	
1999年4月	50524.884	141419.15	93734.3	47684.84951	
1999年5月	51149.584	143167.69	93734.3	49433.38617	
1999年6月	51898.337	145263.45	93734.3	51529.14636	
1999年7月	52449.324	146805.66	93734.3	53071.35808	
1999年8月	52943.236	148188.12	93734.3	54453.81797	
1999年9月	53500.548	149748.03	93734.3	56013.7333	
1999年10月	54145.402	151552.98	93734.3	57818.68145	
1999年11月	54769.398	153299.54	93734.3	59565.24383	
1999年12月	55167.8	154414.67	93734.3	60680.37197	
2000年1月	55262.528	154679.81	93838.2	60841.61469	
2000年2月	55219.273	154558.74	94352.9	60205.84488	
2000年3月	55330.38	154869.73	95776.55	59093.18269	
2000年4月	55859.756	156351.46	96604.65	59746.80782	
2000年5月	56647.013	158554.99	96174.88	62380.10994	
2000年6月	57503.326	160951.81	94847.87	66103.93823	
2000年7月	58202.669	162909.27	94362.51	68546.76013	
2000年8月	58820.856	164639.58	94874.36	69765.21518	
2000年9月	59396.499	166250.8	95995.51	70255.29115	
2000年10月	59966.438	167846.06	96709.81	71136.24898	
2000年11月	60510.477	169368.83	98180.28	71188.54637	
2000年12月	61006.65	170757.61	99371.07	71386.54418	
2001年1月	61467.282	172046.92	100687.23	71359.69188	
2001年2月	61920.503	173315.49	101425.74	71889.74832	

续表

时间	月度国内生产总值（GDP）	月度货币需求量（M_d）	月度信贷规模（S_c）	影子银行规模（Shadowbank）	需求系数 β
2001 年 3 月	62428.739	174738.04	102470.64	72267.401	2.799
2001 年 4 月	63037.237	176441.23	103491.81	72949.41502	
2001 年 5 月	63706.193	178313.64	104714.59	73599.04548	
2001 年 6 月	64378.63	180195.79	106553.42	73642.3651	
2001 年 7 月	64990.202	181907.58	107094.17	74813.40669	
2001 年 8 月	65565.72	183518.45	107614.13	75904.31892	
2001 年 9 月	66122.626	185077.23	108973.24	76103.99055	
2001 年 10 月	66640.573	186526.96	108989.38	77537.58247	
2001 年 11 月	67091.939	187790.34	110090.33	77700.00639	
2001 年 12 月	67411.31	188684.26	112314.7	76369.55614	
2002 年 1 月	67616.735	189259.24	113194.69	76064.55157	
2002 年 2 月	67782.654	189723.65	113709.88	76013.76877	
2002 年 3 月	68066.97	190519.45	116255	74264.44981	
2002 年 4 月	68627.788	192089.18	117179.02	74910.15726	
2002 年 5 月	69386.254	194212.13	118286.23	75925.89533	
2002 年 6 月	70263.719	196668.15	121137.64	75530.50871	
2002 年 7 月	71087.083	198972.75	121754.4	77218.34644	
2002 年 8 月	71848.451	201103.81	123483.62	77620.19337	
2002 年 9 月	72445.476	202774.89	126366.74	76408.14869	
2002 年 10 月	72901.394	204051	127089.14	76961.86115	
2002 年 11 月	73330.163	205251.13	128627.75	76623.37592	
2002 年 12 月	73971.321	207045.73	131293.93	75751.79774	
2003 年 1 月	74951.713	209789.85	134615.13	75174.71543	
2003 年 2 月	76095.225	212990.53	135714.13	77276.40368	
2003 年 3 月	77113.048	215839.42	139436.56	76402.86127	
2003 年 4 月	77789.137	217731.8	141377.15	76354.64567	
2003 年 5 月	78304.277	219173.67	143908.41	75265.26183	
2003 年 6 月	78912.013	220874.72	149156.56	71718.16338	

续表

时间	月度国内生产总值（GDP）	月度货币需求量（M_d）	月度信贷规模（S_c）	影子银行规模（Shadowbank）	需求系数β
2003 年 7 月	79776.71	223295.01	150216.81	73078.20119	2.799
2003 年 8 月	80727.007	225954.89	153025.17	72929.72206	
2003 年 9 月	81502.362	228125.11	156676.17	71448.94004	
2003 年 10 月	82041.124	229633.11	157701.12	71931.98589	
2003 年 11 月	82573.01	231121.86	158996.23	72125.62593	
2003 年 12 月	83526.629	233791.03	161730.64	72060.39321	
2004 年 1 月	85160.678	238364.74	163810.61	74554.12765	
2004 年 2 月	87175.901	244005.35	167442.53	76562.81615	
2004 年 3 月	89103.131	249399.66	169434.99	79964.67249	
2004 年 4 月	90489.527	253280.19	170566.13	82714.05644	
2004 年 5 月	91577.836	256326.36	169905.22	86421.14411	
2004 年 6 月	92627.13	259263.34	169884.39	89378.94756	
2004 年 7 月	93828.754	262626.68	171040.15	91586.53181	
2004 年 8 月	95019.308	265959.04	173473.07	92485.97226	
2004 年 9月	95967.666	268613.5	173728.97	94884.52723	
2004 年 10 月	96656.019	270540.2	175224.01	95316.18838	
2004 年 11 月	97306.589	272361.14	177363.49	94997.65321	
2004 年 12 月	98354.913	275295.4	181082.96	94212.44257	
2005 年 1 月	100068.92	280092.9	182042.3	98050.60491	
2005 年 2 月	102147.03	285909.54	185461.32	100448.2236	
2005 年 3 月	104120.07	291432.07	186889.1	104542.9697	
2005 年 4 月	105536.58	295396.89	186274.1	109122.7943	
2005 年 5 月	106640.04	298485.47	186178.7	112306.7721	
2005 年 6 月	107691.65	301428.92	185859.75	115569.1677	
2005 年 7 月	108891.24	304786.57	187756.6	117029.9721	
2005 年 8 月	110077.52	308106.99	190941.9	117165.091	
2005 年 9 月	111027.85	310766.96	191168.27	119598.6859	
2005 年 10 月	111769.31	312842.29	193416.93	119425.3601	

续表

时间	月度国内生产总值（GDP）	月度货币需求量（M_d）	月度信贷规模（S_c）	影子银行规模（Shadowbank）	需求系数 β
2005 年 11 月	112538.09	314994.12	194690.39	120303.7332	2.799
2005 年 12 月	113820.16	318582.63	199492.05	119090.5764	
2006 年 1 月	115910.09	324432.33	201020.25	123412.0808	
2006 年 2 月	118469.21	331595.33	206394.59	125200.7411	
2006 年 3 月	120967.52	338588.08	209555.78	129032.3019	
2006 年 4 月	122866.87	343904.36	211649.97	132254.3902	
2006 年 5 月	124428.22	348274.6	215302.59	132972.0097	
2006 年 6 月	125904.45	352406.56	216935.55	135471.0066	
2006 年 7 月	127418.61	356644.69	218836.14	137808.5546	
2006 年 8 月	128779.38	360453.49	221035.86	139417.6295	
2006 年 9 月	129665.64	362934.12	221035.86	141898.2646	
2006 年 10 月	130327.16	364785.72	221205.32	143580.4037	
2006 年 11 月	131209.96	367256.67	223141.55	144115.1154	
2006 年 12 月	133330.93	373193.27	225285.28	147907.9888	
2007 年 1 月	137215.45	384066.05	231031.18	153034.8732	
2007 年 2 月	142109.31	397763.96	235168.74	162595.2188	
2007 年 3 月	146766.75	410800.13	239585.58	171214.5461	
2007 年 4 月	149897.54	419563.22	243805.22	175757.9983	
2007 年 5 月	152102.33	425734.43	246277.96	179456.4668	
2007 年 6 月	153937.29	430870.47	250792.59	180077.8758	
2007 年 7 月	155941.81	436481.14	253106.67	183374.4659	
2007 年 8 月	157829.45	441764.62	256135.41	185629.2134	
2007 年 9 月	159296.96	445872.2	258970.33	186901.8711	
2007 年 10 月	160517.31	449287.95	260331.44	188956.5094	
2007 年 11 月	161880.18	453102.64	261205.4	191897.236	
2007 年 12 月	164251.46	459739.84	261690.88	198048.9563	
2008 年 1 月	168173.23	470716.88	269695.58	201021.2993	
2008 年 2 月	173050.68	484368.85	272165.99	212202.8641	

续表

时间	月度国内生产总值（GDP）	月度货币需求量（M_d）	月度信贷规模（S_c）	影子银行规模（Shadowbank）	需求系数β
2008年3月	177965.2	498124.6	275000.21	223124.3937	2.799
2008年4月	181735.17	508676.73	279690.16	228986.5686	
2008年5月	184688.35	516942.69	282875.17	234067.5163	
2008年6月	186889.49	523103.69	286199.38	236904.3121	
2008年7月	188681.87	528120.55	290016.98	238103.5659	
2008年8月	190172.36	532292.43	292732.36	239560.0722	
2008年9月	191746.38	536698.12	296477.09	240221.0302	
2008年10月	193309.81	541074.15	298295.65	242778.4984	
2008年11月	194430.16	544210.02	295749.55	248460.4664	
2008年12月	194195.42	543552.99	303394.64	240158.3534	
2009年1月	192562.39	538982.13	319921.84	219060.2944	
2009年2月	190421.47	532989.7	330637.71	202351.9882	
2009年3月	189531.88	530499.73	349554.82	180944.9096	
2009年4月	191388.08	535695.25	355472.82	180222.4287	
2009年5月	194978.11	545743.72	362141.69	183602.0303	
2009年6月	199025.22	557071.58	377446.12	179625.4647	
2009年7月	201925.81	565190.34	381137.61	184052.7273	
2009年8月	204154.8	571429.29	385241.19	186188.0961	
2009年9月	205860.23	576202.79	390407.85	185794.9443	
2009年10月	207580.64	581018.2	392937.64	188080.5648	
2009年11月	209437.24	586214.83	395885.31	190329.5156	
2009年12月	211941.74	593224.94	399684.82	193540.1238	
2010年1月	215469.37	603098.76	413679.6	189419.1644	
2010年2月	219696	614929.1	420678.38	194250.7224	
2010年3月	224161.02	627426.69	425785.27	201641.4206	
2010年4月	228228.66	638812.02	433525.27	205286.7482	
2010年5月	232041.66	649484.6	440018.15	209466.4472	
2010年6月	235567.59	659353.7	446045.62	213308.076	

续表

时间	月度国内生产总值（GDP）	月度货币需求量（M_d）	月度信贷规模（S_c）	影子银行规模（Shadowbank）	需求系数 β
2010 年 7 月	238681.48	668069.47	451372.55	216696.9192	2.799
2010 年 8 月	241353.24	675547.73	456818.62	218729.1053	
2010 年 9 月	243460.22	681445.16	462822.64	218622.519	
2010 年 10 月	245417.4	686923.31	468699.94	218223.368	
2010 年 11 月	247554.93	692906.25	474389.23	218517.0167	
2010 年 12 月	250740.58	701822.89	479195.55	222627.3426	
2011 年 1 月	255565.89	715328.92	483493.87	231835.049	
2011 年 2 月	261458.82	731823.24	488870.98	242952.2647	
2011 年 3 月	267571.11	748931.54	494740.7	254190.8442	
2011 年 4 月	272784.4	763523.53	502170.76	261352.768	
2011 年 5 月	277387.77	776408.38	507686.31	268722.0671	
2011 年 6 月	281400.25	787639.31	514025.54	273613.7684	
2011 年 7 月	284939.39	797545.35	518941.36	278603.9874	
2011 年 8 月	288044.94	806237.79	524425.79	281811.9999	
2011 年 9 月	290855.21	814103.74	529118.34	284985.4002	
2011 年 10 月	293368.13	821137.39	534986.76	286150.6303	
2011 年 11 月	295444.35	826948.73	540616.2	286332.5316	
2011 年 12 月	296804.16	830754.84	547946.69	282808.1531	
2012 年 1 月	297732.12	833352.19	555253.05	278099.1403	
2012 年 2 月	298650.21	835921.93	562360.4	273561.5267	
2012 年 3 月	300544.69	841224.59	572474.82	268749.7723	
2012 年 4 月	304069.28	851089.93	579292.11	271797.8168	
2012 年 5 月	308564.58	863672.26	587224.43	276447.8302	
2012 年 6 月	313038.63	876195.12	596422.59	279772.5321	
2012 年 7 月	316399.87	885603.23	601823.8	283779.4301	
2012 年 8 月	319094.47	893145.41	608863.25	284282.1633	
2012 年 9 月	321468.98	899791.69	615089.48	284702.2088	
2012 年 10 月	323792.69	906295.73	620143.19	286152.5437	

续表

时间	月度国内生产总值（GDP）	月度货币需求量（M_d）	月度信贷规模（S_c）	影子银行规模（Shadowbank）	需求系数 β
2012 年 11 月	325853.65	912064.37	625363.56	286700.8094	2.799
2012 年 12 月	327362.66	916288.08	629909.64	286378.4377	
2013 年 1 月	328498.61	919467.6	640766.52	278701.0818	
2013 年 2 月	329640.17	922662.83	646966.4	275696.4316	
2013 年 3 月	331634.13	928243.92	657591.82	270652.0987	
2013 年 4 月	335059.56	937831.7	665514.79	272316.9065	
2013 年 5 月	339359.21	949866.43	672208.97	277657.4601	
2013 年 6 月	343708.13	962039.07	680837.17	281201.8968	
2013 年 7 月	347261.66	971985.37	687834.5	284150.8725	
2013 年 8 月	350422.39	980832.28	694962.17	285870.113	
2013 年 9 月	353573.26	989651.55	702832.25	286819.3028	
2013 年 10 月	356626.48	998197.51	707891.86	290305.6479	
2013 年 11 月	359155.25	1005275.6	714137.43	291138.1268	
2013 年 12 月	360262.12	1008373.7	718961.46	289412.2193	
2014 年 1 月	359949.96	1007499.9	732144.36	275355.5837	
2014 年 2 月	359117.69	1005170.4	738592.59	266577.814	
2014 年 3 月	359564.56	1006421.2	749089.78	257331.4229	
2014 年 4 月	362753.53	1015347.1	756835.15	258511.9674	
2014 年 5 月	367616.79	1028959.4	765543.5	263415.8936	
2014 年 6 月	372750.24	1043327.9	776336.66	266991.2522	
2014 年 7 月	376666.44	1054289.4	780188.63	274100.728	
2014 年 8 月	380025.79	1063692.2	787214.13	276478.0625	
2014 年 9 月	383405.39	1073151.7	795786.02	277365.6611	
2014 年 10 月	386655.01	1082247.4	801269.48	280977.8827	
2014 年 11 月	389122.45	1089153.7	809796.94	279356.801	
2014 年 12 月	389428.22	1090009.6	816770.01	273239.5832	
2015 年 1 月	387492.79	1084592.3	836985.96	247606.3541	
2015 年 2 月	384655.89	1076651.8	847224.57	229427.2535	

续表

时间	月度国内生产总值（GDP）	月度货币需求量（M_d）	月度信贷规模（S_c）	影子银行规模（Shadowbank）	需求系数β
2015 年 3 月	383557.22	1073576.7	859069.21	214507.4491	2.799
2015 年 4 月	386480.72	1081759.5	866100	215659.542	
2015 年 5 月	391928.65	1097008.3	875156.04	221852.2555	
2015 年 6 月	398047.49	1114134.9	887946.89	226188.0366	
2015 年 7 月	402492.13	1126575.5	902728.12	223847.3514	
2015 年 8 月	405943.53	1136235.9	910824.05	225411.8908	
2015 年 9 月	408591.06	1143646.4	921337.19	222309.1851	
2015 年 10 月	410823.76	1149895.7	926473.22	223422.4955	
2015 年 11 月	412646.8	1154998.4	933562.66	221435.7325	
2015 年 12 月	414265	1159527.7	939540.16	219987.5778	

资料来源：Wind 资讯。

第三节　小结

从图 2-14 可以看出，影子银行规模主要经历了三段显著的趋势，第一段是 1996~2003 年，第二段是 2004~2011 年，第三段是 2012~2015 年。实际上，从周期上看，影子银行规模的发展趋势有很强的政治周期性，三段显著的趋势正好处于三届中央政府的执政期。具体来看，第一段趋势期（1996~2003 年）影子银行发展平稳，基本稳定在 5 万~8 万亿元上下波动。第二段趋势期（2004~2011 年）影子银行出现了高速的发展，2004 年底，规模快速突破了 10 万亿元大关，一路上扬至 2011 年底的近 30 万亿元，这段趋势中有过一次较大的波动，就是在次贷危机时期，影子银行规模快速下降后又逐渐反弹上升，原因是 2008 年底的“四万亿计划”导致社会流动性泛滥，短期内冲淡了影子银行的需求。第三段趋势期（2012~2015 年）影子银行规模再次出现了第一段趋势期的平稳发展状态，在 25 万亿~30 万亿元波动，从 2015 年开始，影子银行规模开始显著下降。结合政府

的供给侧改革经济方针，说明了本届中央政府对货币的管理能力有了显著加强，货币发行将逐渐适量化，而不是长期的超发状态。对“僵尸企业、产能过剩产业”将逐渐执行破产、兼并或重组，截断对这些企业的无效输血，破旧立新，使货币在宏观经济领域更有效地配置。

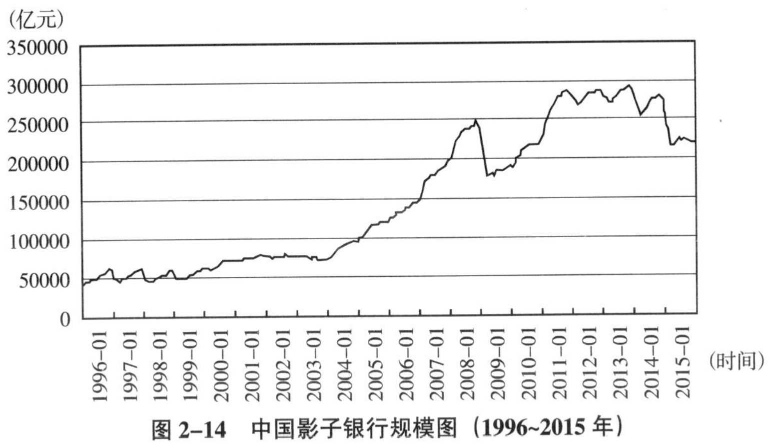

图 2–14　中国影子银行规模图（1996~2015 年）

将测算出的影子银行规模与信贷规模进行比较，从图 2–15 中同样可以看出其政治周期规律所在：1996~2003 年影子银行占信贷规模比是下降的，说明政府的影子银行相对信贷规模在减少，即国企通过商业银行信贷在增加，需要影子银行的民企信贷在减少，呈现国进民退现象。这个时期的中国经济表现为从第一产业向第二产业和第三产业的结构转型期，农业的产出与就业不断下降，工业呈现倒“U”形的产出和就业趋势，服务业的产出和就业开始稳步向上。2003 年起的执政政府时期，特别是 2003~2011 年（其中金融危机期间影贷比产生断崖式下跌）整体影子银行占信贷规模比是上升的，说明了国退民进现象，符合当时的背景。1993 年起的执政政府对国有企业进行了一系列改革，将原来庞大的、复杂的产业体系变得更加组织化、系统化、效率化，后期又对国企进行了转制倒闭，放开了下游产业的制造业与服务业，保留上游通信、电力、能源、金融等行业。自此，2000 年后，民营企业介入曾经被国企垄断的下游产业，外加 WTO 的外需扩大刺激，民营企业相对灵活，也更加有竞争力，开始了快速扩张，其吸收了部分 1993 年起的执政政府去产能导致的下岗劳动力，并且吸收了城市化过程中大量从农业转向非农业的廉价劳动力。这种民营企业的扩张表现在对能源需求、电力需求、金融需求的加大，最后传导至影子银行需求的加大，这也成为了中国经济增长的最根本引擎。民营企业产能扩大直接导致的需求增加恰恰是由国有企业垄断主导的上游产业，这就形成了下游民营企业需求越大，上游国有企业盈利越高。2013 年起的执政政府时期影子银行总体趋势是往下走的，意味着又回到了国进民退状态，这也正好印证了 2016 年民间投资持续快速下滑的现象。根本原因是 2008 年金融危机后全球市场需求萎缩导致的下游中国民营企业营收下降，传导至上游，国有企业产能过剩，形成了一种中国经济的垂直结构模式①。理论上讲，民营企业可以反哺国有企业，国有企业好不是中国经济好的原因，而是结果，中国经济好的原因是市场化的民营企业好，中国影子银行规模越大说明金融业的垄断越严重，也越说明中国上游产业市场化不彻底，处于半计划经济半市场经济状态。

通过以上对影子银行的测算与近年来的发展规律情况分析，接下来，本书将通过实证研究来检验中国影子银行是否对 A 股市场有正面或负面的影响性。

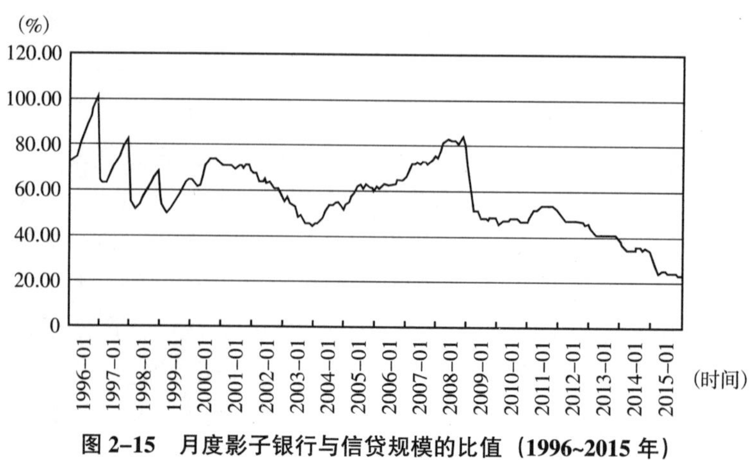

图 2-15 月度影子银行与信贷规模的比值（1996~2015 年）

① 林毅夫：《新结构经济学——重构发展经济学的框架》，《经济学（季刊）》2011 年第 1 期。

第三章　多曲线拟合分析影子银行与A股市场的相关性

2008年，美国爆发了自1929年大萧条以来最大的一次金融危机。美国学术界有观点认为影子银行的泛滥是导致金融危机的重要因素，其表现就是股市的大幅波动，并且认为二者存在相关性。在此背景下，中国学术界近年来也对中国影子银行的风险传染性进行了研究。本书从基础计量学的角度入手，利用基本的曲线拟合研究方法，通过构造了一个逼近函数来表达影子银行和A股市场样本数据的总体趋势与特征。通过描述样本数据的特征，可以选择出最为合适简单的函数模型，然后，通过模型再来观察影子银行对A股市场的影响性。利用11种曲线拟合分析中国影子银行与A股市场的相关性，结果发现：影子银行与A股市场呈现出较为复杂的三次函数与“S”形函数关系。

第一节　理论基础

基于美国影子银行与美国股市的相关性研究，本书选择用最为直观的曲线拟合来观察中国影子银行和A股市场的相关性。在实际的金融时间序列相关性分析中，很多变量间并不呈现线性关系，即在不同时间与不同力度水平下，变量之间往往呈现曲线相关关系，如疾病的疗效与疗程的长短、毒物剂量与致死率的关系常呈曲线关系。曲线拟合方法是基于适当的曲线类型来拟合观察数据，并利用拟合的曲线函数来分析变量间的参数。基于曲线拟合方法，周凤明和周艳（2001）指出在对样本数据认识不够清楚的基础上，不能确定随机变量间的准确关系时，将样本数据绘制成散点图，并且观察样本数据在散点图中的分布特点，以确定合适的模型。贾俊平、何晓群和金勇进（2000）指出，由于很多函数的图形较为相似，所以从直观上看很难区分函数相对散点图的拟合效果，这时就需要通过决定系数 R^2 的大小来确定哪个回归函数对样本数据拟合效果最佳，进而确定与样本数据特征相符的最优模型。

张文彤和邝春伟（2011）指出散点图用点的密集趋势与程度表示两个变量之间的相关性与变化趋势，通常用来表现变量或多个连续变量之间有无数量关联的统计图。在建立一个简单合适的回归模型时，有必要先绘制散点图来考察变量之间的相关关系与变化趋势，从而将变量间的关系准确地表现出来。

在现实研究中，变量之间的关系并不一定是线性关系，而是呈现曲线关系，曲线拟合就是利用适当的曲线类型来观察样本数据，并拟合出曲线方程来分析变量之间的关系。曲线拟合的基本思路是用连续曲线近似地刻画平面上散点在坐标上的函数关系的一种数据处理方法，是用解析表达式逼近离散数据的一种方法。设给定离散数据：

$$(x_k,\ y_k)(k=1,\ 2,\ \cdots,\ m) \tag{3-1}$$

其中，x_k 为自变量 x 的取值，y_k 为因变量 y 的相应值，即二者间有：

$$y=f(x,\ b) \tag{3-2}$$

使其最佳逼近式（3-1），$f(x,\ b)$ 称为拟合模型，$b=(b_0,\ b_1,\ \cdots,\ b_n)$ 为待定参数，当 b 仅在 $f(x,\ b)$ 中线性地出现时，此模型为线性关系，否则为非线性关系。$e_k \equiv y_k - f(x_k,\ b)\ (k=1,\ 2,\ \cdots,\ m)$ 成为 x_k 处拟合的残差或剩余，衡量拟合优度的标准通常为：$T(b) \equiv \max\limits_{1 \leqslant k \leqslant m} w_k|e_k|$ 或 $Q(b) \equiv \sum\limits_{k=1}^{m} w_k e_k^2$，式中 $w_k > 0$ 为全系数或权重，当参数 b 使 $T(b)$ 或 $Q(b)$ 达到最小时，相应的式（3-2）称为加权最小二乘意义下对式（3-1）的拟合。一般的线性模型是以参数 b 为系数的广义多项式，即：

$$f(x,\ b)=b_0 g_0(x)+b_1 g_1(x)+\cdots+b_n g_n(x) \tag{3-3}$$

其中，g_0，g_1，…，g_n 为基函数，对各 g 的不同选取可构成多种典型和常用的线性函数，从函数的逼近值看，式（3-3）还能近似地体现许多非线性模型的性质。

在最小二乘意义下用线性模型式（3-3）拟合离散点组式（3-1），参数 b 可通过方程组 $\frac{\partial Q(b)}{\partial b_i}=0(i=0,\ \cdots,\ n)$ 来确定，即解关于 b_0，b_1，…，

b_n 的线性代数方程组：

$$\sum_{j=0}^{n} s_{ij} b_j = s_{iy} \quad (i = 0, 1, \cdots, n) \tag{3-4}$$

其中：

$$s_{ij} = \sum_{k=1}^{m} w_k g_i(x_k) g_j(x_k) \quad (ij = 0, 1, \cdots, n) \tag{3-5}$$

$$R_1 = \frac{L\sin\theta_2}{\sin(\theta_2 - \theta_1)} \tag{3-6}$$

$$R_2 = \frac{L\sin\theta_1}{\sin(\theta_2 - \theta_1)} \tag{3-7}$$

方程组（3-4）为正规方程，当 $m > n$ 时一般有唯一解。

如表 3-1 所示，本书将利用 11 种曲线拟合模型来检验影子银行与 A 股市场的函数方程。

表 3-1　11 种曲线拟合模型表达式

模型名称	回归方程
Linear 线性回归	$Y = b_0 + b_1 t$
Quadratic 二次曲线	$Y = b_0 + b_1 t + b_2 t^2$
Compound 复合曲线	$Y = b_0(b_1 t)$ 或 $\ln(Y) = \ln(b_0) + [\ln(b_1)]$
Growth 增长曲线	$Y = e^{(b_0 + b_1/t)}$ 或 $\ln(Y) = b_0 + b_1/t$
Logarithmic 对数曲线	$Y = b_0 + b_1 \ln(t)$
Cubic 三次曲线	$Y = b_0 + b_1 t + b_2 t^2 + b_3 t^3$
S 形曲线	$Y = e^{(b_0 + b_1/t)}$ 或 $\ln(Y) = b_0 + b_1/t$
Exponential 指数曲线	$Y = b_0 \cdot e^{b_1 \times t}$ 或 $\ln(Y) = \ln(b_0) + b_1 t$
Inverse 倒数曲线	$Y = b_0 + (b_1/t)$
Power 幂函数曲线	$Y = b_0(t^{bl})$ 或 $\ln(Y) = \ln(b_0) + b_1 \ln(t)$
Logistic 曲线回归	$Y = 1/[1/u + b_0(b_1^t)]$

以上模型中，t 表示时间或自变量，b_0 表示常数项，b_n 表示回归系数，e 表示自然对数的底，ln 表示以 e 为底的对数。在最后一个 Logistic 模型中，u 表示上限，取值为大于因变量最大值的渐进值。

第二节 实证分析

首先，对中国影子银行月度规模数据、上证指数、上证成交量三个变量依次进行统计描述，根据表 3-2 中的统计值可知，每个时间序列一共有 240 个数据，其中影子银行规模数据的平均值远大于上证指数和上证成交量平均值，所以经过对数化处理后来消除异方差，使三个变量数据达到一个水平。影子银行数据、上证指数数据和上证成交量数据经过对数化处理后为：lnA、lnB 和 lnC。

表 3-2 各变量的描述统计值

	样本数据	极小值	极大值	均值	标准差
影子银行	240	44242.39	291138.13	148761.6574	86914.25827
上证指数	240	537.35	5954.77	2075.0470	956.98966
上证成交量	240	4637.38	19971372.16	1545328.4388	2769236.10476
有效的 N（列表状态）	240				

其次，分别绘制 lnA/lnB 和 lnA/lnC 的散点图，从图 3-1 中可以看出，左图中两个变量之间呈现明显的非线性关系，而且存在一个与横坐标逐渐向上倾斜的渐近线，近似 S 曲线，二者间呈现较为复杂的非线性关系。右

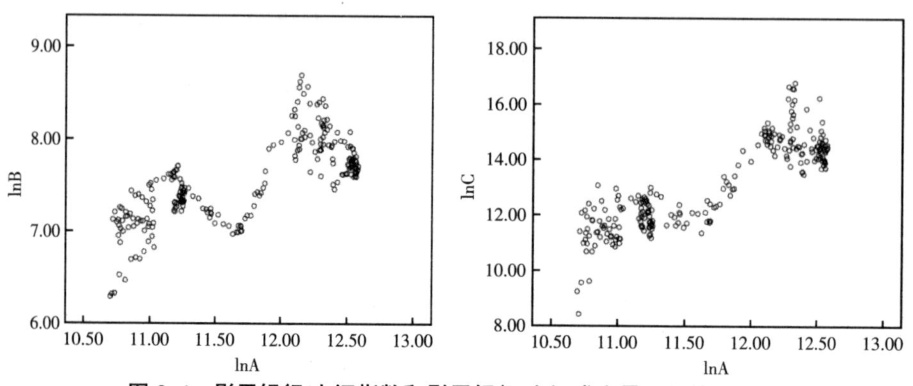

图 3-1 影子银行/上证指数和影子银行/上证成交量之间的散点图

图中二者的关系相对左图要简单，更接近线性关系。

接下来通过曲线拟合，引入 11 个模型来研究 lnA 和 lnB 以及 lnA 和 lnC 之间最适合的模型。这 11 个模型分别是线性回归模型、对数曲线模型、倒数曲线模型、二次曲线模型、三次曲线模型、复合曲线模型、幂函数曲线模型、S 形曲线模型、增长曲线模型、指数曲线模型、Logistic 曲线回归模型。

R^2 越接近 1 说明模型拟合度越好，R^2 反映的是自变量的变异对因变量变异的解释程度。根据表 3-3 可以看出，三次函数的 R^2 是最大的，为 0.558，其他模型的 R^2 相对要小一点，所以选择三次函数是 lnA 和 lnB 之间的最优模型。Sig.这一列是对模型是否存在的估计，所有的 p 值都小于 0.01，说明有 99%的把握认为 lnA 和 lnB 之间是显著存在关系的，模型存在。接下来就是参数估计，根据模型汇总中的最优模型选择三次函数模型，那么 lnA 和 lnB 之间的模型可以写成：

$$\ln B = -23.4 + 3.7\ln A - 0.008\ln A^3 \tag{3-8}$$

表 3-3 模型汇总和参数估计值

因变量：LnB									
方程	模型汇总					参数估计值			
	R^2	F 值	df1	df2	Sig.	常数	b1	b2	b3
线性	0.530	268.240	1	238	0.000	1.700	0.499		
对数	0.534	272.632	1	238	0.000	−6.833	5.844		
倒数	0.538	276.641	1	238	0.000	13.394	−68.366		
二次	0.557	149.088	2	237	0.000	−35.340	6.851	−0.272	
三次	0.558	149.543	2	237	0.000	−23.425	3.733	0.000	−0.008
复合	0.534	272.497	1	238	0.000	3.448	1.069		
幂	0.538	277.146	1	238	0.000	1.102	0.781		
S 形	0.542	281.433	1	238	0.000	2.801	−9.141		
增长	0.534	272.497	1	238	0.000	1.238	0.067		
指数	0.534	272.497	1	238	0.000	3.448	0.067		
Logistic	0.534	272.497	1	238	0.000	0.290	0.936		

b2 = 0，b3≠0，二者之间无线性关系。不考虑常数项，b1 > 0，b2 = 0，b3 < 0，影子银行与上证指数之间为三次函数关系式，三次函数呈现的是“S”形曲线状，即上证指数是随着影子银行的增长呈现了上升—下降—上升的变动趋势，在三段区间内两者呈分段线性关系。但两者并没有呈现平滑的三次函数曲线，说明两者的关系实际上较为复杂。影子银行规模的增长核心是通过流动性途径来影响上证指数增长的。模型可以解释为影子银行规模增加后，无论是民间信贷还是其他途径的银行表外信贷，随着规模的增加也推高了上证指数，这个时候金融市场是整体货币宽松状态，全社会产业也相对在一个高速增长期，即产生了影子银行增长和股市增长的双增现象。由于 A 股市场需要更多的增量资金补充流动性从而推高股市收益率，导致影子银行在相对收益率有限的情况下流动性规模的继续增加受到挤压，而这个时候股市的继续上涨，吸引了全社会资本的逐利性。股市带来的高收益高于影子银行的资金成本，这会导致影子银行脱实向虚，影子银行的资金借贷开始进一步活跃从而追逐股市的更高收益率，导致产生了影子银行增长而进一步带动股市上涨的现象。这种三次函数关系现象会一直持续，直到这种关系边际递减，也就是说，影子银行与 A 股市场形成的“S”形三次函数关系会有多个周期，并非简单的一次上升—下降—上升的关系。这种反复三次函数关系也体现了影子银行与股票市场作为金融市场的一部分，呈现的是流动性和收益率的正向关系，即流动性增加客观上是追逐高收益率，反过来高收益率可以吸引流动性增加，如果市场整体收益率并不高，而流动性增加了，那显然是政府干预市场进行了增加投资而压低了货币利率。所以，在货币极度宽松时，大量的流动性不但会进入股票市场，也会进入影子银行体系，只要影子银行体系的间接成本低于股票市场或者类似房地产市场，那么，影子银行规模就会壮大，通过影子银行这个中间渠道二次脱实向虚进入资本市场，这也是虚拟市场会产生乘数效应的原因。

图 3-2 是曲线拟合效果图，它反映了 11 个模型和实际数据的拟合情况，可以看出三次函数拟合效果更佳。

表 3-4 是对影子银行（LnA）和上证成交量之间关系的研究结果。同样，在这 11 个模型中，R^2 都大于等于 0.750，很显然，各个模型的 R^2 相差不大。从统计学角度考虑，“S”形曲线函数是 lnA 和 lnC 之间最好的拟合模型，但从理论及模型应用角度考虑，在 R^2 相差不大的情况下选择最

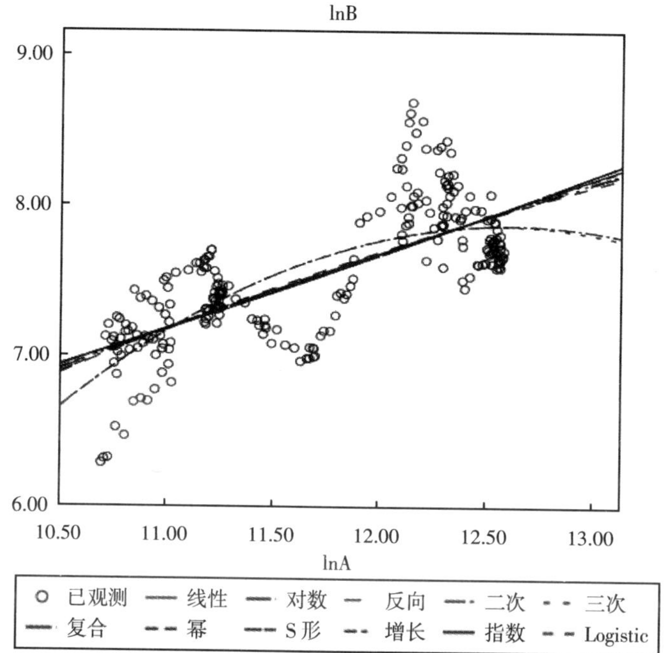

图 3-2　影子银行与上证指数曲线拟合效果图

简单的模型来解释 lnA 和 lnC 之间的关系。结合图 3-3 的情况，也可以选择线性回归模型作为 lnA 和 lnC 之间最合适的模型。那么，实际上影子银行与上证成交量之间是一种介于线性回归和“S”形曲线之间的关系。S 形曲线函数描述的是增长过程中初期较慢、中期迅急、后期趋缓并最终达到饱和的过程。和 lnA 与 lnB 的曲线拟合图相比，可以显著看出 lnA 和 lnC 之间的曲线弧度更小，逐渐有接近线性的趋势，但仍然有弱“S”形关系。两者关系可以解释为在初始阶段，随着影子银行的增加，上证成交量初期缓慢增加，然后略有减少（类似于技术分析上的回踩），接下来，随着影子银行的继续增长，上证成交量相应开始放量增加，最后，上证成交量能开始趋弱，随着影子银行规模逐渐的增加开始缓慢下降。

根据上面的分析，可以知道 lnA 和 lnC 之间存在介于如下关系的一种复杂相关：

$$\ln C = -11.722 + 2.122\ln A \text{（线性）} \tag{3-9}$$

$$\ln\ln C = 4.476 - 22.284\ln A \text{（“S”形曲线）} \tag{3-10}$$

图 3-3 是影子银行和上证成交量之间的曲线拟合效果图，它反映了

表 3-4 模型汇总和参数估计值

因变量：lnC

方程	模型汇总					参数估计值			
	R^2	F	df1	df2	Sig.	常数	b1	b2	b3
线性	0.750	714.167	1	238	0.000	-11.722	2.122		
对数	0.751	716.510	1	238	0.000	-47.837	24.793		
倒数	0.751	716.435	1	238	0.000	37.885	-289.037		
二次	0.751	357.589	2	237	0.000	-37.755	6.587	-0.191	
三次	0.751	357.921	2	237	0.000	-30.522	4.542	0.000	-0.006
复合	0.751	717.869	1	238	0.000	1.922	1.178		
幂	0.752	722.765	1	238	0.000	0.119	1.911		
S 形	0.753	725.356	1	238	0.000	4.476	-22.284		
增长	0.751	717.869	1	238	0.000	0.653	0.163		
指数	0.751	717.869	1	238	0.000	1.922	0.163		
Logistic	0.751	717.869	1	238	0.000	0.520	0.849		

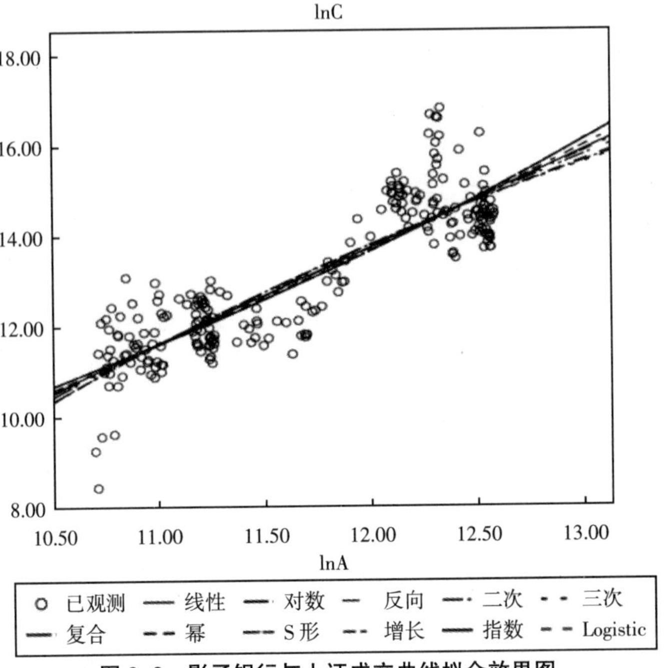

图 3-3 影子银行与上证成交曲线拟合效果图

11 个模型和实际数据的拟合情况，从直观上看，lnA 和 lnC 之间是简单的线性关系，也伴有“S”形曲线拟合效果。

第三节　小结

基于美国次贷危机中影子银行对金融市场影响的背景，本书通过利用 11 种曲线拟合了中国影子银行与 A 股市场的最优方程式，拟合结果发现：中国影子银行与上证指数之间呈现三次函数关系即上证指数是随着影子银行增长而产生增长—下降—增长的趋势。影子银行与上证成交量之间呈现的是介于直线回归与“S”形曲线的关系，即上证成交量随着影子银行的增长而呈现初期较慢增长、中期迅急增长、后期趋缓并最终达到饱和状态的过程。从解释度来观察，基于三次函数的影子银行与上证指数的关系式拟合效果没有基于“S”形曲线函数的影子银行与上证成交量关系式更优，这从侧面可以理解为影子银行规模时间序列与上证成交量规模时间序列有更为相似的数据特征，都是典型的金融市场流动性指标。

中国从 1996 年后 M2/GDP 长期处于 100%以上的比值，货币处于超发状态，当然，这种超发状态也是复杂的，有其合理性，也有其不合理之处。有中国长期贸易顺差所导致的大量美元流入而产生的基础货币投放；有中国投资占 GDP 比重过高所施行的货币投放，如 2013 年中国投资占 GDP 比重已经达到 47.8%左右；也有中国作为增长最快的发展中国家而导致的热钱流入和泡沫化；还有总体债务占 GDP 比重的高企，如在 2015 年中国全社会债务（包括企业、个人、政府）占 GDP 高达 230%，其中中央政府占比 20%左右，地方政府大约在 30%，剩下的这些债务中有相当一部分是政府的隐性债务，这些债务一旦出现流行性问题，就可能会转嫁给政府。这么多超发的货币会产生两个潜在问题：第一个问题是，中国的投资效率实际上在下降，即 2007 年中国投资效率是每投资 1 元，GDP 产出是 0.35 元，到 2013 年，每投入 1 元，只能产生 0.16 元 GDP。这说明产能过剩，投资的不断加大伴随着效率的下降，产生边际递减效应，直接导致的就是第二个问题：债务风险积聚。这些超发的货币实际上相当一部分是流通于影子银行，哈继铭（2013）指出 2008 年中国社会总债务占 GDP 比重为 150%左右，之后逐渐飙升，从结构上看，上升最快的是地方政府债务和影子银行，值得警惕。根据他的测算，影子银行 2004 年占全社会信贷总量的 6%，到 2012 年已经占比 21%，其对金融市场中的流动性势必会产生影响。

总之，通过以上的实证研究可以看出中国影子银行与 A 股市场的确存在一定关系，且这种关系较为复杂。多曲线拟合变量之间的相关性作为一种简单有效的观察数据的统计方法，在科学研究中有着广泛的应用，通过曲线拟合图，可以直观看出 11 种曲线的拟合效果。从简单直观的曲线拟合图也的确可以看出影子银行与 A 股市场是存在相关性的，但并不是简单的直线性，也说明两者间存在复杂的结构动态相关性。影子银行、上证指数与上证成交量之间的三次函数与“S”形曲线关系需要更多的创新性实证方法来进一步检验这种动态关系从时间和频率上的参数。分析影子银行与股市的相关性，其目的是为了使监管机构有效监控影子银行，理解影子银行对股票市场是存在联动效应、风险传染性、流动性转移作用的，合理规模的影子银行对金融市场也是有必要的，尤其是在资源配置和流动性效率上。中国人民银行副行长胡晓炼在第 18 届国际银行监督官大会上也曾表示：影子银行在一定程度上满足了经济发展多元化背景下的多层次信贷需求，在加强管理的同时，要引导其合理有序地开展好实体经济融资服务。所以，在研究影子银行与股票市场的相关性基础上，也同样应该理解影子银行有其对社会有利的一面，作为监管机构，应该鼓励其发挥有利的一面并造福于社会。

第四章　影子银行的预测与对 A 股市场的影响性
——基于 ARIMA-ECM 模型

2014 年国务院颁发的 107 号文强调了吸取 2007 年美国次贷危机的经验教训，要认真研究中国影子银行的各个特征，其中有一个传染性特征，研究的目的是为了洞察影子银行的系统性风险诱发性和股市的影响性，从而才可以有针对性地进行两手抓，一手抓金融创新，一手抓防范风险。本书通过 ARIMA-ECM 模型检验影子银行的传染性，观察影子银行对 A 股市场的传染性有多大，即检验正面或负面的影响性值。结果发现：影子银行与 A 股市场存在负相关性，相关系数为-7%。因此可以说：中国影子银行有分流股市流动性的作用，但是对股市的传染性很小，不会构成对股市的冲击。

第一节　理论基础

ARIMA 模型属于 ARMA 模型的扩展，针对不稳定的时间序列，如经济和金融时间序列。作为时间序列预测的一种常用有效方法，通过因变量 Y_t 自身的滞后项以及随机误差项来解释因变量，并不像一般的回归模型通过自变量 X_1，X_2，…，X_t 去解释 Y_t。具体表达形式为 ARIMA（p，d，q），p 为自回归过程阶数，d 表示差分阶数，q 表示移动平均过程的阶数。若时间序列为非平稳的，则需要通过 d 阶差分平稳过程，之后建模 ARIMA。如下式：

$$y_t = a + y_{t-1} + u_t \tag{4-1}$$

也可以写为：

$$\Delta y_t=(1-L)y_t=a+u_t \tag{4-2}$$

其中，a 为常数项，u_t 为平稳序列，如果 $u_t\sim i.i.d.N(0,\sigma^2)$，则 u_t 为一个白噪声序列。如果设 a=0，$y_0=0$，则 y_t 有 $var(y_t)=t\sigma^2(t=1, 2, \cdots, T)$，则违背了时间序列平稳性的假设，而 $y_t=a+y_{t-1}+u_t$ 中的差分序列是含位移 a 的随即游走，则 y_t 的差分序列 Δy_t 为平稳序列。

通过单位根可以检验时间序列的平稳性，本书通过 ADF 检验方法来检验影子银行规模时间序列和上证指数时间序列的平稳性。

考虑 y_t 存在 p 阶序列相关，用 p 阶自回归过程来修正：

$$y_t=a+\varphi_1 y_{t-1}+\varphi_2 y_{t-2}+\cdots+\varphi_p y_{t-p}+u_t \tag{4-3}$$

在上式两端减去 y_{t-1}，通过添项和减项的方法，可得：

$$\Delta y_t=a+\eta y_{t-1}+\sum_{i=1}^{p-1}\beta_i\Delta y_{t-i}+u_t \tag{4-4}$$

其中：

$$\eta=\sum_{i=1}^{p}\varphi_i-1;\ \beta_i=-\sum_{j=i+1}^{p}\varphi_j \tag{4-5}$$

ADF 检验方法通过在回归方程右边加入因变量 y_t 的滞后差分项来控制高阶序列相关：

$$\begin{aligned}&\Delta y_t=\eta y_{t-1}+\sum_{i=1}^{p}\beta_i\Delta y_{t-i}+u_t\\&\Delta y_t=\eta y_{t-1}+a+\sum_{i=1}^{p}\beta_i\Delta y_{t-i}+u_t\\&\Delta y_t=\eta y_{t-1}+a+\delta t+\sum_{i=1}^{p}\beta_i\Delta y_{t-i}+u_t\end{aligned} \tag{4-6}$$

扩展定义检验：

$$\begin{cases}H_0: \eta=0\\H_1: \eta<0\end{cases} \tag{4-7}$$

原假设为至少存在一个单位根；备选假设为序列不存在单位根。

两组时间序列平稳后，对序列进行统计值描述，以此确定模型的阶数。

然后，拟合 ARIMA 模型，设 y_t 是 d 阶单整序列，即 $y_t\sim I(d)$，则：

$$w_t=\Delta^d y_t=(1-L)^d y_t \tag{4-8}$$

设 w_t 为平稳的影子银行规模时间序列，$w_t\sim I(0)$，对 w_t 建立 ARMA

(p，q) 模型：

$$w_t = c + \varphi_1 w_{t-1} + \cdots + \varphi_p w_{t-p} + \varepsilon_t + \theta_1 \varepsilon_{t-1} + \cdots + \theta_p \varepsilon_{t-p} \tag{4-9}$$

即：

$$\Phi(L)w_t = c + \Theta(L)\varepsilon_t \tag{4-10}$$

其中：

$$\begin{aligned} \Phi(L) &= 1 - \varphi_1 L - \varphi_2 L^2 - \cdots - \varphi_p L^p \\ \Theta(L) &= 1 + \theta_1 L + \theta_2 L^2 + \cdots + \theta_q L^q \end{aligned} \tag{4-11}$$

经过 d 阶差分后的 ARMA (p，q) 模型就是 ARIMA (p，d，q)，则 ARIMA 模型有如下表达式：

$$\Phi(L)(1 - L)^d y_t = c + \Theta(L)\varepsilon_t \tag{4-12}$$

然后，通过检验模型的参数显著性与平稳性来确定模型是否合理。

进一步检验模型，假设影子银行、上证指数、上证成交量在某个经济系统内联系在了一起，那么从长远看这些变量存在着稳定的长期均衡关系，受到季节或其他随机干扰，这些经济变量会偏离均值，但随着时间推移最终会回归均值，这就是协整关系，它可以表达两个或多个序列的长期稳定关系，即如果两个或多个非平稳时间序列的线性组合是平稳的，那么这些非平稳的时间序列被认为存在协整关系。协整关系表达为：

k 维向量 $Y=(y_1, y_2, \cdots, y_k)'$的分两阶被称为 d，b 阶协整，记为 $Y \sim CI(d, b)$，如果满足：$y_1, y_2, \cdots, y_k$ 都是 d 阶单整的，即 $y_i \sim I(d)$，$i = 1, 2, \cdots, k$，要求 Y 的每个分量 $y_i \sim I(d)$；存在非零向量 $\beta = (\beta_1, \beta_2, \cdots, \beta_k)$，使得 $\beta' Y \sim I(d - b)$，$0 < b \leq d$。

则 Y 为协整的，向量 β 为协整向量。

如果变量间存在长期稳定的关系，即协整性，则可以通过建立误差修正模型来检验变量间的相关性，方程表达为：

$$\Delta y_t = \alpha(y_{t-1} - k_0 - k_1 x_{t-1}) + \beta_2 \Delta x_t + u_t \tag{4-13}$$

第二节　实证研究

一、影子银行的预测

对月度影子银行数据进行处理后，转换成了季度调整的月度数据，通过图 4-1 可以直观地看到影子银行规模、上证指数价格、A 股成交量。

图 4-1　1996~2015 年月度影子银行规模（SHADOWBANK）、上证指数价格（PRICE）、A 股成交量（VOLUME）

由于以上数据图都具有上升趋势，为减小波动，对时间序列进行对数处理，Y = log(SHADOWBANK)，Y1 = log(PRICE)，Y2 = log(VOLUME)，如图 4-2 所示。

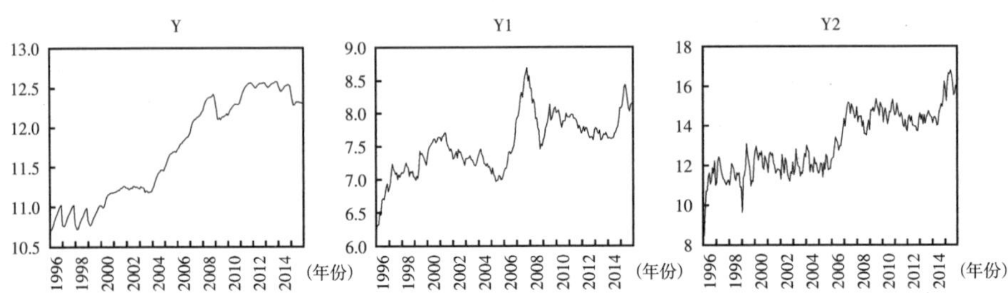

图 4-2　1996~2015 年月度影子银行规模（SHADOWBANK）、上证指数价格（PRICE）、A 股成交量（VOLUME）对数

之后，对滞后期进行检验来确定滞后阶数，原则上，通过 VAR 模型的 ACF 和 PACF 来识别阶数是比较困难的。所以，在实际应用中一般采用逐步升级的方法，找出最恰当的模型阶数。从表 4-1 中可以确定最大滞后阶数为六阶。

表 4-1 滞后期检验表

滞后阶数	LogL	LR 值	FPE 值	AIC 值	SC 值	HQ 值
0	-8545.877	NA	2.04E+28	73.69722	73.74179	73.71519
1	-7414.123	2224.483	1.27E+24	64.0183	64.19658	64.0902
2	-7341.186	141.4721	7.35E+23	63.46712	63.77911	63.59294
3	-7315.688	48.79708	6.37E+23	63.3249	63.77060*	63.50465
4	-7295.644	37.84348	5.79E+23	63.22969	63.80909	63.46335*
5	-7284.98	19.8556	5.71E+23	63.21535	63.92847	63.50294
6	-7267.151	32.73798*	5.30E+23*	63.13923*	63.98606	63.48075
7	-7261.329	10.53985	5.45E+23	63.16663	64.14717	63.56207
8	-7254.23	12.66883	5.54E+23	63.18302	64.29726	63.63238

注：* 表示按标准选择的滞后阶数。

进行实证研究需要时间序列单位根同阶单整，所以，首先需要通过标准的方法对序列单位根进行检验，如果一个序列的特征方程有一个单位根，则它为非平稳序列。本书中，影子银行数据已经进行过季节调整，而 A 股市场数据都是金融数据，并没有季节性影响因素，对各序列取自然对数后消除异方差影响。本书利用常用的单位根检验方法 ADF 方法检验单位根。从表 4-2 中可以看出，三个变量的 ADF 值在一阶差分后大于 5%和 1%的临界值，为 I(1) 单整，即在一阶差分后序列平稳。

表 4-2 变量单位根检验

变量	差分次数	检验类型（I、T、L）	DW 值	ADF 值	5%临界值	1%临界值	结论
SHADOWBANK	0	(1、0、6)	1.935914	-1.143134	-2.873492	-3.457747	不平稳
PRICE	0	(1、0、6)	1.955728	-2.339619	-2.873755	-3.458347	不平稳
VOLUME	0	(1、0、6)	1.999562	-1.89608	-2.873755	-3.458347	不平稳

续表

变量	差分次数	检验类型（I、T、L）	DW 值	ADF 值	5%临界值	1%临界值	结论
SHADOWBANK	1	（1、1、6）	1.997006	–5.804437	–2.873809	–3.45847	平稳
PRICE	1	（1、1、6）	1.992644	–4.97561	–2.873809	–3.45847	平稳
VOLUME	1	（1、1、6）	1.967595	–5.293654	–2.873809	–3.45847	平稳

注：检验类型中的 I 和 T 表示常数项和趋势项，L 表示所用的滞后期数。

从图 4–3 可以明显看出：影子银行、上证指数价格和 A 股成交量一阶差分序列可见，一阶差分不再具有趋势特征，时间序列为：

$$DY1 = \mathrm{dln}(SHADOWBANK),\ DY2 = \mathrm{dln}(PRICE),\ DY3 = \mathrm{dln}(VOLUME) \tag{4–14}$$

经过 ADF 检验，序列平稳化，这样确立了差分次数后，就可以继续对影子银行序列进行 ARMA 模型分析。

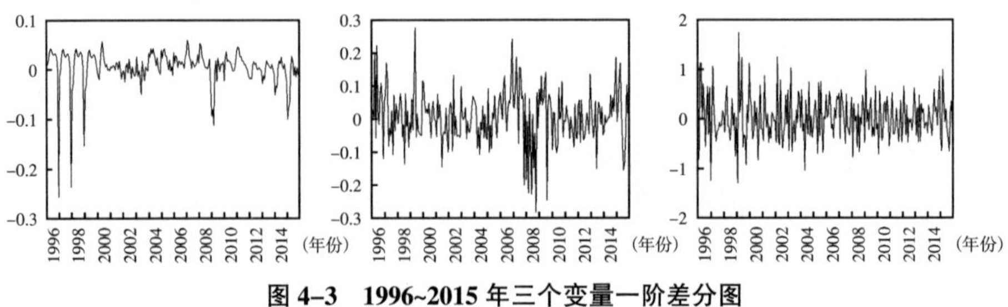

图 4–3　1996~2015 年三个变量一阶差分图

ADF 单位根检验后得到结论：SHADOWBANK 序列为一阶单整序列，从 dln（SHADOWBANK）序列的自相关函数图和偏自相关函数图中可以看到，它们都是明显拖尾，因此可以设定 ARMA 过程。自相关系数在滞后 2 阶的时候超过了 2 倍标准差的边缘，然后逐渐下降收缩，可以设置 q 为 2。偏自相关函数从 1 阶后开始下降，可设定 p 值为 1。所以，可以初步建立 ARMA（1，2）模型。

表 4-3　ARMA（1，2）模型拟合效果

变量	系数	标准差	T 值	概率
C	0.006648	0.003836	1.732756	0.0845
AR（1）	0.367846	0.064783	5.678095	0
MA（2）	0.14069	0.068976	2.039711	0.0425

由表 4-3 可以看出，ARMA（1，2）拟合效果良好，但并不完美。

$$\Delta \ln(SHADOWBANK_t) = 0.0648 + 0.367846\Delta(SHADOWBANK_{t-1}) + 0.14069\hat{\varepsilon}_{t-1}$$

$$(1.732756)\quad(5.678095)\qquad\qquad(2.039711)$$

其中，$R^2 = 0.17$，$DW = 1.96$。　(4-15)

Autocorrelation	Partial Correlation		AC	PAC	Q-Stat	Prob
		1	0.403	0.403	39.291	0.000
		2	0.207	0.054	49.724	0.000
		3	0.000	-0.120	49.724	0.000
		4	-0.131	-0.126	53.932	0.000
		5	-0.122	-0.010	57.608	0.000
		6	-0.092	-0.003	59.696	0.000

图 4-4　SHADOWBANK 序列的相关图

根据自相关函数和偏自相关函数图（见图 4-4）可以看出自相关函数在 4，5 阶时落在了 2 倍标准差边缘，则 q 阶可到 5 阶；而偏自相关函数的 3，4 阶也正好落在 2 倍标准差边缘，则 p 阶可到 4 阶。这导致无法有效采用传统的 Box-Jenkins 方法确定模型的阶数。所以，反复对模型进行估计，比较不同模型的变量对应参数的显著性，可以确定模型阶数，即有 ARMA（4，5）。

表 4-4　ARMA（4，5）模型拟合结果

变量	系数	标准差	T 值	概率
C	0.006028	0.002871	2.099753	0.0369
AR（1）	0.050168	0.247708	0.202529	0.8397
AR（2）	-0.284966	0.194045	-1.468558	0.1433
AR（3）	0.680802	0.19326	3.522727	0.0005

续表

变量	系数	标准差	T值	概率
AR（4）	-0.198736	0.177791	-1.117806	0.2648
MA（1）	0.390093	0.244452	1.595786	0.1119
MA（2）	0.632621	0.271245	2.332281	0.0206
MA（3）	-0.633989	0.331666	-1.911527	0.0572
MA（4）	-0.090603	0.23839	-0.380061	0.7043
MA（5）	-0.224711	0.107882	-2.082929	0.0384

从表 4-4 中可以看出，ARMA（4，5）模型拟合效果解释变量的系数估计值并没有完全在 5%的显著性水平上显著，似乎并没有比 ARMA（1，2）更好。

Autocorrelation	Partial Correlation		AC	PAC	Q-Stat	Prob
		1	-0.019	-0.019	0.0825	
		2	0.058	0.058	0.9077	
		3	-0.053	-0.052	1.6031	0.205
		4	-0.133	-0.139	5.9515	0.051
		5	-0.062	-0.062	6.8926	0.075
		6	-0.001	0.010	6.8928	0.142

图 4-5　Δln（SHADOWBANK）序列的 ARIMA（2，1，4）模型残差相关图

从图 4-5 中可以看出，模型的残差不存在序列相关，且模型的各项统计数据良好。为了使模型更加完善，通过增加模型范围，反复对模型进行估计，比较不同模型的变量对应的参数显著性来确定模型最终的阶数。通过 AIC 值来判断，如表 4-5 所示，经过试验几个 p、q 值可得 AIC 信息值，可以看出，ARMA（4，5）的 AIC 最小，仍然应该作为首选模型。所以，最终确定 ARMA（4，5）。

表 4-5　不同 p、q 值的 AIC 信息值

p	q	AIC
1	2	-3.982338
1	4	-3.980873

续表

p	q	AIC
1	5	−3.973541
3	1	−3.977710
3	2	−3.976751
3	4	−4.035953
3	5	−4.071218
4	1	−3.973068
4	2	−3.964882
4	4	−4.085569
4	5	−4.097727

则有：

$$\begin{aligned}\Delta\ln(SHADOWBANK_t) = {} & 0.006028 + 0.05\Delta(SHADOWBANK_{t-1}) - \\ & 0.28\Delta(SHADOWBANK_{t-2}) + \\ & 0.68\Delta(SHADOWBANK_{t-3}) - \\ & 0.2\Delta(SHADOWBANK_{t-4}) + 0.39\hat{\varepsilon}_{t-1} + 0.63\hat{\varepsilon}_{t-2} - \\ & 0.63\hat{\varepsilon}_{t-3} - 0.09\hat{\varepsilon}_{t-4} - 0.22\hat{\varepsilon}_{t-5}\end{aligned}$$

其中，$R^2 = 0.31$，$DW = 1.99$。 (4–16)

移动平均自回归的目的是为了预测，通常分为动态和静态两种预测，由于静态预测更加直观，所以继续对影子银行进行未来两年的预测直至 2018 年初，如图 4–6 所示。

图 4–6 中实线代表了影子银行规模预测值，预测了两年的区间，从 2016 年初至 2018 年初，两条虚线则提供了 2 倍标准差的置信区间。从图 4–6 中可以看出：Theil 不相等系数 0.03，表明模型的预测能力较好，分解表明偏误比例较小，方差比例很小，说明实际序列的波动较大，而模拟序列的波动很大，总体来看模型预测效果良好。

中共十八届三中全会以后，也就是从 2013 年底开始，影子银行规模开始有下降的趋势，尤其是在 2014 年底有显著的变化。模型预测了 2016 年 1 月至 2018 年 1 月的情况，可以看出：在 2016 年底，影子银行规模会产生“V”形底，也就是影子银行会快速下降至 2007 年次贷危机后期的一

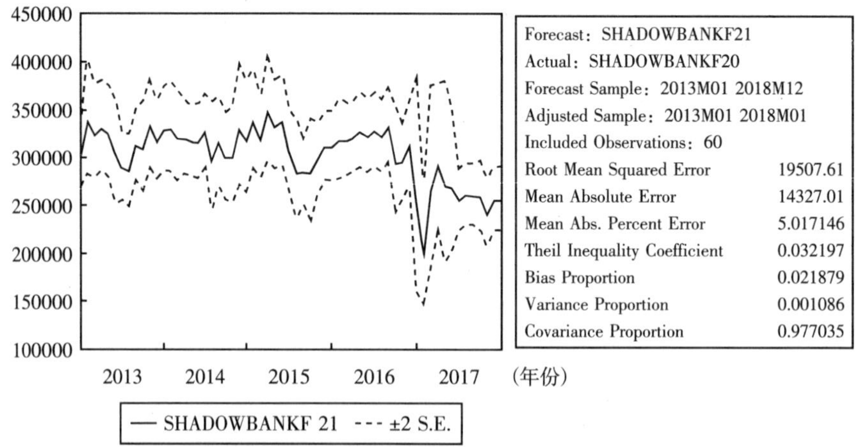

图 4-6 Δln（SHADOWBANK）序列的静态预测效果（2013~2018 年）

图 4-7 中国影子银行规模（2003~2018 年）

个水平，然后又很快恢复至一个比前期更低的平台，大约为 2010 年的水平。影子银行的快速下降可能是以下几种原因导致：①2015 年后经济下行背景下，中央供给侧改革有一个快速的成效在 2017 年初产生，也就是对于落后产能的产业供给有效压缩，甚至斩断信贷输血，促使其破产或兼并重组。那么，商业银行信贷将重新进行市场化配置，曾经得不到信贷资金需要借助影子银行的中小企业得到了银行的支持，导致影子银行规模快速下降。②美联储在 2017 年初加息再次导致中国外汇储备快速流出，不但使银行间流动性快速下降，甚至导致了影子银行规模也快速下降，由于“V”形底往往意味着突发性事件，中国政府的经济改革偏向于供给侧改革，那么维持低利率环境应该是一个中长期的态度。总的来看，影子银行规模呈现逐渐下降的趋势，也说明未来货币政策部门对中国多年来货币超发的情况会有所改善。

二、影子银行与 A 股市场的协整关系

通过 ARIMA 模型首先对中国影子银行规模进行了预测，预测的结果并不是简单的增长或者下降，而是有一个波动的状态，并且在逐渐下降的过程中会有反复，并产生了快速“V”形反弹，也间接说明了中国货币市场的长期稳定性和短期脉冲效应并存的现象。为了验证影子银行这种波动性是否会对中国 A 股市场产生影响，两者间是否存在相关性，本书将继续对中国影子银行序列和所搜集的 A 股市场时间序列进行协整检验，来验证两者之间是否存在长期性关系。协整方程可以避免时间序列经过差分后经济意义被限制的情况，由于影子银行和上证指数都属于非平稳的时间序列，Engle 和 Granger（1987）提出了很多经济指标是非平稳的时间序列，但是它们的线性组合却可能是平稳序列。本书中影子银行序列与上证指数序列的线性组合被称为协整方程，这个方程可以解释两者之间的长期稳定均衡关系。

变量间协整估计如表 4-6 所示。

表 4-6　各变量间协整估计

变量	系数	标准误	T 统计值	P 统计值
LS4（-1）（上证指数）	0.844262	0.020004	42.20458	0
LS3（影子银行）	-0.073413	0.014216	-5.164095	0
LS5（成交量）	0.067257	0.007686	8.750462	0
C	1.157420	0.140578	8.233280	0
R^2	0.973972	DW 值	1.952688	

模型表达式为：

$$\text{lprice} = 0.8443\text{lprice}(-1) - 0.0734\text{lshadowbank} + 0.0673\text{lvolume} + 1.1574 \quad (4-17)$$
$$(42.2) \qquad (-5.16) \qquad (8.75) \qquad (8.23)$$

其中，$R^2 = 0.97$，DW = 1.95。

从表 4-6 可以看出，协整方程拟合效果良好。

$$\hat{\mu}_t = \text{lprice} - \text{lprice}(-1) + \text{lshadowbank} - \text{lvolume} \quad (4-18)$$

对残差序列$\hat{\mu}_t$进行单位根检验（见表 4-7），结果显示$\hat{\mu}_t$序列在 1%的显著性水平下拒绝原假设，因此可以确定$\hat{\mu}_t$为平稳序列，这表明 1996~2015 年的月度影子银行规模数据与上证指数存在协整关系。

表 4-7　残差项 ADF 检验

ADF 检验	-4.65	1%临界值	-3.46
		5%临界值	-2.87
		10%临界值	-2.57

三、影子银行与 A 股市场的 ECM

上文检验了中国影子银行规模与 A 股市场的协整关系，为了进一步考察两者的动态关系，现通过误差修正模型（ECM）来进行分析（见表 4-8）。另残差项为 ECM。

表 4-8　各变量间误差修正模型结果

变量	系数	标准误	T 统计值	P 统计值
LS4（-1）	0.705145	0.036216	19.47076	0
LS3	-0.071341	0.013858	-5.148174	0
LS5	0.099027	0.010081	9.822833	0
ECM（-1）	0.182707	0.040205	4.544352	0
C	1.763947	0.189354	9.315596	0
R^2	0.974485	DW 值	2.224363	

模型表达式为：

$$lprice = 0.7051lprice(-1) - 0.0713lshadowbank + 0.0990lvolume + 0.1827ECM(-1) + 1.7639$$

(19.47)　(-5.15)　(9.82)　(4.54)　(9.32)

其中，$R^2 = 0.97$，$DW = 2.22$。　(4-19)

从以上公式可以看出，T 检验值均显著，误差修正的系数为 0.1827，这说明长期均衡对短期波动的影响适中。其经济意义是：当短期波动偏离长期均衡时，将以 18%的调整力度将非均衡状态拉回至均衡状态。长期均衡动态关系中影子银行的系数为-7%，说明在长期动态关系中，中国影子银行规模的变化与上证指数的变化呈现负相关性，即影子银行的增长会抑制 A 股市场上涨，起到了分流金融市场资金流的作用。但总体来看，-7%的影响不算很大，下面几章将继续研究对市场的影响性。

第三节　小结

通过对中国影子银行规模进行 X12 季节调整，将季度低频数据转换为月度高频数据。本书首次利用 M2、GDP、实际需求系数、信贷规模等因素测算出了 1996~2015 年的中国影子银行月度规模数据。中国影子银行规模在 2003~2013 年呈现了快速增长，十年时间从 8 万亿元增长到了 35 万亿元，较为显著的是从 2008 年底次贷危机后的四万亿元刺激后期开始快速增长。2013 年后，中国影子银行规模走势呈现出了显著的“不再增长”的现象，这从另一个角度可以看出每届政府的宏观经济策略是不同的。站在中国经济由于人口拐点因素而导致的缓慢下降的背景下，影子银行规模增速有效下降，并且稳定在一个区间内上下波动，这是一种好现象，说明了政府不再实施过去强刺激的经济措施，对货币发行与管理的能力也在有效加强。

从宏观角度上，利用 ARIMA（4，1，5）预测了截至 2018 年初的中国影子银行规模数据，其走势并没有呈现出逐渐攀升的趋势，而是在 2016 年后开始呈现下降趋势。结合 2015 年党中央提出的供给侧改革的背景，尤其是党中央提出了2016年五大任务“去库存、去产能、去杠杆、降成本、补短板”，影子银行规模的有效减少至少是对去产能的正反馈。中国影子银行与美国的最大不同是，美国的影子银行资金流向更多是金融衍生品市场，而中国影子银行规模资金更多流向信贷市场，中国长期实行较为严格的信贷和利率管制，产能严重过剩的国企有国家的政策支持，而缺资金的中小微民营企业却需要从影子银行贷款，间接推高了整个市场的利率水平，全社会货币配置产生无效状态。2016年后影子银行规模开始下降，或许是对供给侧改革产生效果的一种正反馈。预测图形中也显现出一个短期的快速脉冲现象，2016年全球经济处在一个美国加息的周期中，或许是美国自2015年底首次加息后的二次加息对中国货币市场产生了一个短期的溢出效应，影子银行快速下降后“V”形反弹。总之，美国的加息势必会导致中国境内影子银行的流出，这或许可以解释预测的这种短期现象。

通过协整方程，检验了中国影子银行规模和A股市场的长期关系，结果显示两者的确存在着长期的稳定关系，因为影子银行就代表了货币在非银行体系的流动性，而股票市场对流动性有着最高的需求，流动性越高，股票市场的风险溢价也会越高。在股市的估值模型中，除了未来现金流业绩增速外，流动性是最重要的。通过误差修正模型检验中国影子银行规模和A股市场的动态关系发现，影子银行对A股市场有-7%的影响，即影子银行增长，股票市场下降，影子银行分流了一定的货币量，对股票市场的流动性会有一定的影响，但从模型系数看影响性并不大。在下面的章节中，本书将进一步从时域和频域的角度来测算两者的关系，尤其是影子银行对A股市场的时域影响性。

第五章 基于残差自举法—小波分析多尺度检验影子银行对A股市场的结构时频影响性

国务院107号文中还强调了影子银行的复杂性特征，本章将利用小波分析法来检验其对股市的复杂性影响。ARIMA模型有效地检验了影子银行与上证指数和成交量的线性关系，并且证实了两者的长期稳定关系。但是，传统的回归模型都是检验平稳化后的金融时间序列，通过对数化一阶差分，金融时间序列已经实现了平稳，ARIMA模型，或者其他类似的VAR模型、GARCH模型都是检验随机变量之间的长期线性整体相关性。所以，以上这些回归模型都无法捕捉长期内金融资产不同时域的波动情况。通过自举分析法和小波时频域分析方法可以真实地反映出随机变量在某一时间尺度上的变化，从而通过结合当年的主要宏观经济政策来分析随机变量之间的短时频域内的相关性变化关系，即在本案例中影子银行对A股市场在不同时间局部的影响性。

第一节 理论基础

一、残差自举法全样本格兰杰检验

金雪军和周建锋（2014）指出，滚动窗口技术和基于残差自举的格兰杰检验可以对样本期内随机变量间动态的影响系数进行估计，从而研究变量间是否存在结构性变化，残差自举的修正统计量对具有协整关系的样本研究更具稳定性。法国石油信号处理工程师J. Moelet在1974年提出了小波变换，它是一种物理学的时间和频率的局域变化，通过从信号中提取信息，并进行运算，可以对信号进行多尺度的分析，主要应用于信号、图像和数据处理。在数理领域被作为计算微分方程、噪声处理、非线性分析、函数逼近、度量信号瞬间突变特征等的有效分析方法。近年来，由于其作为傅里叶分析、样条分析和数值分析的有效补充，即可以有效对非平稳性和长记忆性的金融时间序列进行时频域联合分析，被广泛应用于金融数据的分析与预测。由于金融时间序列和物理学的噪声波动频率有相同的性质，而信号的信息物理量是可以被观测并度量的，所以，金融时间序列可以看成是一样的物理信息量，从而通过小波时频分析来分析金融时间序列的相关关系。Ramsey，Usikov 和 Zaslavsky（1995）较早地借鉴了这种理论方法，检验了美国股票价格行为，他们认为小波转换的确优于傅里叶变换，它可以展示出高度数据结构，也似乎在数据中有证据表明其非随机性特征，也有证据证明对于模型中大振幅冲击的时频性。

在第四章中已经得知影子银行规模、上证指数和成交量在一阶差分后平稳。作为基础工作，首先检验影子银行对上证指数与成交量的全样本格兰杰检验。通过全样本格兰杰检验，可以得知随机变量的滞后变量引入其他变量时是否对其他变量产生了滞后影响，如果有则两者间有因果相关性，基于此实证研究就可以继续进行小波时频分析来确定影子银行对 A 股市场的不同频域的影响性。全样本检验格兰杰因果关系的一个重要的问题就是滞后期的确认，以便可以完整地洞察模型的内在动态特征。第四章中已确定了最大滞后阶数为 6 阶。

假设影子银行序列为 x，上证指数序列为 y，成交量序列为 z，格兰杰因果检验了 x 可以解释 y 和 z，即 x 可以引起 y 和 z，并且加入 x 的滞后值时使以上的因果关系解释度提高。如果两者间格兰杰因果检验显著，即可以说 y 和 z 是由 x 格兰杰引起的。检验方法如下：

$$y_t = \alpha_0 + \alpha_1 y_{t-1} + \cdots + \alpha_6 y_{t-6} + \beta_1 x_{t-1} + \cdots + \beta_6 x_{t-6} \tag{5-1}$$

$$x_t = \alpha_0 + \alpha_1 x_{t-1} + \cdots + \alpha_6 x_{t-6} + \beta_1 y_{t-1} + \cdots + \beta_6 y_{t-6} \tag{5-2}$$

其中，k 为最大滞后阶数 6，检验原假设序列 y(x) 不是由 x(y) 格兰杰引起的，如果拒绝原假设，则 y(x) 是由 x(y) 格兰杰引起的。全样本的格兰杰因果关系如果通过检验也进一步验证了第四章中影子银行与 A 股市场的协整关系。

二、残差自举法滚动窗口检验

由于小波时频检验是基于频段局部性的变量相关性分析，所以，进一步通过检验全样本格兰杰因果关系中的参数稳定性，可以观察在全样本结构中某一区间时间在全样本中的数据是否存在结构性突变。金雪军和周建锋（2014）指出，利用 Boostrap 滚动窗口估计方法可以有效克服参数结构不稳定的问题，同时可以展示出影子银行与 A 股市场在不同子样本间的动态结构性变化。赵慧琴（2014）指出，Bootstrap 法可以在不需要其他假设和新的观测下，通过给定的观测信息借助计算机对原始样本资料进行重复抽样以产生一系列新的样本，可以对无法通过常规方法导出的参数区间进行估计。其基本思路是在原始数据范围内进行再抽样，对参数进行估计，样本含量为 n，原始数据中每个观察单位每次被抽到的概率相等，为 1/n，所得样本为自举样本，通过重复 y 次，可以得到 y 个自举样本，最后再进行统计。

三、小波时频分析法

通过格兰杰因果检验和 Bootstrap 自举滚动分析可以直观地观察影子银行和 A 股市场的动态结构性关系。进一步的小波时频分析可以甄别非平稳金融时间序列的时域和频域的局部化性质。小波分析是 Haar（1910），Morlet（1980）和 Mallat（1988）经过不断在工程领域的研究与实验得出的

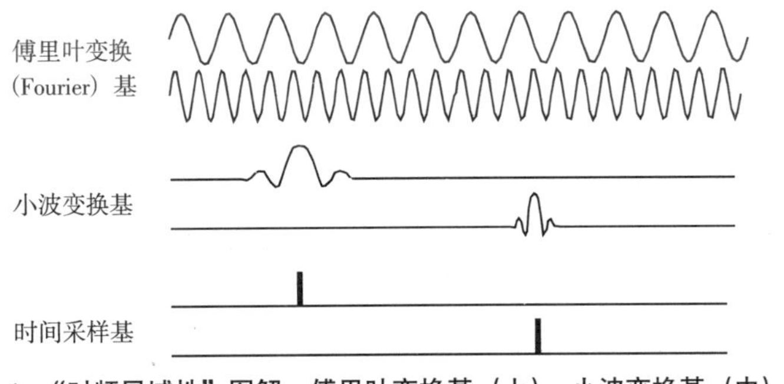

图 5-1 “时频局域性”图解：傅里叶变换基（上）、小波变换基（中）和时间采样基（下）的比较

变换方法，其具有频率分析的性质和同时表示发生时间的特质，进一步优化了 Fourier（1807）傅里叶分析方法中只能有频率分析的性质。

与自举滚动相比，在反映局部化相关性信息时的表现更加全面。而且，基于时频局部性分析理念，可以克服协整关系、误差修正模型和 ARIMA 模型中全样本分析的一些不足，以上模型解决的主要问题是：影子银行与 A 股市场是否存在相关性，以及相关程度的强弱大小等。时频局部性分析可以进一步解决一些问题，例如：整个样本区间内某段时间的动态相关性；随机变量之间的滞后效应；随机变量之间在频域维度上的短期、中期和长期相关性。与傅里叶变换相比较，傅里叶只具有频率分析的性质，而小波变换还能表示发生的时间，有利于分析确定时间发生的影子银行对股市的影响现象。根据 Hudgins（1993）的研究：

设 $\psi(t)\in L^2(R)$，傅里叶变化为$\hat{\psi}(\omega)$，当$\hat{\psi}(\omega)$ 满足条件：

$$C_\psi = \int_R \frac{|\hat{\psi}(\omega)|^2}{|\omega|}d\omega \tag{5-3}$$

称 $\psi(t)$ 为一个基本小波。将基本小波经过伸缩和平移后得到：

$$\psi_{a,b} = \frac{1}{\sqrt{|a|}}\psi\left(\frac{t-b}{a}\right), \quad a, \ b\in R, \ a\neq 0 \tag{5-4}$$

称其为一个小波序列，其中，a 为伸缩因子，b 为平移因子。对于任意的函数 $f(t)\in L^2(R)$ 的连续小波变换为：

$$W_f(a, \ b)\leqslant f, \ \psi_{a,b}\geqslant |a|^{-1/2}\int_R f(t)\psi\left(\frac{t-b}{a}\right)dt \tag{5-5}$$

Gallegati（2008）利用小波分析法研究了股市回报率与总体经济活动的相关性，指出需要通过引入小波相关系数来直观分析随机变量间的相关性。小波相关系数是在小波功率谱的基础上，进一步用影子银行序列 $x(t)$ 和上证指数序列 $y(t)$ 的交叉与两者的小波自功率谱间的比值计算得出，可以更直观地分析 $x(t)$ 和 $y(t)$ 之间的时域和频域组合下的局部特征。影子银行序列在时频组合下的波动性表达式为：

$$\sigma_x^2 = \frac{1}{C_\psi}\int_0^{+\infty}\int_{-\infty}^{+\infty}|W_x(\tau, \ s)|^2\frac{d\tau ds}{s^2} \tag{5-6}$$

其中，连续小波变换函数的平方$|W_x(\tau, \ s)|^2$为序列影子银行序列小波功率谱。影子银行序列与上证指数序列的交叉小波变换为：

$$W_{xy}(\tau,\ s) = W_x(\tau,\ s)W_y^*(\tau,\ s) \tag{5-7}$$

其交叉小波功率谱也被相应定义为：

$$|W_{xy}(\tau,\ s)|^2 = |W_x(\tau,\ s)|^2|W_y^*(\tau,\ s)|^2 \tag{5-8}$$

其反映了两个序列之间的时频组合下的局部相关性特征。所以，衡量小波相关系数的平方形式为：

$$R^2(\tau,\ s) = \frac{|S(s^{-1}W_{xy}(\tau,\ s))|^2}{S(s^{-1}|W_x(\tau,\ s)|^2)S(s^{-1}|W_y(\tau,\ s)|^2)} \tag{5-9}$$

其中，S 为进行时频正态化处理的平滑因子，$R^2(\tau,\ s)\in[0,\ 1]$ 以小波相关系数图中色彩刻度条的形式反映出来，其中颜色由蓝到红依次对应着影子银行与 A 股市场之间的相关系数由小到大。然后，对交叉小波功率谱进行显著性检验，通过蒙特卡洛模拟得出小波功率谱渐进服从自由度 2 的 χ_2^2 分布，两个序列的交叉小波功率分布表达式为：

$$D\left(\frac{|W_x(\tau,\ s)W_y^*(\tau,\ s)|}{\sigma_x\sigma_y} < P\right) = \frac{Z_2(p)}{2} \tag{5-10}$$

其中，$|W_x(\tau,\ s)W_y^*(\tau,\ s)|$ 为影子银行与上证指数的交叉小波动率，两者的标准差分别为 σ_x 和 σ_y，两者经过傅里叶变换后服从 χ_2^2 分布的背景谱分别为 P_f^x 和 P_f^y，$Z_2(p)$ 为与 P 有关的置信水平。Kim（2005）通过研究通货膨胀与股市回报率的小波分析，认为在 95%的概率下，$Z_2(95\%) = 3.999$，则交叉小波功率谱的显著性在零假设下：

$$H_0: \left[\frac{|W_x(\tau,\ s)W_y^*(\tau,\ s)|}{\sigma_x\sigma_y}\right] \leqslant \frac{3.999}{2}\sqrt{P_f^x P_f^y} \tag{5-11}$$

$$H_1: \left[\frac{|W_x(\tau,\ s)W_y^*(\tau,\ s)|}{\sigma_x\sigma_y}\right] > \frac{3.999}{2}\sqrt{P_f^x P_f^y} \tag{5-12}$$

当 H_0 被拒绝，H_1 被接受，则影子银行序列与上证指数序列通过了以上显著性为 5%的背景谱检验，即两者间是显著相关的，在小波相关系数图中表现为黑色环闭型圈状图，表示在特定的时频局部下影子银行与 A 股市场的相关系数通过了显著性为 5%的背景谱检验。

最后，Torrence 和 Compo（1998）在小波分析应用指导中提出了相位差法分析法，则可以进一步检验影子银行与 A 股市场的特定局部时频领先与滞后关系。相位差为 ∂ 和 $\wp$，分别为交叉小波功率 $W_{xy}(\tau,\ s)$ 的虚数部分比值，其表达式为：

$$\phi(\tau, s)=\tan^{-1}\left(\frac{\partial(W_{xy}(\tau, s))}{\wp(W_{xy}(\tau, s))}\right) \tag{5-13}$$

其中，$\phi(\tau, s)$ 为 $[-\pi, \pi]$ 之间的值，在两者的已知条件下，当 $\phi(\tau, s)=0$，两者完全正相关；当 $\phi(\tau, s)=\pi$，两者完全负相关；当 $\phi(\tau, s)\in\left(0, \frac{\pi}{2}\right)$，两者正相关，且影子银行领先于 A 股市场；当 $\phi(\tau, s)\in\left(\frac{\pi}{2}, \pi\right)$，则两者负相关，且 A 股市场领先影子银行；当 $\phi(\tau, s)\in\left(-\frac{\pi}{2}, 0\right)$，则两者正相关，且 A 股市场领先影子银行；当 $\phi(\tau, s)\in\left(-\pi, -\frac{\pi}{2}\right)$，则两者负相关，且影子银行领先 A 股市场。同时，以上这种两者间的领先关系也是对自举滚动窗口因果检验的进一步验证。

第二节　实证研究

一、影子银行与 A 股市场的全样本格兰杰检验

在第二章，已经对影子银行规模序列进行了平稳化处理，经过 X12 季节调整、对数化一阶差分后序列平稳，同样，上证指数和成交量月度数据也进行了对数收益率处理，经过一阶差分后平稳。第四章中也确定了最优滞后阶数为 6 阶，所以，直接进行格兰杰因果检验，如表 5-1 所示。

表 5-1　全样本格兰杰检验结果（1996~2015 年）

零假设	滞后期	F 统计值	P 值	检验结果
影子银行不是上证指数变动的原因	6	3.397**	0.035	拒绝
影子银行不是上证月度成交量变动的原因		7.962***	0.000	拒绝

从以上检验结果可以看出，在1%和5%的显著性水平下，拒绝影子银行功能不是上证指数和成交量的原因的假设，即影子银行规模变动是上证指数和成交量变动的原因，全样本支持了两者之间有因果关系，说明影子银行对A股市场有影响性。Salman和Shukur（2004）指出，进一步来看，全样本格兰杰检验结果的稳健性取决于VAR模型的参数稳定性，若参数不稳定则检验结果将是无效的。所以，将继续对全样本格兰杰检验进行稳定性检验，以此来判断表5-1中的格兰杰检验是否存在误差。如表5-2所示，p值的计算过程设定残差Bootstrap的重复次数为2000。

表5-2　参数稳定性检验

类别	影子银行等式		A股市场等式		VAR结构	
	Statistics	p值	Statistics	p值	Statistics	p值
Sup-LR	31.856***	0.001	53.742***	0.000	72.925***	0.000
Mean-LR	15.706***	0.005	21.679***	0.000	36.692***	0.000
Exp-LR	12.051***	0.001	22.025***	0.000	31.744***	0.000
L_b^c	1.704*	0.095	2.306**	0.012	4.010***	0.007

影子银行和A股市场等式中的Sup-LR、Mean-LR、Exp-LR检验结果显示，在1%的显著性水平下拒绝原假设，即模型的参数短期不稳定，存在结构突变。L_b^c统计显示在1%~10%的置信水平下存在长期参数不稳定性。所以，可以认为影子银行与A股市场存在结构性的影响性变化关系。也就是说，全样本的格兰杰检验无法全面性地反映影子银行与A股市场间的潜在因果关系。

二、影子银行与A股市场的滚动窗口检验

为了进一步证明两个随机变量之间的结构性变化所带来的影响性，继续使用残差Bootstrap法滚动因果分析对结构性突变问题进行研究，也就是进一步检验有没有在某一段时间发生了突变使样本数据并不是在全样本期都符合影子银行是上证指数和成交量的原因。图5-2中展示了滚动窗口检验的残差自举p值，基于原假设，影子银行非上证指数的格兰杰原因。可

以看出，从 2009 年的第二季度开始到 2011 年第二季度的绝大多数时间里，p 值小于 0.1，即在这时期的子样本拒绝原假设，影子银行对上证指数存在影响。从宏观上看，2007 年第四季度开始，中国 A 股市场经历了一轮有史以来连续两年最大单边涨幅后开始急剧下挫，同时，2008 年下半年美国房贷两大巨头——房利美和房地美产生流动性危机，次贷危机在全球全面爆发，导致了短期的全球经济需求锐减，金融市场流动性停滞，这次危机被认为是美国自 1929 年大萧条后最大的一次金融危机。相应地，中国 GDP 当季同比从 2007 年开始快速下降，增速从 2007 年中的 15%左右快速跌到了 2008 年第四季度的 6%左右，创 1999 年以来新低，出口出现了负增长，大批农民工返乡，经济面临"硬着陆"的风险。这一次应对国际金融危机并没有采取类似 1997 年亚洲金融危机后中央政府裁员、去产能、国企重组改革的措施，反而出人意料地继续大上项目和扩大产能。所以，在 2008 年 11 月推出了进一步扩大内需促进经济增长的 10 项措施，提出了扩大投资的重点领域和方向，加快这些领域的建设。从 2008 年底到 2010 年底，中央政府投资 1.18 万亿元，加上地方和社会投资总规模 4 万亿元，这个投资规模相当于 2008 年全年投资总额的 30%、GDP 的 13%，力度之大，空前绝后。实际上，中国 2008 年面临的国内国际经济问题不再是 1998 年时的由于亚洲金融危机所导致的短期外需不足的问题。亚洲危机后，1998 年中国出口业务增速从 20%左右快速下跌到 0，中国 GDP 增速从两位数快速下跌至 7.8%，尤其是中国 2/3 的国企亏损，大批商品滞销、工人下岗、机器闲置、工厂停工。1992 年中共十四届三中全会通过了《中共中央关于建立社会主义市场经济体制若干问题的决定》，1993 年做出了《关于实行分税制财政管理体制的决定》，1994 发布了《国务院关于深化城镇住房制度改革的决定》，1998 年国务院发布了《关于进一步深化城镇住房制度改革加快住房建设的通知》后，中国由此进入了一轮新的快速发展周期，国企业务扩展过快，到亚洲金融危机后期国企大量债务堆积，如果借新还旧，等同于饮鸩止渴。当时国务院领导顶住各方压力，坚决执行了国企供给端改革，关停闲置工厂和进行裁员，1999 年中国 GDP 增速掉至了 6.1%的冰点。但是在 2001 年底中国加入 WTO 后，2002 年中国出口增速从 10%快速增加至 30.2%，2003 年增速达到 50.7%，2004~2007 年出口增速年均高达 30%，2002~2007 年中国 GDP 增速年均 11.2%，一举成为全球第三大经济体。

所以，可以看出，1998 年后期经过中央的结构调整和国企改革，中国经济很快恢复了稳定并且快速增长。2008 年并没有进行类似 1998 年那样的经济结构调整和产能压缩，实际上，从 2001 年加入 WTO 后直到 2008 年中国经济仍然是过热的，产能供给过多。如果全球需求不变，那么是可以正常消化产能的，但是美国次贷危机可以与 1929 年大萧条相比，全球进入低 PPI 的通缩状态，而 2009 年又发生了欧债危机，所以全球性的需求减弱使中国的“四万亿计划”脱实向虚，4 万亿元无法产生对应的利润来弥补国企的贷款，基本成为了一种借新还旧的资金解渴。或许中央政府担心大批农民工下岗产生的失业率过高问题，并且次贷危机中其他国家金融市场都进行了量化宽松政策，所以果断地进行了经济刺激。但是，4 万亿元的投资资金并没有输血给真正需要资金的中小微企业，导致从2009 年后期开始，楼市暴涨、股市引来一波快速“V”形反弹，民间高利率市场盛行。影子银行规模也从 2008 年中期快速增长到 2009 年中期。从图 5-2 可以看出：从 2009 年的第二季度开始到 2011 年第二季度的绝对大多数时间里 p 值小于 0.1，这就说明影子银行对上证指数的影响主要在这段时期内最为显著，从 2009 年持续到 2011 年中期。这个时期影子银行和上证指数都有一个显著的增长，但是，影子银行更滞后。

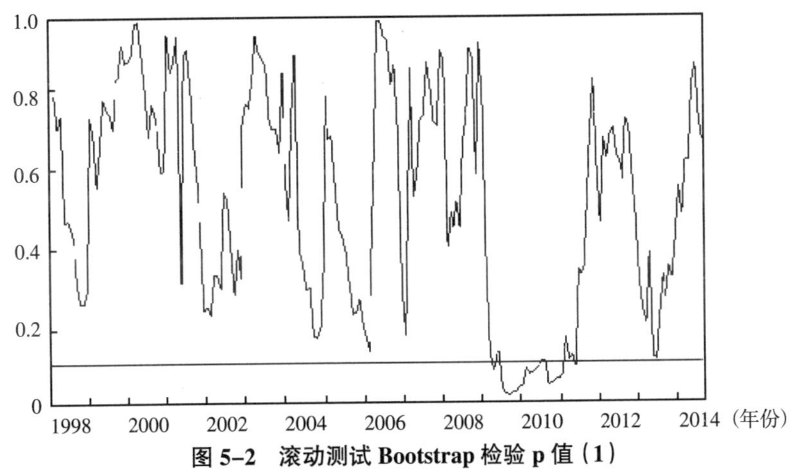

图 5-2　滚动测试 Bootstrap 检验 p 值（1）

注：假设影子银行不是上证指数变动的原因。

从图 5-3 中可以看出：2008 年一整年的时间里 p 值小于 0.1，即在这时期的子样本拒绝原假设，影子银行对上证成交量存在影响。

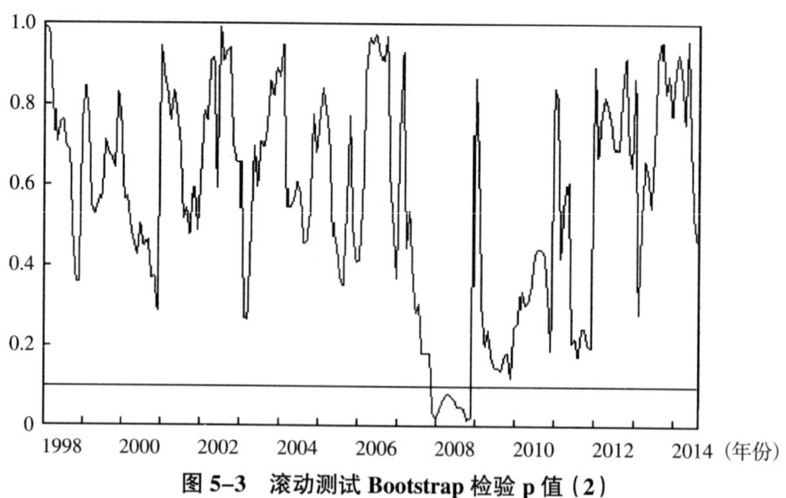

图 5–3　滚动测试 Bootstrap 检验 p 值（2）

注：假设影子银行不是上证成交量变动的原因。

为了进一步研究影子银行对 A 股市场的影响方向和影响程度，即在以上残差自举法检验的这个时间段里，影子银行对 A 股市场的影响是正还是负，继续利用滚动窗口系数和的 Bootstrap 估计，其中，实线为系数和，上面的虚线为系数和下界，下面的虚线为系数和上界，如图 5–4 所示。

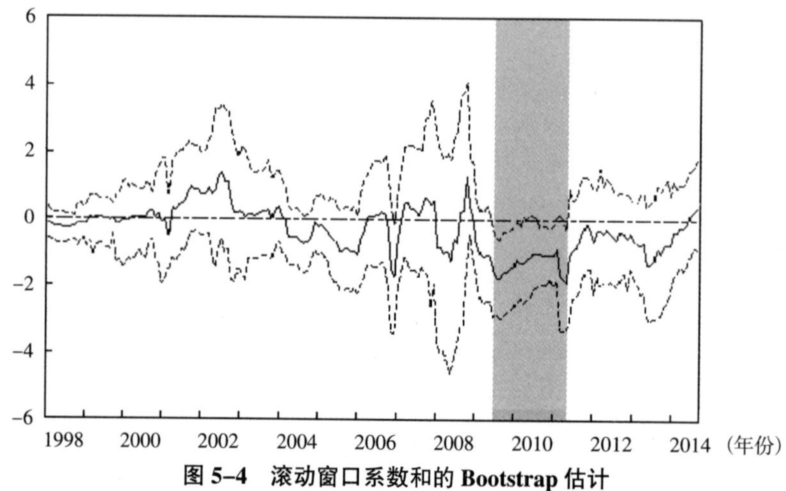

图 5–4　滚动窗口系数和的 Bootstrap 估计

注：假设影子银行不是上证指数变动的原因。

从图 5-4 中可以看出，影子银行对上证指数有影响，其中阴影柱表示的是影子银行对上证指数存在格兰杰影响的时期。可以看出，2009 年中期到 2011 年中期，两者存在负相关性，即较高的影子银行规模会减弱上证指数的上涨，这也是对第四章协整关系和误差修正模型的进一步证明，同时也拒绝了影子银行不是上证指数变动的原因假设。从图 5-5 中的测试结果看，影子银行对上证成交量的影响没有那么显著。

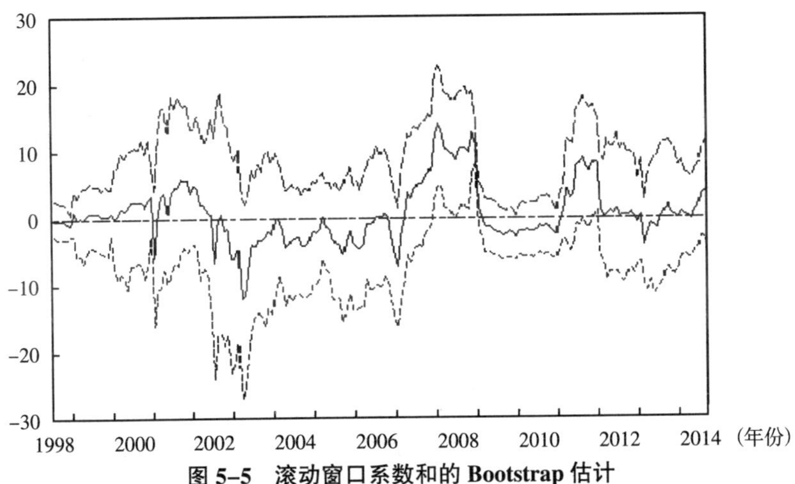

图 5-5 滚动窗口系数和的 Bootstrap 估计

注：假设影子银行不是上证成交量变动的原因。

三、影子银行与 A 股市场的小波时频分析

最后，利用小波变换函数和小波相关系数来进一步检验影子银行对 A 股市场的影响性。在图 5-6 中，图(a) 显示的黑色环形线圈内全闭合状的岛屿表示在特定时频（横坐标）下影子银行的变动与上证指数变动之间的显著相关性（显著性水平 5%），左边刻度（纵坐标）1~8 为显著相关对应的不同周期，如可以理解 1~2 为短期频段，2~4 为中期频段，4~8 为长期频段，通过这些频段分别继续判断图（b）和图（c）中相对应的正负相关性，右边刻度表示两者之间的相关系数。图（b）表示影子银行与上证指数 1~4 年频段下对应小波系数纵坐标的相位差，基于相位差分析，$0\sim\frac{\pi}{2}$

表示影子银行变动领先上证指数变动（同向变动），以此类推，如表 5-3 所示。

表 5-3 相位差分析表

$0\sim\frac{\pi}{2}$	正向波动	影子银行变动领先上证指数变动
$0\sim-\frac{\pi}{2}$	正向波动	上证指数变动领先影子银行变动
$\frac{\pi}{2}\sim\pi$	负向变动	上证指数变动领先影子银行变动
$-\frac{\pi}{2}\sim-\pi$	负向变动	影子银行变动领先上证指数变动

图(c) 表示影子银行与上证指数 4~8 年频段下对应小波系数纵坐标的相位差。

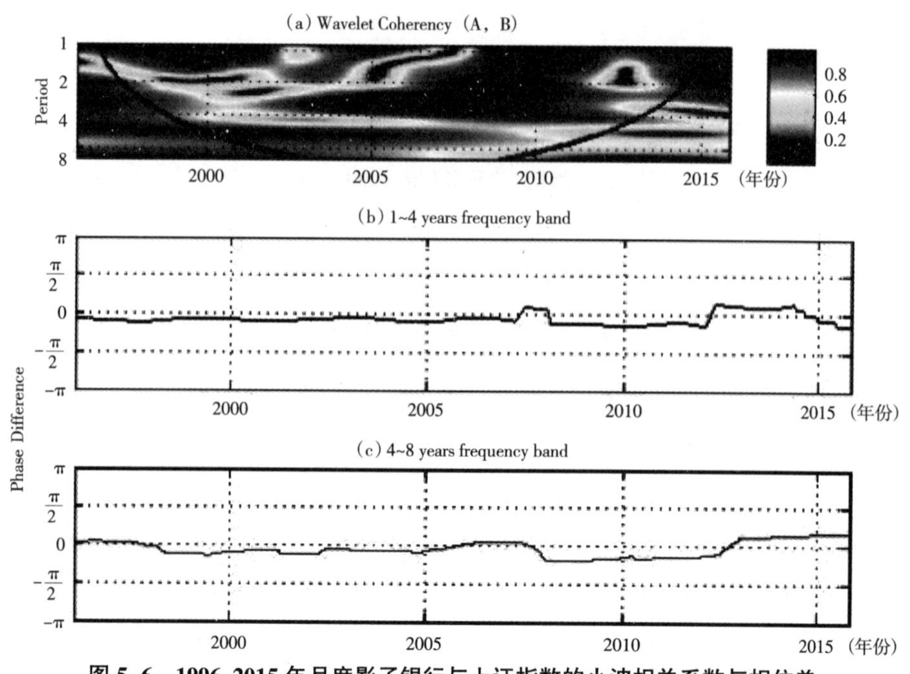

图 5-6 1996~2015 年月度影子银行与上证指数的小波相关系数与相位差

从图 5–6(a) 可以看出，在小波系数图做纵坐标时频中可以看出，“U”形黑线以内 1~2 年短期频段有“岛状”相关性区域，2~4 年中期频段也有“岛状”相关性区域，且颜色较深，接近 0.8，说明相关性很强。4~8 年长期频段却没有“岛状”相关性区域，也就是说影子银行对上证指数的影响在中短期频段，而在长期几乎没有。所以，下面只分析图 5–6(b)，而不再分析图 5–6(c)。在图 5–6(b) 1~4 年的频段中，基于图 5–6(a) 中主要的“岛状”闭环型区域从横坐标看主要分布于 2003~2010 年，那么对应地，图 5–6(b) 中比较显著的是 2006~2007 年，图 5–6(b) 中的数值介于 $0\sim\frac{\pi}{2}$，即影子银行变动领先于上证指数变动，影子银行变动对上证指数变动产生了正向影响。同样，基于图 5–6(a) 中主要的“岛状”闭环型区域从横坐标看还有的分布于 2010 年前后，但图 5–6（b）中的数值处于 $0\sim-\frac{\pi}{2}$，即上证指数变动领先于影子银行变动，上证指数变动对影子银行变动产生了正向影响。

之后，再看图 5–7 中影子银行对上证成交量的小波系数图（a)，“U”形黑线以内 1~2 年短期频段有“岛状”相关性区域，2~4 年中期频段也有“岛状”相关性区域，且颜色较深，接近 0.8，说明相关性很强。4~8 年长期频段却没有“岛状”相关性区域，也就是说影子银行对上证成交量的影响在中短期频段，而长期几乎没有。所以，只分析图 5–7(b)，而不再分析图 5–7(c)。在图 5–7(b) 1~4 年的频段中，基于图 5–7(a) 中主要的“岛状”闭环型区域从横坐标看主要分布于 2004~2008 年，那么对应地，图 5–7(b) 中并没有在这段时频中有显著变化，也就是说这段时间内几乎无影响。同样，基于图 5–7(a) 中主要的“岛状”闭环型区域从横坐标看还有的分布于 2008 年末至 2012 年前后，但图 5–7（b）中的数值处于 $\frac{\pi}{2}\sim-\frac{\pi}{2}$ 上下“L”形波动，即 2008~2010 年的数值处于 $0\sim\frac{\pi}{2}$，影子银行变动领先上证成交量变动，影子银行变动对上证成交量变动有影响。同时，2010 年末至 2012 年前后数值处于 $0\sim-\frac{\pi}{2}$，上证成交量变动领先影子银行变动，上证成交量变动对影子银行变动有影响。

以上分析结果表明，从时域维度来看，影子银行与 A 股市场在 2003~2011 年总体上有相关性，且呈现高度相关的特征。从频域维度来看，在

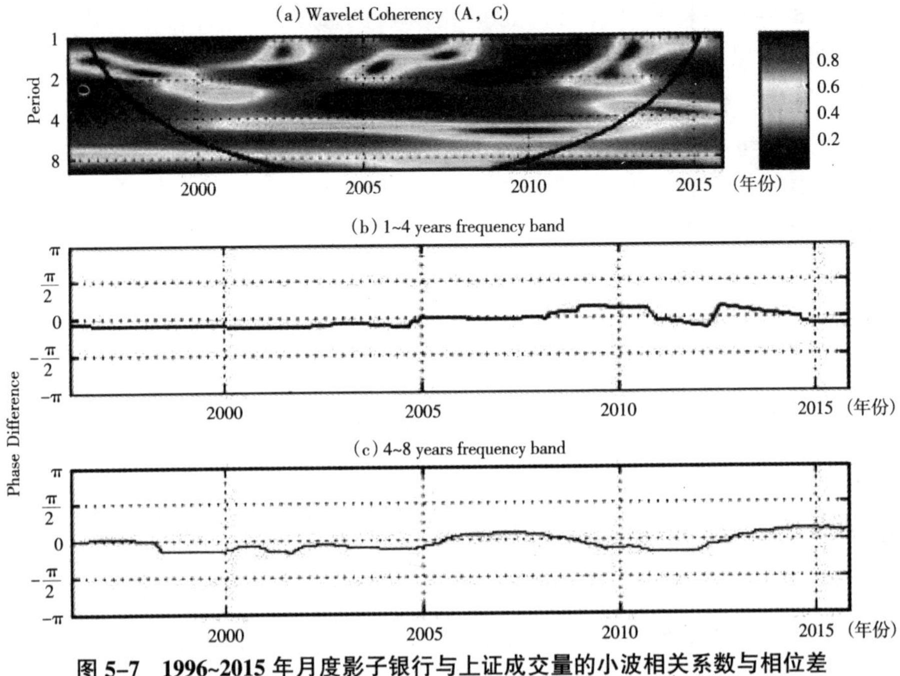

图 5-7　1996~2015 年月度影子银行与上证成交量的小波相关系数与相位差

长期内，影子银行与 A 股市场的关系是减弱的，即长期滞后效应是减弱的，两者间的关系主要集中在短期和中期。既有影子银行的变动领先 A 股市场的变动，也存在 A 股市场的变动领先于影子银行变动。整体上看，1996~2003 年和 2011~2015 年的这两段区间内并没有显示出影子银行与 A 股市场的显著相关性。实际上，这可以看出影子银行真正高速发展的阶段是在 2003 年以后，即中共十六大以后，尤其是在中共十七大以后达到了最高峰，影子银行与 A 股市场产生了同向的相关性，即两者都同向变动，这进一步说明了金融市场资金的脱实向虚。影子银行增长的过程中，A 股市场也在增长，并没有产生显著的互相制约效应，即影子银行可以分流股市流动性的效果没有产生。从时域维度看，至少在不同频域里是同向变化的，这种观点是和第四章实证检验的负相关性不同的，第四章的检验偏向于全样本的一次性检验，就是从整个误差修正结果看影子银行与 A 股市场呈现负相关性，影子银行对 A 股市场的影响性为-7%，这是从长期来看的结果。小波分析的结果偏向中短期，长期关系在本模型中减弱，即中短期的不同时域内，影子银行并没有显著分流 A 股市场的流动性，尤其是在 2005~2007 年底的 A 股市场牛市行情中，显然 A 股市场在高速增长的情况下，影子银行业在快速增长，且影子银行变动领先于 A 股市场变动。此外，在 2008 年底 4 万亿元刺激后，影子银行仍然与 A 股市场产生了同向关系，只是产生了 A 股市场变动领先于影子银行变动的情况。

第三节　小结

本章通过全样本的格兰杰检验证明了影子银行与 A 股市场存在因果关系，通过残差自举法窗口滚动检验进一步证明了影子银行与 A 股市场在不同时频维度上的结构突变的相关性。在小波分析中利用小波相关系数与相位差对残差自举滚动窗口方法进行了修正，即影子银行对 A 股市场的影响偏正向，这种正向关系表现在时频维度上是不同的两个主要时期，即 2003~2008 年和 2008~2011 年。在频域维度上产生了两者间彼此领先对方的情况，这说明资金的成本性决定了其逐利性，并且两者间的关系更偏向中短期，长期后弱化。

从时频维度上看，2003~2008 年中国经济在经历了前期亚洲金融危机后，中央从 1998 年开始果断进行了国企改革和房地产市场改革，实现了经济的平稳发展，避免了经济的“硬着陆”。2001 年加入 WTO 后，中国经济一路高速增长，尤其是体现在了出口方面，2002 年中国的出口业务增速就从 10%剧增至 30.2%，2003 年又进一步增至 50.7%。2002~2007 年，也就是本章检验的结果窗口期前，中国经济实现了年均增长 11.2%，1997 年亚洲金融危机导致的产能过剩情况由于外需的增加也得以化解，中国债务/GDP 从 140%下降至 110%。同时，由于经济增长较快，以国企为主的企业业绩提高迅速，企业员工工资水平也大幅提升，这进一步催生了房地产产业链的繁荣。这个时期中国影子银行与 A 股市场也都快速膨胀，尤其是在 2005~2008 年这段时期，A 股市场规模增加领先于影子银行的规模增加，持续的牛市使增量资金流入股市，上市的国企进行了部分的减持还债或者继续投资，使国企的财务报表也十分完美。国企以外的私营资本也急需资金扩大生产，并把资金投入较为火爆的房地产市场和股票市场，很多央企也成立了房地产下属公司，开展房地产业务。影子银行快速发展，利率不断上升，但仍然供不应求，2005年由于出口、地产、证券市场带动的经济过热，央行不断地上调存款准备金率和基准利率来抑制泡沫。

从2009~2011年的时频维度看，2007年美国的次贷危机席卷全球，瞬间击穿了中国火热的经济状况，各项经济指标迅速下降，尤其海外流动性紧张导致的外需迅速暴跌，中国经济甚至有“硬着陆”的风险。中央为了防治风险的继续扩散，提出了“四万亿计划”，并从2008年开始下调基准利率。从表面上看，4万亿元立竿见影：2009年，GDP从年初的6.6%升至年末的12.2%，当年，全球各主要经济体GDP多数为负数，4万亿元似乎瞬间拯救了中国经济。但实际上，4万亿元加速了未来中国经济的不确定性，尤其表现在国企债务的攀升、产能过剩、资产周转率下降上，2013年中国债务/GDP超过150%。中国大规模的资金投入和债务上升与欧洲、美国和日本不同，欧洲、美国、日本当时是金融体系崩溃导致的金融市场流动性缺失，但实体市场并没有大问题，至少在风险传染到实体之前没有产生大问题，所以政府向实体部门直接注资从而支持资金链，在货币市场供给失衡下，是有货币需求基础的。中国是外贸输出型国家，世界经济的衰退对中国商品的需求产生了严重影响，从而传导至内需产能过剩，实体产业失去了货币需求性，与世界经济危机下的失衡相反，欧、美、日是货币需求大于货币供给，而中国是货币供给远大于货币需求。这样，会进一步导致流动性陷阱，大量资本的投入在没有进入实体的情况下，流入股市和楼市，而国企债务借新还旧的不断增加又吸干了银行对实体的有效投入，导致了如珠三角和长三角地区外贸型和加工型中小民营企业寻求影子银行以维持和国企一样命运的“外需停滞”窘境。所以，中国影子银行和A股市场在这段时频维度内又产生了较为显著的相关性。

2010年前后，基本上是A股市场上证成交量变动领先于影子银行成交量变动，影子银行规模变动又领先于上证指数的变动。这进一步说明，在资金较为泛滥的情况下，资金对股市的敏感度大于影子银行，民营资本领域对影子银行的需求更是一种被迫的情况，随着整个经济的衰退对影子银行的需求敏感度会下降，而这两者规模的变化领先于上证指数也进一步证明了金融市场的“量在价先”现象。

第六章 基于 MCMC-POT 模型度量影子银行与 A 股市场 GPD 极值 VaR-ES 估计

通过第五章对影子银行与 A 股市场的局部动态相关性分析可以推断，影子银行和 A 股市场都是存在局部性突变的。那么，就有必要对两者的极值情况进行度量，对极值数据的分布函数，通常无法用高斯分布或者 t 分布来有效表达。尤其是金融时间序列的尖峰、拖尾、右偏情况，可以基于广义帕累托分布的 POT 模型进行对极值数据的拟合，确定超出安全阈值的极值数据的分布形式。POT 模型作为极值理论的主流模型，可以有效地使用极端数据，形式简单，便于计算，要比极值理论里的另一个 BMM 样本极大值模型更优。利用 Gibbs 抽样的贝叶斯 MCMC 模拟方法来估计模型的参数，这样可以解决当样本数据不足时极大似然估计中误差增大的问题，提高数据的拟合效果。在此基础上，采用 POT 模型对中国影子银行与 A 股市场的极值进行实证研究，发现 POT 模型可以更好地描述金融时间序列分布的厚尾和非对称性。

第一节 理论基础

一、POT 模型理论

POT 模型也被称为超越安全阈值模型，即对样本数据中超过某一安全阈值以上的数据拟合模型，设 X_1，X_2，…，X_n 为 n 个独立同分布随机变量，总体分布函数为 F(x)，假定阈值为 u，则称 X - u 为超过阈值的超出量（Wang，1991），其分布函数记为：

$$F_u(y) = P\{X - u \leqslant y | X > u\} = \frac{F(u+y) - F(u)}{1 - F(u)},\ y > 0 \tag{6-1}$$

称 $F_u(y)$ 为超限分布函数，根据 Pickands（1975）极限定理，对一大类分布 F 的超限分布函数 $F_u(y)$，存在一个函数 $G_{\xi,\beta(u)}(y)$，则：

$$F_u(y) \approx G_{\xi,\beta(u)}(y) = \begin{cases} 1 - (1 + \xi y/\beta(u))^{-1/\xi}, & \xi \neq 0 \\ 1 - \exp(-y/\beta(u)), & \xi = 0 \end{cases},\ u \to \infty \tag{6-2}$$

函数 $G_{\xi,\beta(u)}(y)$ 为广义帕累托分布，其中 $\beta(u)$ 为尺度参数，$\xi \in \beta$ 为极值指数。当 $\xi \geqslant 0$ 时，$y \geqslant 0$；$\xi < 0$ 时，$0 \leqslant y \leqslant -\beta(u)/\xi$。ξ 取值不同会导致极值分布的尾部厚度不同。ξ 越大，尾部越厚；ξ 越小，尾部越薄。

根据式（6-1）和式（6-2），令 $x = u + y$，对充分大的阈值 u，当 $x > u$ 时的分布函数为：

$$F(x) = (1 - F(U))G_{\xi,\beta(u)}(y) + F(u) \tag{6-3}$$

同时，Pickands（1975）证明了极值分布与广义帕累托分布的联系：

设 X_1，X_2，…，X_n 为 n 个独立同分布随机变量，分布函数 $F(x)$，如果存在数列 $\{a_n > 0\}$，$\{b_n\}$，使对足够大的 n 有：

$$P_r(x_n \leqslant a_n X + b) \approx H(x;\ \mu,\ \sigma,\ \xi) \tag{6--4}$$

其中，$H(x;\ \mu,\ \sigma,\ \xi)$ 是极值分布。

二、GPD 分布的检验

GPD 分布的检验利用 Cramer-von 统计量 W^2 和 Anderson-Darling 统计量 A^2 两种方法，两种方法的解释是：当超越安全阈值的统计数足够大时，在一定置信水平下，样本服从 GPD 分布（Choulakian and Stephens，2001）。

GPD 分布的原假设 H_0 为：X_1，X_2，…，X_n 随机序列服从 GPD 分布。

（1）通过 GMM 估计 GPD 参数 ξ 和 σ 的值，对 i = 1，2，…，n，求 $z_i = F(x_i)$，其中 x_1，x_2，…，x_n 为 X_1，X_2，…，X_n 的顺序统计量。

（2）统计量 W^2 和 A^2 的表达式为：

$$W^2 = \sum_{i=1}^{n}\left(z(i) - \frac{2i-1}{2n}\right)^2 + \frac{1}{12n} \tag{6-5}$$

$$A^2 = -n + \frac{1}{n}\sum_{i=1}^{n}(2i-1)[\log(z(i)) + \log(1 - z(n = 1 - i))] \tag{6-6}$$

三、选取安全阈值

为确定安全阈值 u，用极大似然估计参数 ξ 和 $\beta(u)$。确定适当的安全阈值，使其既不是很高，也不很低，本书通过平均超限函数图和 Hill 图这两种定性法来确定安全阈值。

对于平均超限函数图，设 X_1，X_2，…，X_n 是 n 个独立同分布 F(X) 的随机变量，设阈值为 u_0，若 $X_i > u$，$X_i - u$ 为超出量，对任意 $u > u_0$，则平均超出量函数 e(u) 为：

$$e(u) = E(X - u \mid X > u) \tag{6-7}$$

$$\begin{aligned} e(u) &= E(X - u \mid X > u) \\ &= \frac{1}{1 - G(u)} \int_u^{+\infty} (1 - G(x))dx \\ &= \frac{\beta(u)}{1 - \xi}\left(1 + \frac{\xi u}{\beta(u)}\right) \\ &= \frac{\beta(u) + \xi u}{1 - \xi} \end{aligned} \tag{6-8}$$

平均超弦函数 e(u) 也可以由样本平均超出量函数估计：

$$e(u) = \frac{\sum_{i=1}^{n}(x_i - u)^+}{\sum_{i=1}^{n} K_i} = \frac{\sum_{i=1}^{n}(x_i - u)^+}{N_u} \tag{6-9}$$

其中，N_u 为样本中超过安全阈值 u 的个数，当 $x_i > u$ 时，$(x_i - u)^+ = x_i - u$；当 $x_i \leqslant u$，$(x_i - u)^+ = 0$（Gilli，2006）。

对于 Hill 图，设 X_1，X_2，…，X_n 是 n 个独立同分布 F(X) 的随机变量，其顺序统计量为 $X_{1,n} \leqslant X_{2,n} \leqslant \cdots \leqslant X_{n,n}$，其极值指数的 Hill 估计为：

$$H_{k,n} = \frac{1}{k}\sum_{j=1}^{k} j(\log X_{n-j+1,n} - \log X_{n-j,n}),\ 1 \leqslant k \leqslant n - 1 \tag{6-10}$$

通过式（6-10）Hill 估计得出 Hill 图，即其定义点集合 $\{(k,\ H_{k,n});\ 1 \leqslant k \leqslant n - 1\}$ 构成的曲线，选取 Hill 图中尾部指数稳定区域起始点的横坐标可以得到较为合理的 k 值，由此得到对应的安全阈值（Hill，1975）。

四、参数估计

通常利用极大似然估计来确定 POT 模型的参数（Baldwin，2004），即极大似然法在大样本条件下比矩估计和概率加权矩方法更加有效，因为矩估计和概率加权矩估计仅在 $\xi < 0.5$ 时适用，GPD 分布的方差仅在此时存在（Medova，2000）。给出阈值样本 $y = \{y_1, y_2, \cdots, y_n\}$，根据 GPD 分布函数的形式，可以得到其对数似然函数为：

$$\log L = -n\log\alpha + \left(\frac{1}{\xi} - 1\right)\sum_{i=1}^{n}\log\left(1 - \frac{\xi y_i}{\alpha}\right),\ \xi \neq 0 \tag{6-11}$$

$$\begin{cases} \dfrac{\partial \log L}{\partial \xi} = -\dfrac{1}{\xi^2}\sum_{i=1}^{n}\log\left(1 - \dfrac{\xi y_i}{\alpha}\right) + \left(\dfrac{1}{\xi} - 1\right)\sum_{i=1}^{n}\dfrac{-\dfrac{y_i}{\alpha}}{1 - \dfrac{\xi y_i}{\alpha}} = 0 \\ \dfrac{\partial \log L}{\partial \xi} = -\dfrac{n}{\alpha} + \left(\dfrac{1}{\xi} - 1\right)\sum_{i=1}^{n}\dfrac{\dfrac{\xi y_i}{\alpha^2}}{1 - \dfrac{\xi y_i}{\alpha}} = 0 \end{cases} \tag{6-12}$$

$$\begin{cases} \sum_{i=1}^{n}\log\left(1 - \dfrac{\xi y_i}{\alpha}\right) + (\xi - \xi^2)\sum_{i=1}^{n}\dfrac{\dfrac{y_i}{\alpha}}{1 - \dfrac{\xi y_i}{\alpha}} = 0 \\ \left(1 - \dfrac{1}{\xi}\right)\sum_{i=1}^{n}\dfrac{y_i}{\alpha - \xi y_i} = n \end{cases} \tag{6-13}$$

当 $\xi = 0$ 时，

$$\hat{\alpha} = \frac{\sum_{i=1}^{n} y_i}{n} \tag{6-14}$$

$$L(\beta(u), \xi | y) = \begin{cases} -k\log(\beta(u)) - \left(1 + \dfrac{1}{\xi}\right)\sum_{i=1}^{n}\log\left(1 + \dfrac{\xi y_i}{\beta(u)}\right) & \xi \neq 0 \\ -k\log(\beta(u)) - \beta(u)^{-1}\sum_{i=1}^{n} y_i & \xi = 0 \end{cases} \tag{6-15}$$

当 $\xi > 0$，$y_i \geqslant 0$；当 $\xi < 0$，$0 \leqslant y_i \leqslant -\beta(u)/\xi$。

五、MCMC 模拟估计模型参数

极值数据的特征是低频高损，当通过超越安全阈值确定损失数据后，如果数据量较少时，极大似然估计是不可靠的，其参数结果也变得不稳定。然而，可以利用 MCMC 马尔科夫链蒙特卡洛模拟来对 GPD 分布的参数进行估计（Chib，2001；Chib，Nardari and Shephard，2002）。

本书是基于厚尾损失数据进行拟合，因此 $\xi>0$，令 $\tau=\dfrac{1}{\sigma}>0$，则：

$$GPD(x|\xi,\ \tau)=1-(1+\xi\tau x)^{-\frac{1}{\xi}},\ x>0 \tag{6-16}$$

设 ξ，τ 互为独立，并有以下先验分布，即：

$$\xi\sim GPD(\alpha,\ c),\ \alpha>0,\ c>0 \tag{6-17}$$

$$\tau\sim Gamma(a,\ b),\ a>0,\ b>0 \tag{6-18}$$

其中，α、c 和 a、b 分别为 GPD 分布和 Gamma 分布的参数。极值指数 ξ 可以表示 GPD 分布的先验分布，其概率密度函数表达式为：

$$f(\xi|\alpha,\ c)=\{\alpha c^{\alpha}/\xi^{-(\alpha+1)},\ I_G\infty(\xi)\} \tag{6-19}$$

$$I_A(z)=\begin{cases}1 & z\in A\\ 0 & z\notin A\end{cases} \tag{6-20}$$

其中，$\alpha>0$，$c>0$。$I_A(z)$ 为示性函数，仅在变量 z 属于区域 A 时为 1，否则为 0，GPD 分布先验的优点是其有一个正下限 c，这样可以避免在 MCMC 模拟过程中由于样本数据过少而导致的极值指数 ξ 逼近 0。参数 ξ，τ 的联合后验分布为：

$$f(\xi,\ \tau|x)=\frac{L(x|\xi,\ \tau)f(\xi)f(\tau)}{\iint L(x|\xi,\ \tau)f(\xi)f(\tau)d\xi d\tau} \tag{6-21}$$

其中，$L(x|\xi,\ \tau)$ 为似然函数，样本信息通过似然函数进入估计的过程，上式可表达为：

$$f(\xi,\ \tau|x)\propto L(x|\xi,\ \tau)f(\xi)f(\tau) \tag{6-22}$$

$\propto$ 表示成比例，这样参数的后验分布为：

$$p(\xi,\ \tau|x)\propto\tau^{n+a_1-1}\xi^{-(\alpha+1)}\exp\left[-\left(1+\frac{1}{\xi}\right)\sum_{i=1}^{n}\log(1+\tau\xi x_i-b_1\tau)\right]I(\tau>0)I(\xi>0) \tag{6-23}$$

其中，$I(\tau>0)I(\xi>0)$ 均为示性函数，仅在参数大于 0 时存在。参数 ξ，τ 的边际分布 $f(\xi|x)$ 和 $f(\tau|x)$ 不是已知的分布，不可以通过已知的形式获得，但可以通过 MCMC 模拟得到。Chib（2001）指出 MCMC 方法是模拟一条马尔科夫链的样本路径，该马尔科夫的状态空间便是被估参数的估计空间，该马尔科夫链的极限分布是被估参数的贝叶斯后验分布。在充分的迭代后，马尔科夫链将忘记原始状态 θ_0 或时间 t_0，将前面测试阶段的 n 个状态过滤，剩下的链将作为目标后验分布的样本（Chib，2002）。

六、Gibbs 抽样方法

Geman 和 Geman 兄弟（1984）在物理学家 Gibbs 去世多年后，引入了 Gibbs 抽样运算法则。它是 Metropolis-Hastings 算法的特殊案例，是在统计中当直接抽样较为困难时，利用 MCMC 算法获取与一个特定的多变量概率分布近似的观察序列。如此序列可以被用来近似联合分布（如去产生一个分布直方图），或者去近似变量的边际分布等。Gibbs 抽样是常用的统计推断方法，特别是贝叶斯推理中引入 Gibbs 后，进一步提升了其实际应用能力（Gelfand and Smith，1990）。Gibbs 抽样的优点是可以通过 Gibbs 条件分布将问题简单化，即利用多次循环对模型中的相关参数进行计算，每次循环中计算一个参数。Gelfand 和 Hills（1990）提出了 Gibbs 抽样贝叶斯计算方法，并将未知参数 θ 的概率密度表示为 $p(\theta)=F'(\theta)$，其中 $F(\theta)$ 是 θ 的累积分布函数。条件密度、联合密度、边缘密度分别记为 $p(\theta|\eta)$、$p(\theta,\eta)$、$p(\eta)$。Zeger 和 Karim（1991）描述了 Gibbs 抽样：

第一步：假设 $\theta=(\theta_1,\theta_2,\cdots,\theta_k)$ 为一个随机变量的集合，给定任意初始值 $\theta_1^{(0)}$，$\theta_2^{(0)}$，…，$\theta_k^{(0)}$。

第二步：从条件分布 $p(\theta_1|\theta_2^{(0)},\cdots,\theta_k^{(0)})$ 中抽取 $\theta_1^{(1)}$；

从 $p(\theta_2|\theta_1^{(1)},\theta_2^{(0)},\cdots,\theta_k^{(0)})$ 中抽取 $\theta_2^{(1)}$；

从 $p(\theta_3|\theta_1^{(1)},\theta_2^{(0)},\cdots,\theta_k^{(0)})$ 中抽取 $\theta_3^{(1)}$；

……

从 $p(\theta_k|\theta_1^{(1)},\theta_2^{(0)},\cdots,\theta_{k-1}^{(0)})$ 中抽取 $\theta_k^{(1)}$，这样就完成了该系统的一次迭代。

第三步：该系统作为一个平衡分布 $p(\theta)$ 的马尔科夫链，经过 t 次以上的迭代步骤后，可以得到：

$$\theta^{(t)} = (\theta_1^{(t)}, \theta_2^{(t)}, \cdots, \theta_k^{(t)}) \tag{6-24}$$

当 t 足够大的时候，$\theta^{(t)}$ 可以看作 p(θ) 的模拟观察。适当切入点 $\theta_1^{(t)}$，$\theta^{(t+1)}$，…，$\theta^{(t+n)}$ 可以被看作依赖 p(θ) 的样本。因此，通过抽样得到的马尔科夫链上的随机样本数据来自目标分布 p(θ)，这样就可以利用样本对 p(θ) 进行统计。

七、POT 模型下的 VaR-ES 估计

20 世纪 90 年代初，J-P-Morgan 公司提出了风险价值 VaR 方法以计算投资组合的市场风险。Linsmeier 和 Pearson（2000）指出在险价值是在一定置信水平下，某种金融资产或者价值在未来的特定时期内的最大可能损失，通常利用历史模拟、一阶常数、蒙特卡洛模拟来计算。在计算 VaR 时，时间跨度和置信因子都要提前获取，通常情况下，随着时间跨度的增加，VaR 的水平也会提高。在实践中，选择合适的时间跨度和置信水平，取决于 VaR 的用途。

设定 X 为一个随机变量，分布函数为 F(x)，给定一个置信水平 P，定义 VaR 为：

$$VaR = \inf\{x \mid f(X \leqslant x) > P\} \tag{6-25}$$

当密度函数 f(x) 是连续函数时，可表示为：$VaR = F^{-1}(1 - P)$，其中 F^{-1} 是 f(x) 的反函数。

VaR 在金融机构衡量敞口风险价值中被广泛应用。但是，其单一考虑分位数，而超过分位数的分布没有给出数量描述，无法有效测算损失程度。ES 预期损失估计弥补了 VaR 的缺陷（Acerbi and Tasche，2002），ES 定义为损失数据大于置信度 P 的 VaR 的条件期望值，所以，ES 是 VaR 在非合适置信度下的优化。

设 P 为置信水平，则 ES 为损失大于 P 的 VaR_p 的条件期望：

$$ES_p(x) = \frac{1}{1-P}\int_p^1 F^{-1}(\alpha)dF(F^{-1}(\alpha)) \tag{6-26}$$

其中，$F^{-1}(\alpha) = \inf\{x \mid F(x) \geqslant \alpha\}$，若损失 X 的密度函数连续，则预期损失可以表达为：

$$ES_p = E(X \mid X > VaR_p) \tag{6-27}$$

Yamai 和 Yoshiba（2005）比较了 ES 和 VaR 的优缺点，他们认为 ES

相比 VaR 估计更容易被分解和优化。但是，ES 在同水平的准确度上需要更多的样本数据。VaR 估计应用的是参数和非参数法，参数法运用的是历史时间序列，假设序列为正态分布，所以，在现实中金融时间序列呈现厚尾和非对称性的分布是不适合的，即参数法得出的风险估计值缺乏可靠性和准确性。非参数法运用蒙特卡洛模拟 VaR 的特殊值基于一系列未来值的估计可被预测，这种方法在边界上仍然有限制。

由于：

$$F(x)=1-\frac{N_u}{n}\left(1+\xi\frac{x-u}{\beta}\right)^{-1/\xi} \tag{6-28}$$

在置信水平 P 下，可以得到：

$$VaR_p=u+\frac{\beta}{\xi}\left(\left(\frac{n}{n(u)}\right)(1-P)^{-\xi}-1\right) \tag{6-29}$$

根据式（6-27），$ES_p=E(X|X>VaR_p)$ 等价于：

$$ES_p=VaR_p+E(X-VaR_p|X>VaR_p) \tag{6-30}$$

其中，$E(X-VaR_p|X>VaR_p)$ 代表超额分布函数 $F_{VaR_p}(x)$ 高于阈值 VaR_p 的平均数。McNeil（1997）指出当阈值对于 $1-p>F(u)$ 足够大时，则高于安全阈值的高损数据分布是一个 GPD 分布，应用 $F_{VaR_p}(x)=G_{\xi,\beta+\xi(VaR_p-u)}(x)$，超额分布函数 $F_{VaR_p}(x)$ 的平均值可得：

$$\frac{\beta+\xi(VaR_p-u)}{1-\xi} \tag{6-31}$$

其中，$\xi<1$。

所以，POT 模型中 ES 估计的表达式为：

$$ES_p=\frac{VaR_p}{1-\xi}+\frac{\beta-\xi u}{1-\xi} \tag{6-32}$$

得到：

$$ES_p=\frac{1}{1-\xi}\left(u+\frac{\beta}{\xi}\left(\frac{n}{n_u}(1-P)\right)\right)+\frac{\beta-\xi u}{1-\xi} \tag{6-33}$$

第二节　实证分析

一、影子银行的 MCMC-POT 模型估计

在已知的影子银行数据下，对影子银行规模、上证指数、上证成交量进行对数化处理，通过以下描述性统计可以看出：三个变量的偏度和峰度都背离了正态分布 0 和 3 的偏度和峰度，存在明显的尖峰、厚尾和右偏特征（见图 6-1 和表 6-1）。

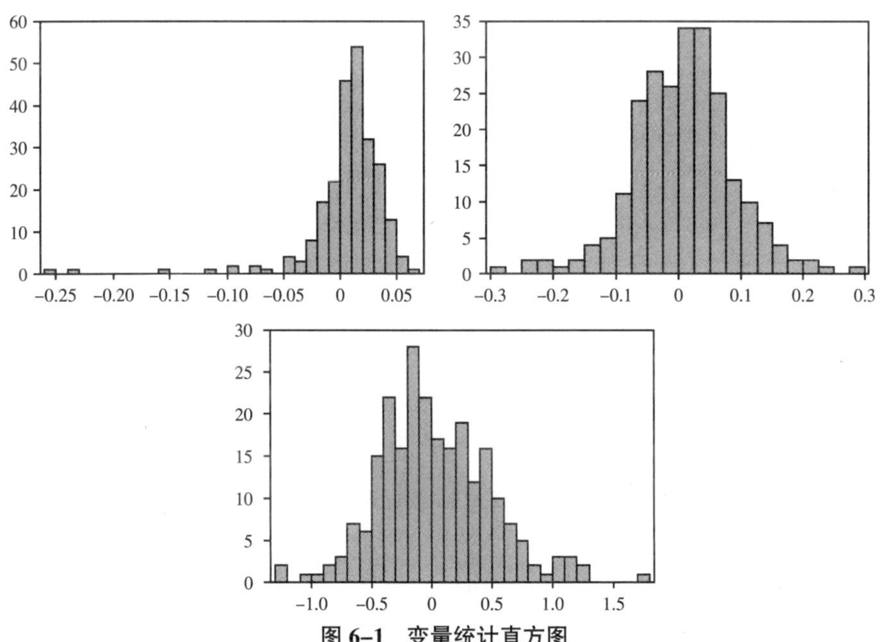

图 6-1　变量统计直方图

表 6-1　各变量收益率的统计特征

变量	均值	中位数	最大值	最小值	标准差	偏度	峰度
影子银行	0.006711	0.011752	0.060598	-0.2564	0.035885	-3.73204	24.22775
上证指数	0.007887	0.007345	0.278055	-0.28278	0.081953	-0.13673	4.328178
上证成交量	0.027367	-0.04111	1.749274	-1.29384	0.463747	0.389889	3.65907

通常对时间序列的描述是建立在正态分布假设上的，但正态分布可能会产生误差，那么，为进一步分析影子银行收益率的特征，从影子银行收益率指数的正态分布 Q-Q 图和极值分布 Q-Q 图（见图 6-2）可以看出：正态分布 Q-Q 图像和极值分布 Q-Q 图像都呈现上尾向下弯曲，下尾向下弯曲，下尾部偏离更显著，存在右偏，有显著的杠杆效应。正态分布 Q-Q 图几乎都与直线拟合效果较差，这说明两者都不能很好地拟合时间序列数据。同时，两个图均显示了显著的厚尾尖峰的右偏分布。

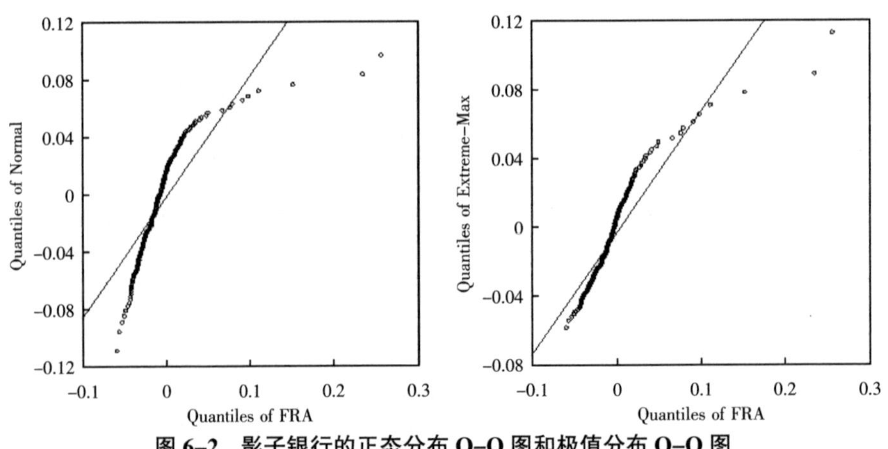

图 6-2　影子银行的正态分布 Q-Q 图和极值分布 Q-Q 图

从上证指数收益率的正态分布 Q-Q 图和极值分布 Q-Q 图（见图 6-3）可以看出：正态分布 Q-Q 图像和极值分布 Q-Q 图像都呈现上尾向上弯曲，且极值分布上尾弯曲度更大，正态分布图下尾向下弯曲，极值分布图下尾向上弯曲。正态分布 Q-Q 图和极值 Q-Q 图几乎都是散点曲线中部与直线拟合，两个图均显示了显著的厚尾尖峰的右偏分布。

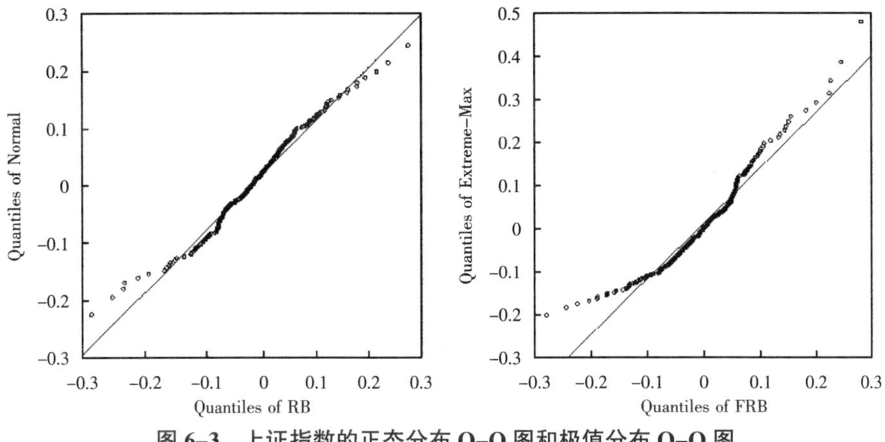

图 6-3 上证指数的正态分布 Q-Q 图和极值分布 Q-Q 图

从上证成交量的正态分布 Q-Q 图和极值分布 Q-Q 图可以看出（见图 6-4）：正态分布 Q-Q 图像拟合效果相对较好，极值分布 Q-Q 图像呈现略微下凸特征，上下尾部偏离更显著，向上弯曲，相对右偏，有显著的杠杆效应。正态分布很好地拟合时间序列数据，而极值分布显示了显著的厚尾尖峰的右偏分布。

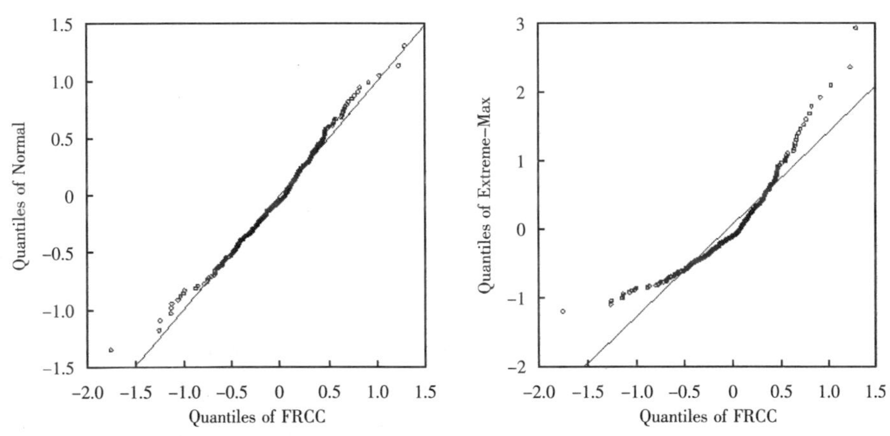

图 6-4 上证成交量的正态分布 Q-Q 图和极值分布 Q-Q 图

以上正态分布并不能有效地拟合时间序列数据，原因就是缺损数据的影响。同样，极值分布也不能有效地拟合时间序列，所以，根据极值理论的方法，继续利用 GPD 分布对极值数据进行拟合来通过图像观察安全阈值。从极值数据 Hill 图（见图 6-5）和平均超额函数图（见图 6-6）可以看出：阈值 u 选取 Hill 图中尾部指数的稳定区域的起始点，即散点图接近线性。Hill 图中上方横坐标 0.032400 至 0.000668 为阈值观测值，下方横坐标顺序统计 15 至 63 为超越阈值数。

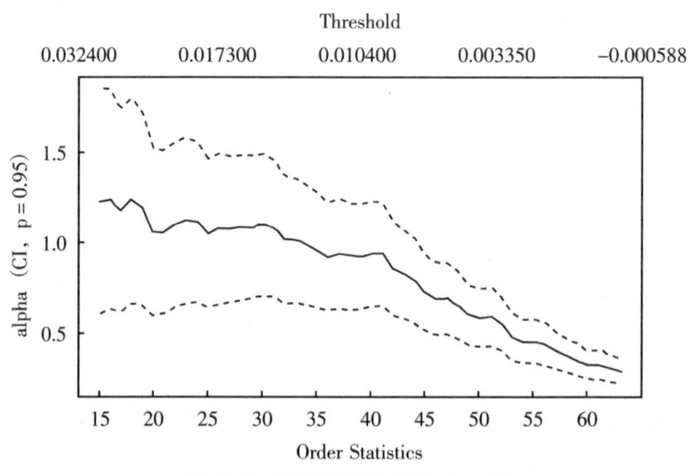

图 6-5　影子银行收益率 Hill 图

从以上影子银行收益率 Hill 图中可以看出，上方 Threshold 处在 0.010800 后开始处于向下的平稳趋势，下方对应观测值为 43，即超越阈值数为 43 个数。平均超额函数图也呈现了上升的趋势，说明观察的样本基本符合形状参数的 GPD 分布，大约在横坐标 0 后开始产生显著的拐点。所以，初步确定影子银行收益率超越安全阈值为 43 个数，观测阈值为 0.010134。这说明影子银行收益率 POT 在 0.010134 左右比较安全，即安全阈值的极值数以内的数为 197（240 个观察数据减去 43），而这 43 个数属于波动较大的低频高损数据。安全阈值的选取对模型十分重要，因为在检测极值情况时要求其具有确定的概率。找到合理的安全阈值才可以使极值数据服从 GPD 分布，安全阈值的确定才可以正确估计参数。所以，如果安全阈值取得过高，则导致估计参数的方差会很大；而如果安全阈值取得过低，会导致极值数据分布的收敛性，使估计参数产生较大偏差。

以上在确定影子银行收益率的安全阈值和极值后，通过 R 使用 GPD 分布对极值数据进行拟合，可以得到 GPD 分布参数的极大似然估计。具体方法为在加载的 evir 程序里设定安全阈值为 0.010134，超过安全阈值的

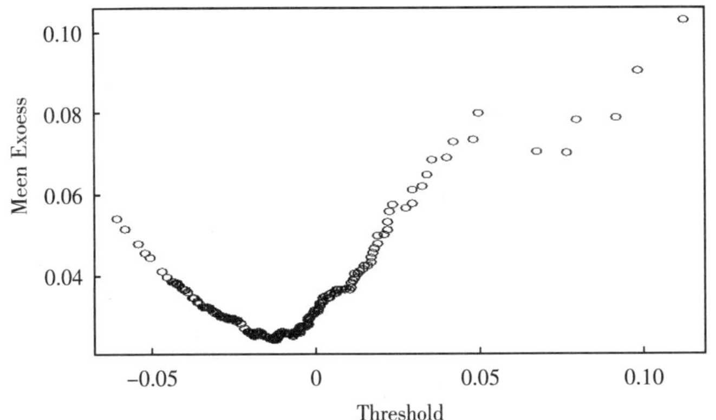

图 6-6 影子银行收益率平均超额函数（MEF）图

数有 43 个。然后，为了检验 GPD 分布的拟合效果，利用 R 做出 GPD 分布拟合图和残差的 Q-Q 图，如图 6-7 所示。

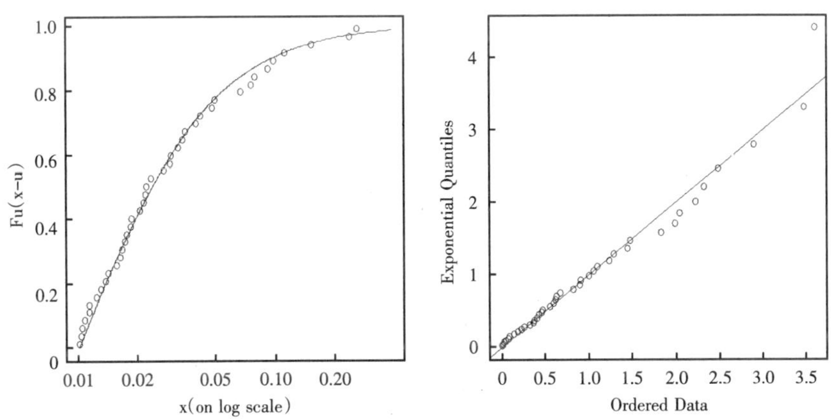

图 6-7 影子银行极值的 GPD 分布拟合图和残差 Q-Q 图

通过上面的影子银行极值的广义帕累托分布图和残差图可以看出，拟合效果较好，实际数据的超安全阈值分布与广义帕累托分布较为接近，所以，可以认为使用广义帕累托分布对超出安全阈值的极值数据的拟合效果是较为合适的，可以更好地调高拟合效果。然而，当样本数据够多时，以上所用的极大似然估计是非常有效的，但当样本数据较少时，即超过安全阈值的数据较少时，极大似然估计方法将不再可靠，其参数估计结果也变得不再稳定。因此，通过利用马尔科夫链蒙特卡洛模拟可以对广义帕累托分布的参数进行估计，用 Winbugs 进行 10000 次迭代，滤去前 5000 次迭代，将剩下的 5000 次作为目标后验分布的样本数据，得到参数 ξ 和 τ 的马尔科夫链蒙特卡洛模拟估计值。从表 6-2 中可以看出，MCMC 的估计值要显著大于极大似然估计值，具有更优的统计特性。

表 6-2 影子银行收益率的极大似然法与 MCMC 方法参数估计结果的比较

阈值 u	超越阈值个数 n	MLE 估计		MCMC 估计	
		ξ	τ	ξ	τ
0.010134	43	0.69111	0.01542	0.69780	0.01689

MC 误差用于描述模型的拟合效果，对样本的均值和后验分布的均值进行比较而得到。通常情况下，MC 误差小于方差的 5%，可以初步判断后验估计的精度良好。2.5%和 97.5%分别表示分布的 2.5%分位点和 97.5%分位点。

从表 6-3 和图 6-8 可以看出，影子银行极值 GPD 分布 MCMC 估计的参数中，其 MC 误差项 0.002437 远远小于标准差 0.3236，MCMC 模型参数的迭代轨迹基本处于平稳状态，这说明 MCMC 估计的参数效果是较好的。

表 6-3 影子银行极值 GPD 参数的 MCMC 分位数检验

	mean	sd	MC_error	val2.5pc	median	val97.5pc	start	sample
形状参数	0.6978	0.3236	0.002437	0.1658	0.6602	1.439	10001	50000
尺度参数	0.01689	0.005688	4.76E-05	0.008161	0.01608	0.03038	10001	50000

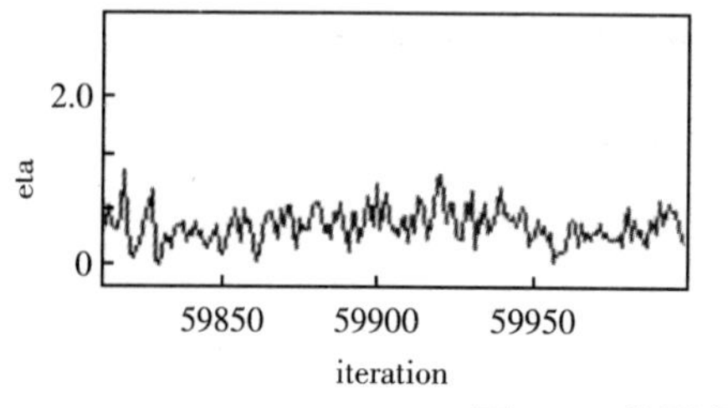

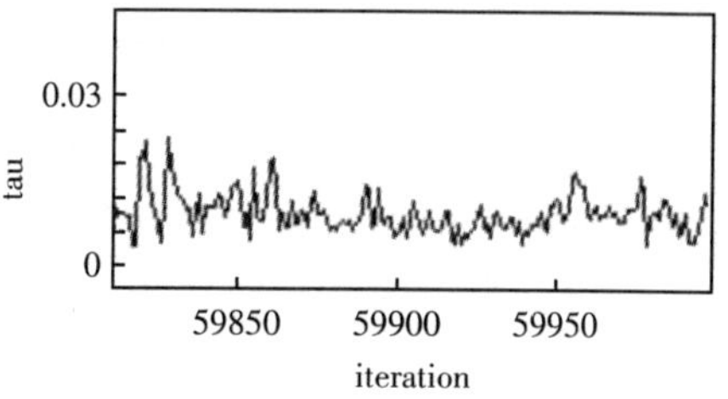

图 6-8 模型参数的迭代轨迹

二、上证指数的 MCMC-POT 模型估计

从上证指数收益率 Hill 图中（见图 6-9）可以看出，尾部指数在超过 90 个数据后变得比较平稳，而平均超额函数图（见图 6-10）也呈现了在 0 后上升的趋势，说明观察的样本基本符合形状参数 ξ 的 GPD 分布，所以，初步确定上证指数时间序列收益率安全阈值为 150 个数，观测值为 0.0101035。超出安全阈值的极值数为 90 个，而 150 个安全阈值内的数属于正常波动。

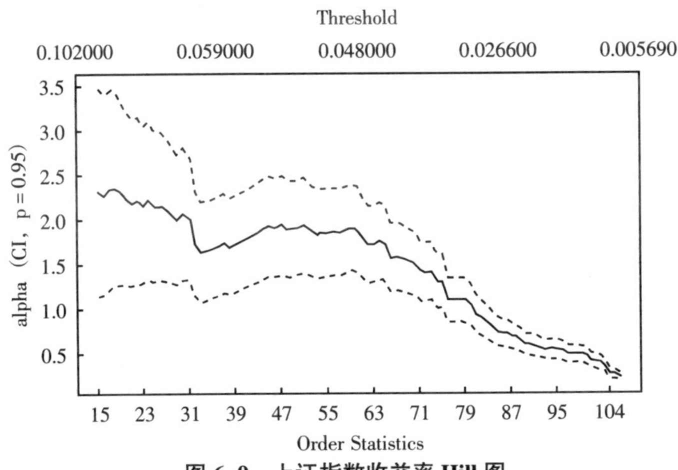

图 6-9 上证指数收益率 Hill 图

以上在确定上证指数收益率的安全阈值和极值后，通过 R 使用 GPD 分布对极值数据进行拟合，可以得到 GPD 分布参数的极大似然估计。具体方法为在加载的 evir 程序里设定安全阈值为 0.0101035，超过安全阈值的数有 90 个。然后，为了检验 GPD 分布的拟合效果，利用 R 做出 GPD 分布拟合图和残差 Q-Q 图，如图 6-11 所示。

通过上证指数极值的广义帕累托分布图和残差，可以看出拟合效果较好。之后，通过利用马尔科夫链蒙特卡洛模拟可以对广义帕累托分布的参数进行估计，用 Winbugs 进行 10000 次迭代，滤去前 5000 次迭代，将剩下的 5000 次作为目标后验分布的样本数据，得到参数 ξ 和 τ 的马尔科夫链蒙特卡洛模拟估计值。从表 6-4 中可以看出，MCMC 的估计值要显著大于

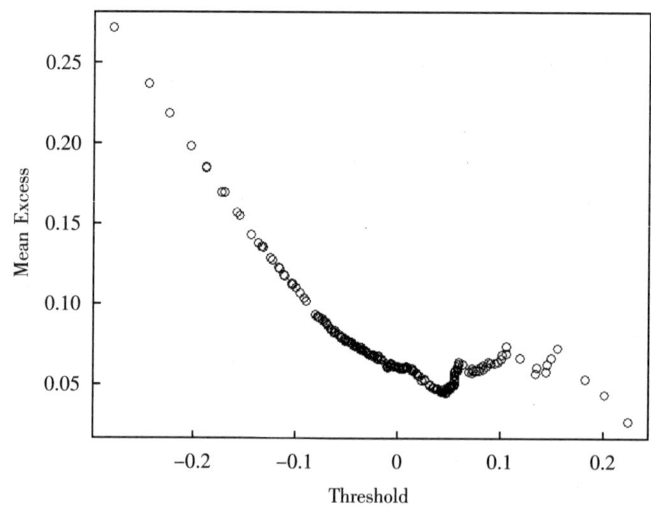

图 6-10 上证指数收益率平均超额函数（MEF）图

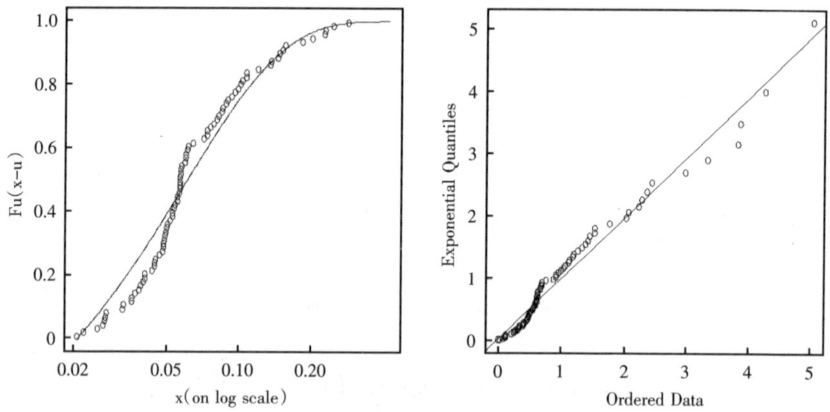

图 6-11 上证指数收益率的 GPD 分布拟合图和残差 Q-Q 图

极大似然估计值，具有更优的统计特性。

表 6-4 上证指数收益率的极大似然法与 MCMC 方法参数估计结果的比较

阈值 u	超越阈值个数 n	MLE 估计		MCMC 估计	
		ξ	τ	ξ	τ
0.0101035	90	-0.1039631	0.066303	0.02062	0.06983

MC 误差用于描述模型的拟合效果，对样本的均值和后验分布的均值进行比较而得到。通常情况下，MC 误差小于方差的 5%，可以初步判断后验估计的精度良好。2.5% 和 97.5% 分别表示分布的 2.5% 分位点和 97.5%分位点。

表 6-5 上证指数极值 GPD 参数的 MCMC 分位数检验表

	mean	sd	MC_error	val2.5pc	median	val97.5pc	start	sample
形状参数	0.02062	0.03265	3.48E-04	0.00111	0.007462	0.1185	10001	50000
尺度参数	0.05983	0.006502	3.42E-05	0.04833	0.05942	0.07369	10001	50000

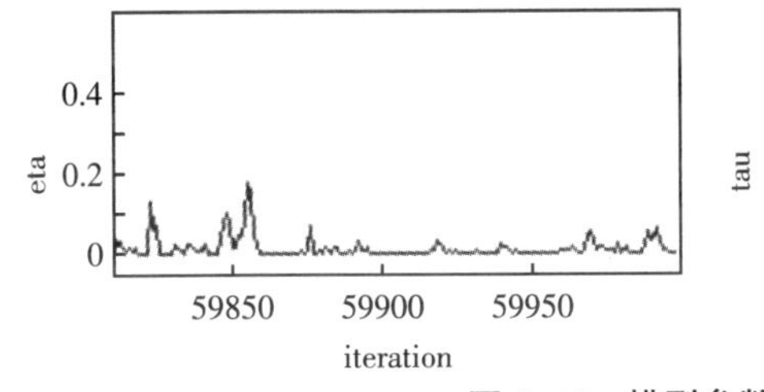

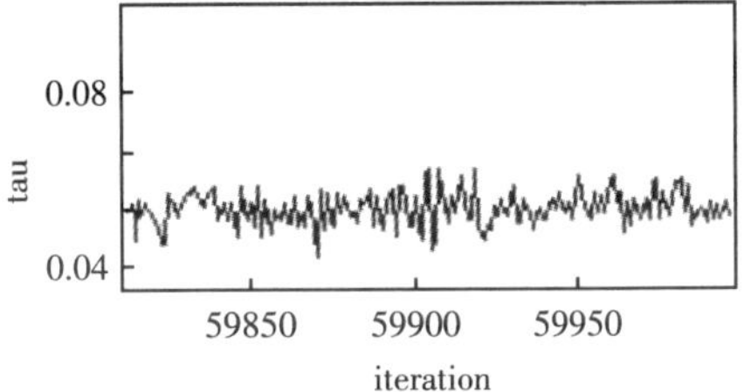

图 6-12 模型参数的迭代轨迹

从表 6-5 和图 6-12 可以看出，上证指数极值 GPD 分布 MCMC 估计的参数中，其 MC 误差项 3.48E-04 远远小于标准差 0.03265，MCMC 模型参数的迭代轨迹基本处于平稳状态，这说明 MCMC 估计的参数效果是较好的。

三、上证成交量的 MCMC-POT 模型估计

从上证成交量收益率 Hill 图中（见图 6-13）可以看出，尾部指数在超过 60 个数据后变得比较平稳，而平均超额函数图（见图 6-14）也呈现了在 0.3 后上升的趋势，说明观察的样本基本符合形状参数 ξ 的 GPD 分布，所以，初步确定上证成交量时间序列收益率的安全阈值为 180 个数，观测值为 0.30155。超出安全阈值的极值数为 60 个，而 180 个安全阈值内的数属于正常波动。

在确定上证成交量收益率的安全阈值和极值后，通过 R 使用 GPD 分布对极值数据进行拟合，可以得到 GPD 分布参数的极大似然估计。具体

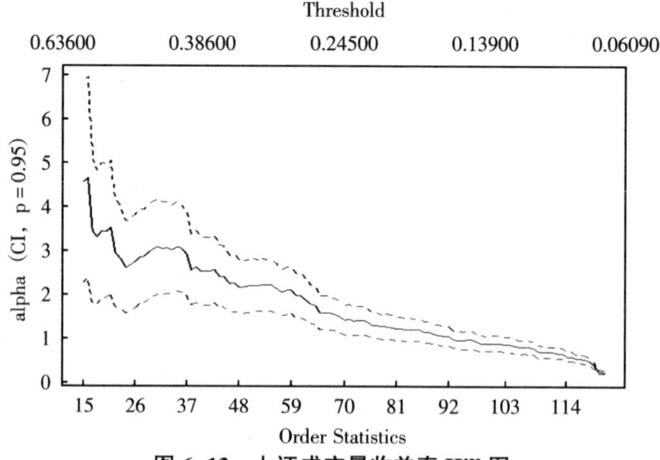

图 6-13　上证成交量收益率 Hill 图

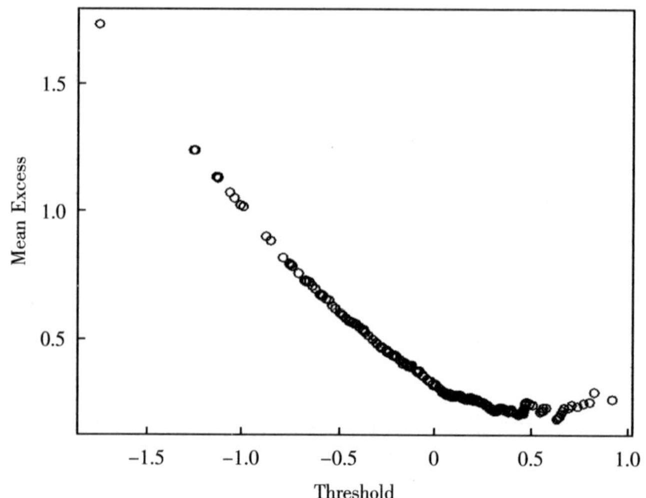

图 6-14　上证成交量收益率平均超额函数（MEF）图

方法为在加载的 evir 程序里设定安全阈值为 0.30155，超过安全阈值的数有 60 个。之后，为了检验 GPD 分布的拟合效果，利用 R 做出 GPD 分布拟合图和残差 Q-Q 图如图 6-15 所示。

通过上证成交量极值的广义帕累托分布图和残差图可以看出拟合效果较好。之后，通过利用马尔科夫链蒙特卡洛模拟，可以对广义帕累托分布的参数进行估计，用 Winbugs 进行 10000 次迭代，滤去前 5000 次迭代，将

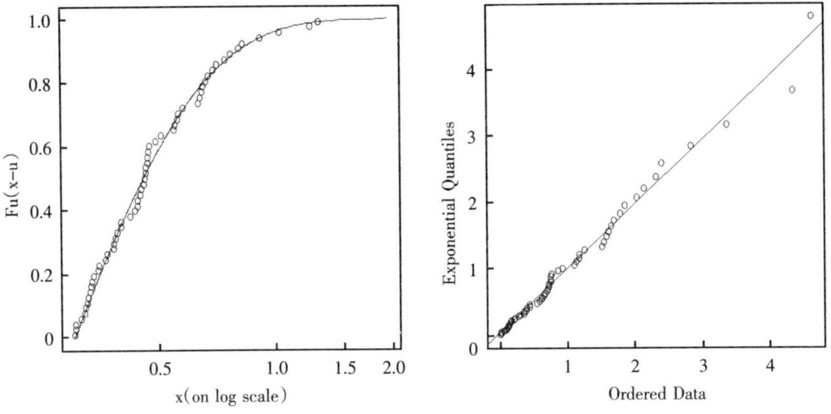

图 6-15 上证成交量收益率的 GPD 分布拟合图和残差 Q-Q 图

剩下的 5000 次作为目标后验分布的样本数据，得到参数 ξ 和 τ 的马尔科夫链蒙特卡洛模拟估计值。从表 6-6 中可以看出，MCMC 的估计值要显著大于极大似然估计值，具有更优的统计特性。

表 6-6 上证成交量收益率的极大似然法与 MCMC 方法参数估计结果的比较

阈值 u	超越阈值个数 n	MLE 估计		MCMC 估计	
		ξ	τ	ξ	τ
0.30155	60	−0.018749	0.22363	0.04406	0.2253

MC 误差用于描述模型的拟合效果，对样本的均值和后验分布的均值进行比较而得到。通常情况下，MC 误差小于方差的 5%，可以初步判断后验估计的精度良好。2.5%和 97.5%分别表示分布的 2.5%分位点和 97.5%分位点。

从表 6-7 和图 6-16 可以看出：上证成交量极值 GPD 分布 MCMC 估计的参数中，其 MC 误差项 7.37E-04 远远小于标准差 0.07091，MCMC 模型参数的迭代轨迹基本处于平稳状态，这说明 MCMC 估计的参数效果是较好的。

表 6-7 上证成交量极值 GPD 参数的 MCMC 分位数检验表

	mean	sd	MC_error	val2.5pc	median	val97.5pc	start	sample
形状参数	0.04406	0.07091	7.37E-04	0.001145	0.01385	0.2562	10001	50000
尺度参数	0.2153	0.03151	1.90E-04	0.1585	0.2134	0.2831	10001	50000

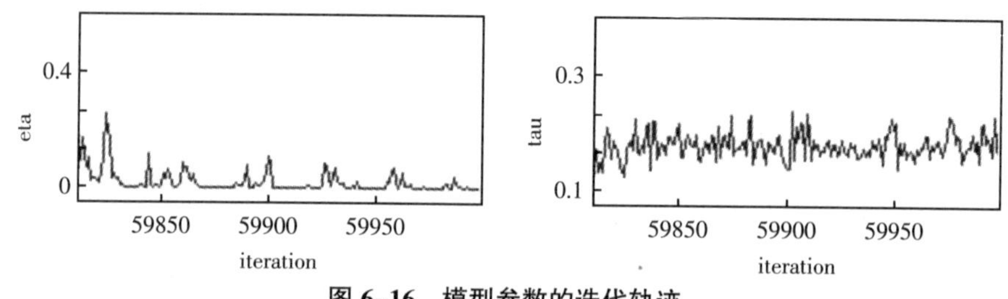

图 6-16 模型参数的迭代轨迹

四、影子银行与 A 股市场的 VaR-ES 估计

在研究了影子银行、上证指数和上证成交量的极值情况后，利用 VaR 和 ES 来衡量变量的极端损失风险。首先利用 VaR 估计在一定概率水平下，金融变量在未来特定时期内的最大可能损失。其次利用 ES 估计当金融变量的损失超过 VaR 阈值时所遭受的平均损失程度。所以，通过 VaR 公式进行计算，可以得出影子银行、上证指数和上证成交量高损数据在险价值在置信水平为 95%和 99%情况下的估计值（见表 6-8）。

表 6-8 各变量的 VaR 和 ES 估计结果

序列	阈值	95%置信度				99%置信度			
		MLE 估计		MCMC 估计		MLE 估计		MCMC 估计	
		VaR	ES	VaR	ES	VaR	ES	VaR	ES
影子银行	0.010134	0.04012	0.2469	0.04315	0.27489	0.14687	0.83133	0.16183	0.94164
上证指数	0.0101035	0.13145	0.18008	0.13414	0.19785	0.21102	0.25215	0.23624	0.30209
上证成交量	0.30155	0.57411	0.77804	0.57434	0.83861	0.92055	1.11173	0.95348	1.2527

从表 6-8 可以看出，有 95%的把握使三个变量在未来特定时期内的损失低于 VaR，即在 95%的概率水平下变量可能出现的最大损失为上证成交量损失，其次是上证指数损失，最低的是影子银行损失；极大似然估计的 VaR 和 MCMC 估计呈现相似的规律，即上证成交量损失数据风险最大，影子银行最小；99%的概率水平下同样呈现相似的规律，即上证成交量损失数据风险最大，影子银行最小。ES 估计风险的值要高于 VaR，同时，ES 估计中上证成交量损失数据风险最大，其次是影子银行，最低是上证指数；95%和 99%的概率水平下 ES 估计呈现相似的规律；极大似然估计和 MCMC 估计同样呈现相似规律；由于 ES 在 VaR 的基础上进一步考虑了出现极端情况时的平均损失程度，因此可以更为完整地衡量一个金融变量的极端损失风险。

第三节 小结

金融时间序列通常存在极值情况，即低频率、高损失的数据一旦发生对金融时间序列的波动性，会产生较大影响。用常规的方法很难精准地拟合金融时间序列极值的分布，而利用极值理论 POT 模型中的 Hill 图和平均超额函数图观测了影子银行、上证指数、上证成交量的安全阈值，再使用广义帕累托分布对低频高损数据进行了拟合，拟合效果就显著增强。GPD 分布通常对金融时间序列尖峰厚尾右偏的特征具有很好的刻画，其拟合的效果更接近数据实际分布，能最大限度地提高拟合效果。通过利用极大似然法估计了 GPD 分布的参数，然后再用 Gibbs 抽样的马尔科夫链蒙特卡洛模拟再次估计了 GPD 分布的参数，这解决了当样本数据不足时极大似然估计中误差增大的问题，提高数据的拟合效果。接着对 GPD 分布参数进行 MCMC 分位数检验，结果 MC 误差项通过了理论上小于标准差 5%的检验，可以认定 MCMC 估计方法效果更佳。三个变量的模型参数的迭代轨迹基本处于平稳状态，这进一步证明了 MCMC 估计的有效性。最后，通过估计在 95%和 99%概率水平下极大似然估计和 MCMC 估计的 POT 模型最大损失 VaR 和 ES，结果显示 VaR 估计中上证成交量极值风险最高，影子银行极值风险最小；ES 估计中上证成交量极值风险最高，上证指数极值风险最小。这说明：相对 A 股市场，影子银行的极值风险更小；上证成交量相对上证指数极值风险较大说明了 A 股市场流动性的重要性，成交量作为最重要的流动性指标从极值角度看敏感度更大；影子银行的极值风险相对较小，这也说明影子银行基本呈现常年持续走高的过程，而不是类似 A 股市场一样大起大落的发展状态。在下一章中，本书将通过利用非对称 Copula 函数对影子银行与 A 股市场序列进行建模来检验两者间极值的相关性。

第七章　基于非对称 Copula 函数度量影子银行对 A 股市场的尾部影响性

通过测算中国影子银行的月度时间序列，可以轻易地利用影子银行与上证指数进行最小二乘的回归来看两变量之间的线性相关性。在之前几章里，本书也检验了影子银行序列与 A 股市场两个序列的相关性，从而得出了影子银行对 A 股市场的影响性。但是，线性相关性无法有效对变量非正态分布图中上下尾相关结构进行有效检验，即当影子银行作为一个变量取较大值或者较小值时，对上证指数作为一个变量的取值是否有影响。Copula 函数可以有效刻画各种变量间的尾部相关性，对于各种非线性相关性有很好的度量。金融时间序列通常呈现尖峰厚尾的形态，本章将利用尾部不对称 Copula 函数来测算影子银行尾部特征对影子银行的影响性，即检验影子银行与 A 股市场的尾部相关性，对二元数据联合分布和边缘分布的关系，采用 Gumbel-copula 和 Clayton-copula 函数进行验证，从而检验中国影子银行对 A 股市场的尾部影响性。

第一节　理论基础

刘晓星和王金定（2010）指出许多金融资产的收益具有明显的尖峰厚尾性，与正态分布假设相差较大。市场波动较大时，线性相关系数无法反映出资产收益曲线的尾部相关特征，Copula 函数可以克服上述不足，提高模型预测的准确性。谢中华（2010）指出二元正态 Copula 函数、t-copula 函数和 Frank-copula 函数具有对称的尾部，无法捕捉到随机变量之间的非对称的尾部相关关系，而二元 Gumbel-copula 函数和二元 Clayton 函数具有不对称的尾部，能有效捕捉随机变量之间的非对称尾部相关关系。本章利用这种方法，结合影子银行、上证指数和成交量月度对数收益率来检验影子银行对A股市场的影响性。

一、确定边缘分布

首先，需要通过参数法或者非参数法来确定随机变量的边缘分布情况，参数法通过J-B检测函数、K-S检测函数和Lillie检测函数的参数h值和p值来看序列是否符合正态分布形态，如果h值在显著性水平0.05下拒绝原假设，则认为序列不服从正态分布。同时，要求p值在［0.001，0.50］区间范围内。分别表达为：

$$JB = \frac{n}{6}\left[s^2 + \frac{(k-3)^2}{4}\right] \tag{7-1}$$

其中，n为样本容量，s为偏度，k为峰度。

$$KS = \max(|F_n(x) - G(x)|) \tag{7-2}$$

其中，$F_n(x)$为经验分布函数，G(x)为指定的分布函数。

$$KS = \max|SCDF(x) - CDF(x)| \tag{7-3}$$

其中，SCDF(x)为经验分布函数，CDF(x)为指定分布的分布函数。

由于参数法通常是假设随机变量服从某种已知的分布，而这种方法过度依赖于对序列事先假设的总体分布。所以，接着利用非参数法来继续检验变量的正态性，即经验密度函数和核密度函数估计法。设X_1，X_2，…，X_n为总体X的样本，x_1，x_2，…，x_n表示样本观测值，$\hat{f}_n(x)$为经验密度函数，其表达式为：

$$\hat{f}_n(x) = \begin{cases} \dfrac{f_i}{h_i} = \dfrac{n_i}{nh_i} & x \in I_i,\ i = 1,\ 2,\ \cdots,\ k \\ 0 & \end{cases} \tag{7-4}$$

在任意点x处的总体密度函数f(x)的核密度估计表达式为：

$$\hat{f}_h(x) = \frac{1}{nh}\sum_{i=1}^{n} K\left(\frac{x - X_i}{h}\right) \tag{7-5}$$

要求核函数$K(x) \geq 0$，$\int_{-\infty}^{+\infty} K(x)dx = 1$。

二、确定联合分布 Copula 函数类型

在确定了随机变量的边缘分布以后，需要进一步通过 Copula 函数确定联合分布。Copula 函数分为正态分布的函数类型和非对称的函数类型。金融时间序列的条件分布多呈现时变、偏斜、尖峰拖尾的特性，所以排除了正态 Copula 函数，利用阿基米德 Copula 函数中的非对称 Gumbel 和 Clayton 函数来进行拟合相关性参数。阿基米德分布函数表达式为：

$$C(u_1,\ u_2,\ \cdots,\ u_n)=\begin{cases}\varphi^{-1}[\varphi(u_1),\ \varphi(u_2),\ \cdots,\ \varphi(u_n)],\ \sum\limits_{i=1}^{n}\varphi(u_i)\leqslant\varphi(0)\\0\end{cases}\tag{7-6}$$

其中，$\varphi(u)$ 是 $C(u_1,\ u_2,\ \cdots,\ u_n)$ 的生成元，满足：$\varphi(1)=0$，对 $u\in[0,\ 1]$，有 $\varphi'(u)<0$，$\varphi''(u)>0$。

Copula 函数是把随机向量 X_1，X_2，…，X_n 的联合分布函数 $F(x_1,\ x_2,\ \cdots,\ x_n)$ 与其单独的边缘分布函数 $Fx_1(x_1)$，…，$Fx_n(x_n)$ 连接后的连接函数，即函数 $C(\mu_1,\ \mu_2,\ \cdots,\ \mu_n)$，使

$$F(x_1,\ x_2,\ \cdots,\ x_n)=C[Fx_1(x_1),\ Fx_2(x_2),\ \cdots,\ Fx_n(x_n)]\tag{7-7}$$

Gumbel-copula 函数表达式为：

假设 ϕ 为连续递减的凸函数 $\phi:[0,\ 1]\rightarrow[0,\ +\infty]$，其中 $\phi(1)=0$，$\phi(u)+\phi(v)\leqslant\phi(0)$。定义一个 Copula 函数，函数 ϕ 有：

$$C(u,\ v)=\phi^{-1}[\phi(u)+\phi(v)]\quad u,\ v\in[0,\ 1]\tag{7-8}$$

如果 $\phi(t)=(-\log t)^{\vartheta}$，$\vartheta\in[1,\ +\infty]$，则：

$$\text{Gumbel}-\text{copula}=C_{\vartheta}(u,\ v)=\text{Exp}[-((-\log u)^{\vartheta}+(-\log v)^{\frac{1}{\vartheta}})]\tag{7-9}$$

其密度函数为：

$$c(u,\ v)=\frac{\phi''(C(u,\ v))\times\phi'(u)\times\phi'(u)}{[\phi'(C(u,\ v))]^3}\tag{7-10}$$

则经过推算：

$$\text{Gumbel-copula}=C''_{\vartheta}(u_1,\ \cdots,\ u_n)=\text{Exp}[-((-\log u_1)^{\vartheta}+(-\log u_2)^{\vartheta}+\cdots+(-\log u_n)^{\vartheta})^{\frac{1}{\vartheta}}]$$

$$=C(u_1, u_2, \cdots, u_n)=\exp[-((\ln u)^{\alpha}+(-\ln v)^{\alpha})^{\frac{1}{\alpha}}] \quad (7-11)$$

$$\text{Clayton}-\text{copula}=C(u_1, u_2, \cdots, u_n)=\max[(u^{\alpha}+v^{\alpha}-1)^{\frac{1}{\alpha}}, 0] \quad (7-12)$$

三、尾部相关分析与 Copula 函数的相关性分析

谢中华（2010）指出通过二元 Copula 函数检验尾部相关性，即满足定义域为 $[0, 1]\times[0, 1]$，零基面且二维递增，对于任何 $u, v\in[0, 1]$ 满足 $C(u, 1)=u$，$C(1, v)=v$ 的函数 $C(u, v)$，假设 $F(x)$ 与 $G(y)$ 为连续一元函数，令 $U=F(x)$，$V=G(y)$，即 U，V 均服从 $[0, 1]$ 上的均匀分布，则 $C(u, v)$ 为边缘分布均为 $[0, 1]$ 上均匀分布的二元联合分布函数，即定义域上的任何一个点 (u, v)，有 $0\leqslant C(u, v)\leqslant 1$。

通常在研究随机变量相关性分析时，多使用 Kendall 秩相关系数、Spearman 秩相关系数和 Pearson 线性相关系数。公式定义为：

设定 $F(x)$，$F(y)$ 分别为随机变量 X，Y 的边缘分布，则 X 和 Y 的上尾、下尾的相关系数分别为：

$$\lambda^{up}=\lim_{\mu\to 1}P[Y>G^{-1}(u)\mid X>F^{-1}(u)] \quad (7-13)$$

$$\lambda^{lo}=\lim_{\mu\to 0}P[Y>G^{-1}(u)\mid X>F^{-1}(u)] \quad (7-14)$$

其中：

$$F^{-1}(s)=\inf\{x\mid X>s\}, \ G^{-1}(s)=\inf\{Y\mid Y>s\} \quad (7-15)$$

如果，$\lambda^{up}/\lambda^{lo}$ 存在 $\lambda^{up}\in(0, 1]$，或 $\lambda^{lo}\in(0, 1]$，则随机变量 X 和 Y 存在渐进上尾/下尾相关性。如果：$\lambda^{up}\equiv 0/\lambda^{lo}\equiv 0$，则两者间相互独立。设随机向量（X，Y）的边缘分布分别为 $F(X)$ 与 $G(Y)$，则 Copula 函数为 $C(u,v)$，则其与 Kendall 秩相关系数 τ、Speraman 秩相关系数 ρ、尾部相关系数 λ 的关系表达式为：

$$\tau=4\int_0^1\int_0^1 C(u, v)dC(u, v)-1 \quad (7-16)$$

$$\rho_s=12\int_0^1\int_0^1 uvdC(u, v)-3=12\int_0^1\int_0^1 C(u, v)dudv-3 \quad (7-17)$$

$$\lambda^{up} = \lim_{\mu \to 1^-} \frac{1 - 2u + C(u, u)}{1 - u} = \lim_{\mu \to 1^-} \frac{\hat{C}(1 - u, 1 - u)}{1 - u} \tag{7-18}$$

$$\lambda^{lo} = \lim_{\mu \to 0^+} \frac{C(u, u)}{u} \tag{7-19}$$

其中：

$$U = F(x) \sim U(0, 1), \ V = G(y) \sim U(0, 1) \tag{7-20}$$

$$\hat{C}(1 - u, 1 - v) = P(U > u, V > v) = 1 - u - v + C(u, v) \tag{7-21}$$

则对于二元非正态 Copula 函数有：

$$\lambda^{lo}(Gumbel - copula) = 0, \ \lambda^{up}(Gumbel - copula) = 2 - 2^{1/\alpha} \tag{7-22}$$

$$\lambda^{lo}(Glayton - copula) = 2^{-1/\alpha}, \ \lambda^{up}(Glayton - copula) = 0 \tag{7-23}$$

四、模型检验与评价

利用平方欧式距离检验 Copula 函数的拟合优度，值越小拟合程度越好，平方欧式距离表达式为：

$$d^2 = \sum_{i=1}^{n} |f(u_i, v_i) - f(\hat{u}_i, v_i)|^2 \tag{7-24}$$

第二节 实证研究

一、影子银行与 A 股市场的边缘分布

对三个变量的时间序列进行对数收益率处理后确定边缘分布，使用参数法，为了确定变量的分布类型，将中国影子银行规模、上证指数、成交量月收益率分别设定为 X、Y、Z，并做出频率直方图，如图 7-1 所示。

可以显著看出，三个变量的分布均不对称。然后，对变量进行正态性检验，如表 7-1 所示，三个变量的偏度均不为 0，峰度均大于 3，影子银行和上证指数呈左偏拖尾现象，成交量呈右偏拖尾现象，即三者都为尖峰

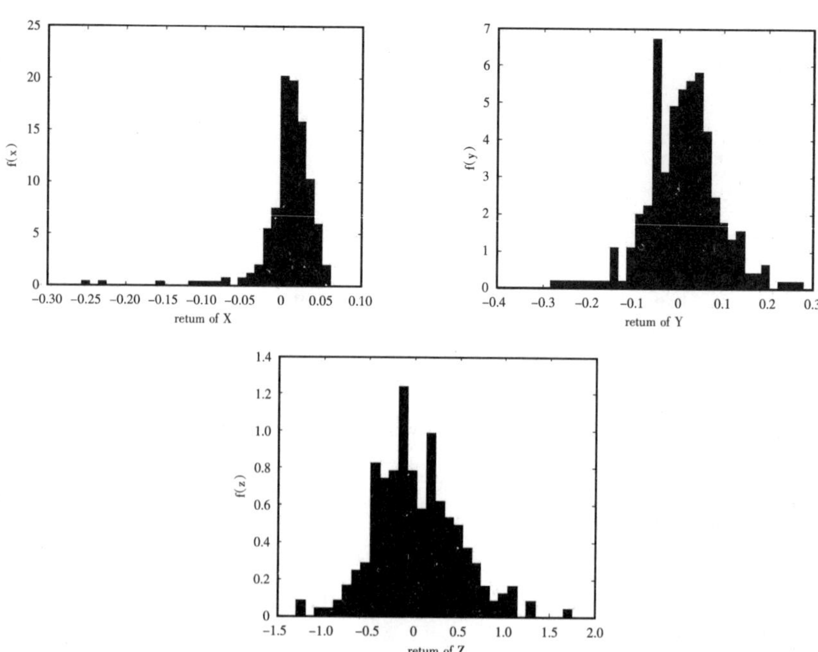

图 7-1　中国影子银行、上证指数、成交量月收益率频率直方图

厚尾的特点。正态分布是薄尾分布，初步断定 X、Y 和 Z 不服从正态分布。之后，利用 J-B、K-S 和 Lillie 函数对 X、Y 和 Z 进行正态性检验发现：三种检验 H 值均为 1，p 值除 K-S 外，多数小于 0.01，而上证指数和成交量 K-S 的 p 值和 Lillie 的 p 值又大于 0.01，但极小，说明三者基本不服从正态分布。

表 7-1　统计值检验

		影子银行	上证指数	成交量
	偏度	-3.73204	-0.136732	0.38989
	峰度	24.22775	4.328178	3.65907
J-B 值	H 值	1	1	1
	p 值	1.00E-03	0.003	0.003
K-S 值	H 值	1	1	1
	p 值	2.27E-07	2.21E-01	0.0109
Lillie 值	H 值	1	1	1
	p 值	1.00E-03	0.0109	0.0109

继续利用非参数法确定 X、Y 和 Z 的分布。通过经验累积分布（ECDF）函数求样本的经验分布函数，作为总体分布函数的近似，并利用核光滑密度函数估计总体的分布。如图 7-2 所示，经验分布函数图和核分布估计图几乎重合。

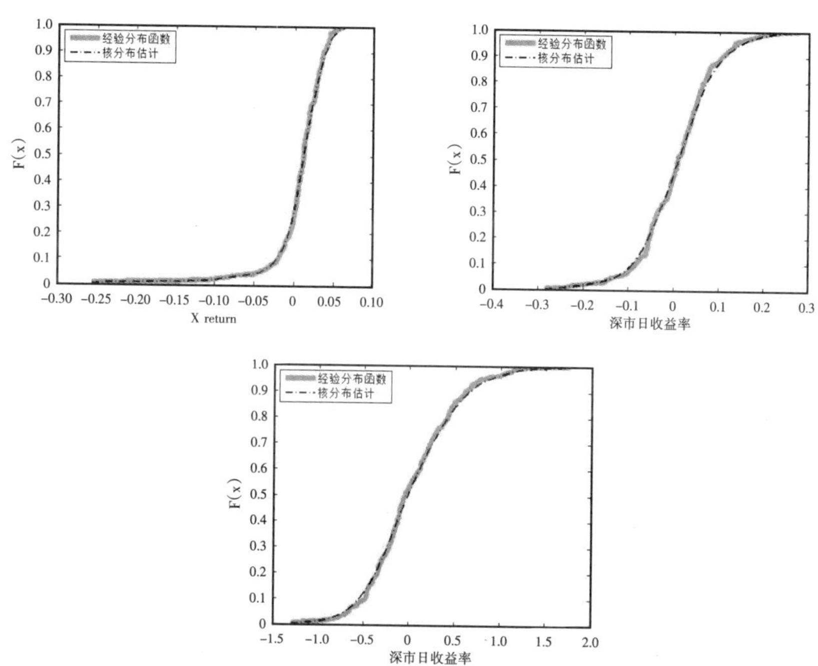

图 7-2　中国影子银行、上证指数、成交量月收益率的经验分布函数图和核分布估计图

通过确定影子银行与上证指数的边缘分布 U = F(x)、V = G(x)，可以利用（U_i，V_i）(i = 1，2，…，n）二元直方图的形状确定 Copula 函数。频率直方图可以作为（U，V）的联合密度函数的估计。如图 7-3 和图 7-4 所示，频率直方图的尾部并不对称，即（U，V）的 Copula 密度函数不具有对称的尾部。所以用非对称函数 Gumbel-copula 或者 Clayton-copula 函数将更符合分布要求。

由于随机变量边缘分布中通常会存在未知参数，即 Copula 函数中也存在未知参数，所以，通过最大似然估计来进行参数估计。利用 Copulafit 函数估计 Gumbel-copula 函数中的影子银行与上证指数线性相关参数为 α = 1.0028。

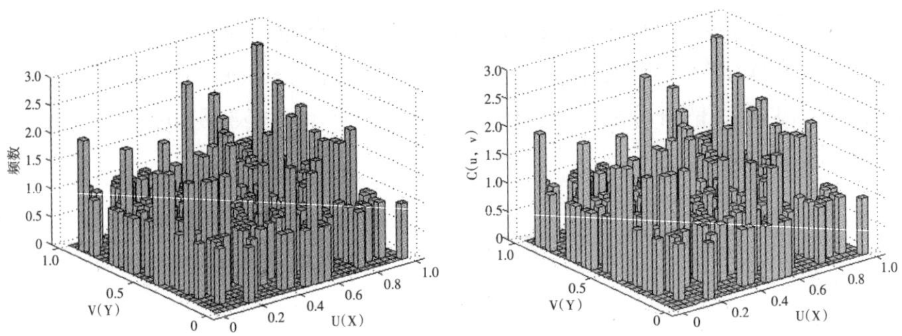

图 7-3　影子银行与上证指数边缘分布的二元频率直方图

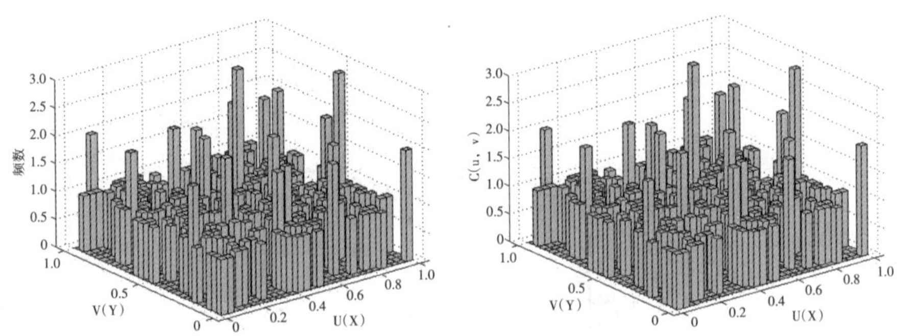

图 7-4　影子银行与成交量边缘分布的二元频率直方图

将 α 代入二元 Gumbel-copula 函数：

$$C(u_1,\ u_2,\ \cdots,\ u_n) = \exp\left[-\left((-\ln u)(1.0028) + (-\ln v)^{(1.0028)}\right)^{\frac{1}{(1.0028)}}\right] \tag{7-25}$$

二元 Clayton 中的线性相关参数 α 和自由度 k 的估计值为：α = -0.0241

$$C(u_1,\ u_2,\ \cdots,\ u_n) = \max\left[\left(u^{-0.0241} + v^{-0.0241} - 1\right)^{\frac{1}{(-0.0241)}},\ 0\right],\ \hat{k} = 0.0677 \tag{7-26}$$

利用 Copulafit 函数估计 Gumbel-copula 函数中的影子银行与月度成交量线性相关参数为：α = 1.0021。

将 α 代入二元 Gumbel-copula 函数：

$$C(u_1,\ u_2,\ \cdots,\ u_n) = \exp\left[-\left((-\ln u)(1.0021) + (-\ln v)^{(1.0021)}\right)^{\frac{1}{(1.0021)}}\right] \tag{7-27}$$

二元 Clayton 中的线性相关参数 α 和自由度 k 的估计值为：

$$\alpha = 1.0011 \quad C(u_1,\ u_2,\ \cdots,\ u_n) = \max[(u^{1.0011} + v^{1.0011} - 1)^{\frac{1}{1.0011}},\ 0],$$

$$\hat{k} = 0.0677 \tag{7-28}$$

二、影子银行与 A 股市场的尾部相关性

以上估计了 Gumbel-copula 和 Clayton-copula 函数的参数，然后利用 Copulapdf 函数和 Copulacdf 函数分别制作 Copula 密度函数和分布函数图（见图 7-5 和图 7-6）。

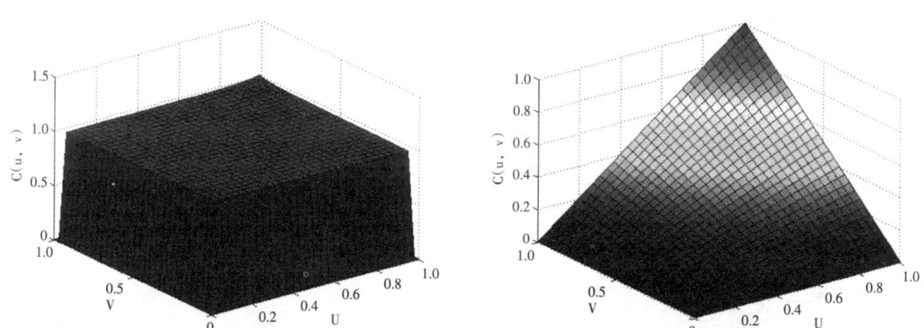

图 7-5　影子银行与上证指数二元 Gumbel-copula 密度函数和分布函数图

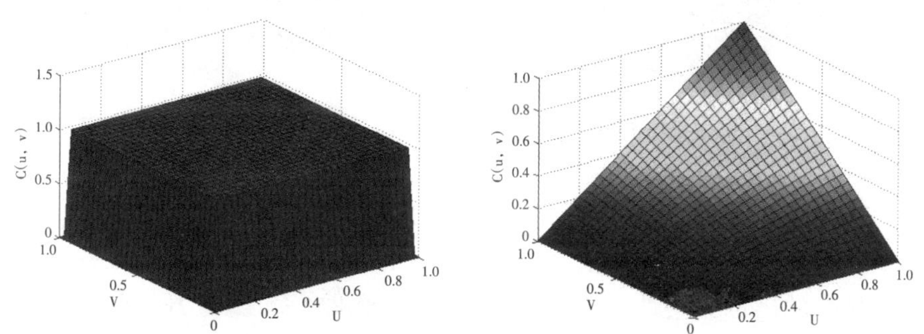

图 7-6　影子银行与上证指数二元 Clayton-copula 密度函数和分布函数图

通过影子银行与上证指数的密度函数图可以看出，基于 Gumbel 的 Copula 函数的下尾有显著性，而 Clayton 的 Copula 函数并没有显示出显著的尾部相关性。正如谢中华（2010）指出的，二元 Gumbel-Copula 函数与

二元 Clayton-Copula 函数都可以描述随机变量之间的非对称的尾部相关性。Gumbel-Copula 函数的密度函数呈现“J”形，但本案例中“J”形并不十分显著，这也说明影子银行对上证指数的尾部相关性并不是很强，但仍然捕捉到了两者间上尾高和下尾低的敏感性变化，即上尾部具有相对下尾较强的相关性，而分布的下尾部变量间逐渐独立。

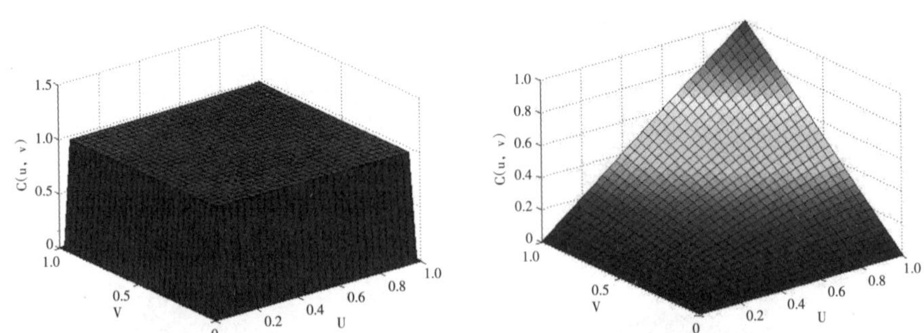

图 7-7　影子银行与成交量二元 Gumbel-copula 密度函数和分布函数图

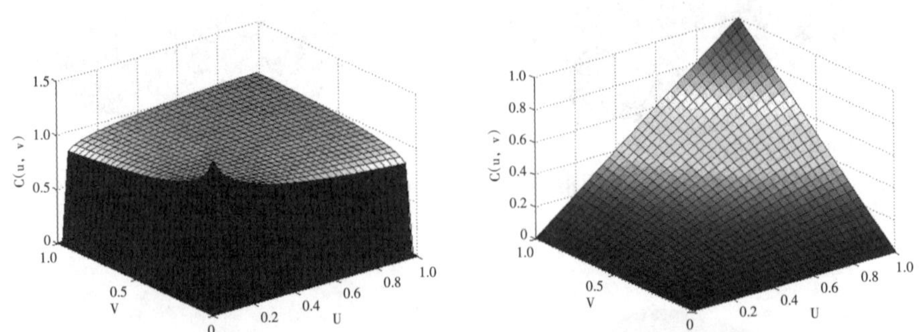

图 7-8　影子银行与成交量二元 Clayton-copula 密度函数和分布函数图

通过图 7-7 和图 7-8 影子银行与成交量的密度函数图可以看出，基于 Clayton 的 Copula 函数的下尾有显著性，而 Gumbel 的 Copula 函数并没有显示出显著的尾部相关性。Clayton-Copula 的密度函数呈现“L”形，即下尾高和上尾低的形态，这说明了影子银行与成交量的变化由 Clayton-Copula 函数描述和捕捉到的下尾关系更好。同样，Clayton-Copula 中下尾部有较强的相关性，而上尾部变量间是逐渐独立的。这说明产生正向收益率的情况下，影子银行与 A 股市场具有更高的相关性，也凸显了影子银行作为宏观经济流动性渠道会分流证券市场的流动性。影子银行对上证指数尾部相关性和对成交量尾部相关性分别为：

$$\lambda^{up}(\text{Gumbel} - \text{copula}) = 2 - 2^{1/\alpha} = 2 - 2^{1/1.0028} \approx 0.0039 \tag{7-29}$$

$$\lambda^{lo}(\text{Glayton} - \text{copula}) = 2^{-1/\alpha} = 2^{-1/1.0011} \approx 0.5004 \tag{7-30}$$

由此参数可知，影子银行对上证指数更适用于 Gumbel-copula 函数，即上尾部的影响性。参数值说明当影子银行快速上升时，上证指数发生相应反馈的概率为 0.4%，影响性较小。如央行突然收紧商业银行信贷，导致影子银行信贷规模短期快速增长，这种影子银行快速增长的情况导致上证指数快速下跌的概率为 0.4%，不是很显著。同样，影子银行对成交量更适用于 Clayton-copula 函数，即下尾部的影响性。当影子银行快速下降，A 股市场上海交易所成交量产生相应反馈的概率为 50%，较为显著。这也说明了影子银行是金融市场流动性的一个重要组成部分，对证券市场尤其是股市的存量资金或增量交易资金有显著的影响。

通过估计了 Copula 中的参数之后，继续利用 Copulastat 函数估计 Kendall 秩相关系数和 Spearson 秩相关系数（见表 7-2）。

表 7-2 各项相关系数值

		Kendall 秩相关系数	Spearson 秩相关系数
影子银行与上证指数	Gumbel - copula	-0.0137	-0.0206
	Clayton - copula	-0.0154	-0.023
	Corr 函数原始数据	$\begin{pmatrix} 1.0000 & -0.0159 \\ -0.0159 & 1.0000 \end{pmatrix}$	$\begin{pmatrix} 1.0000 & -0.0253 \\ -0.0253 & 1.0000 \end{pmatrix}$
影子银行与成交量	Gumbel - copula	0.0011	0.0017
	Clayton - copula	0.0328	0.0492
	Corr 函数原始数据	$\begin{pmatrix} 1.0000 & -0.0275 \\ -0.0275 & 1.0000 \end{pmatrix}$	$\begin{pmatrix} 1.0000 & -0.0385 \\ -0.0385 & 1.0000 \end{pmatrix}$

将以上求出的 Kendall-Gumbel 秩相关系数和 Spearson-Gumbel 秩相关系数与 Corr-Kendall 和 Corr-Spearson 对比发现，线性相关参数为 $\alpha = -0.0241$ 和 $\alpha = -0.0332$ 的 Clayton-copula 函数较好地反映了影子银行与上证指数、成交量月度收益率的秩相关关系。

三、尾部相关性参数估计与评价

利用经验 Copula 函数考量二元非对称 Gumbel-copula 和 Clayton-copula 函数与经验 Copula 的平方欧式距离分别为 $d_G^2 = 0.0147$、$d_c^2 = 0.0145$（见表 7-3），可以认为在检测影子银行与上证指数尾部相关性中 Gumbel-copula 基本有效拟合了链接模型。检验影子银行与成交量尾部相关性中，Clayton-copula 有效拟合了模型。

表 7-3 平方欧式距离检测表

	d_G^2	d_C^2	$\hat{k}$
影子银行与上证指数	0.0147	0.0145	0.0677
影子银行与成交量	0.0322	0.048	0.4633

第三节 小结

通过利用非对称 Copula 函数实证检验中国影子银行对 A 股市场的尾部相关性，可以看出，Copula 函数可以有效检验单个金融资产经常出现的厚尾情况下的结构性相关性，而这种尾部风险有必要被长期跟踪，原因是中国的股票市场波动性较大，而货币超发情况也极为显著。金融资产间存在的非线性关系，Copula 函数有效检验可以使我们有效地观察特殊情况下影子银行与 A 股市场的尾部结构相关关系。尾部风险是不可能独立存在的，其互相影响程度是可以被捕捉到的，非对称的 Gumbel-copula 和 Clayton-copula 显然提高了尾部风险影响性的精度，两者在密度函数图中各呈现“L”形和“J”形形态分布。影子银行对上证指数的尾部相关性在利用 Gumbel-copula 函数时更有意义，但尾部相关性只有 0.4%，说明影子银行短期快速增长时，对上证指数的影响性较小。影子银行对成交量的尾部相关性在利用 Clayton-copula 函数时更有意义，且尾部相关性高达 50%，说明影子银行短期快速下跌时，对 A 股市场成交量的影响性较大。

同时，从经过 Matlab 制作的资产边缘分布的概率二元直方图和概率密度图中可以看出：二元 Copula 函数中基于正态分布条件的椭圆 Copula 函数（包括 Guassian-copula 和 t-copula）显然不适于本章的度量方法，而基于非正态性阿基米德 Copula 中的 Gumbel-copula 函数较适合描述本书研究的影子银行和股市。通过以上一元化的模型检验并不能绝对化地说明影子银行与 A 股市场之间的尾部相关性，实证研究是基于多元化的模型检测数据的拟合效果与回归效果。

基于 Copula 函数的极值理论可以检验金融资产间的特殊情况影响性，通过这种方法可以有效观察影子银行局部风险的情况。2016 年中共中央提出了“五大攻坚任务”，从以上的研究与图示中也可以看出从 2015 年 10 月供给侧改革成为中国社会高频词汇以后，影子银行规模有显著下降，影子银行信贷规模也有显著下降。研究影子银行极值情况，可以加强对影子银行局部风险的认识，供给侧改革的前提就是要对“五大攻坚任务”保驾护航，那么稳定经济增长、防范局部风险转化为系统性风险、研究金融资产的极值和局部溢出效应就显得十分重要。所以，影子银行作为金融市场的一个重要组成部分，其对股票市场的极值影响性可以使我们更直观地分析局部风险影响性。

第八章　有效监管和发展影子银行的建议

近年来，影子银行系统发展迅猛，从本书研究测算的和学术界其他结果看，其规模都不容小觑。影子银行发展超过了其安全阈值后，实际上对整个金融市场都会有一定的影响性。首先，流动性的影响是最大的，大量的影子银行会分流金融市场其他子市场的资金，直接的后果就是：货币宽松背景下，产生资产荒，即资金流向影子银行寻求浮动性高回报。很多金融子市场，如货币市场、现金管理市场、债券市场、股票市场、信用市场等却出现紧张怪象。其次，影子银行的泛滥会导致资产错配，一方面资金会继续炒作泡沫化的大类资产，如股市和房市方面需要资金进行生产的企业得不到合理价格的资金，而国有僵尸企业却有着源源不断的国家“有形的手”的资金配置。最后，影子银行的超额错配又会导致对金融市场的冲击，尤其是当流动性一旦掉入陷阱后，金融市场信心的崩溃和对经济的悲观会对股市和债券市场产生巨大冲击。当然，影子银行在一个合理的安全阈值内发展实际上对经济和金融是有补充作用的，在合理的安全阈值内往往资金的价格也是相对合理的，即便高于同期商业银行利率，但不会高得离谱，因为商业银行的资金流是可以基本满足企业信贷的。而且，适当的影子银行规模也是金融创新的直接体现，金融创新发展多层次资本市场、多元化投资渠道、多种金融理财产品，对投资人和融资人都是有益的。所以，为了使影子银行有利于社会发展和经济建设，有效监管和发展影子银行，发挥市场主导作用，加强政府对影子银行的监控和对市场作用的完善是有必要的。本书接下来从技术角度、监管政策角度，从宏观理论和微观政策方面论述有效监管和健康发展中国影子银行的建议。

第一节　要有效统计影子银行规模

对影子银行进行有效的监管，首先要在界定影子银行的基础上进行较为准确的数据统计。影子银行虽然是美国先提出的概念，但是美国影子银行与中国影子银行却大不相同。所以，要结合中国的实际情况与特殊国情，来对中国影子银行有一个统一的官方正式认识。统计出较为合理的影子银行规模，对于监管机构和中央银行实施合理灵活的货币政策、调节商业银行的信贷资源配置、防范影子银行的传染风险等都有积极的作用。现实中，按照国务院 107 号文顶层设计的影子银行界定在当前是不可能加总统计的，但是，如果只简单地加总类似万得数据库的委托贷款、信托贷款、未贴现银行承兑汇票这三项大额影子银行规模，会忽略 107 号文中的无监管的信用中介机构，即类似民间借贷这样的影子银行。通过调研银监会和商业银行，与这些机构的科技部门人员沟通后，他们普遍认为民间借贷规模很大，但无法跟踪，也无法查询。尤其是珠三角、长三角，还有能源大省区域民间借贷至今都很活跃。民间借贷的泛滥在发达经济体中是几乎见不到的，发达国家社会更相信通过专业机构，哪怕是为避税而离岸注册的对冲基金或者私募基金签订的合同关系，而不是纯粹的人脉信用关系。但是，中国的现状是由于金融创新近年来才起步，金融产品多元化发展道路崎岖不平，全民所有制体制下政府对金融资产违约的隐含背书导致政府对金融创新有着犹豫的态度，资产荒现象十分严重。2015 年股灾以后，大量资金出现了找不到投资渠道的情况，再次回流影子银行。所以，类似民间借贷这种形式的影子银行，监管机构和商业银行认为没有途径和方法遏制，只能通过长期金融业的发展、全民素质的提高、对合同法关系的普及等，民间借贷会自然而然消失。

从影子银行里民间借贷情况来看，中国影子银行发展面临着严峻的金融生态环境问题。中国的中小民营企业为何迟迟难以转型升级，一遇到困难就濒临破产呢？主要是金融生态太差导致民企生存艰难。本书考察了重庆武隆花园酒店和九龙传说酒业有限责任公司经营问题案例，此案例讨论的主要目的是展示影子银行中民间借贷的严峻形势和非统计性。案例中，公司处于重庆武隆5A级景区，地理位置优越，其经营的花园酒店和酒业公司都是不错的农业生态旅游项目。公司注册资金1000万元，总投资5000万元，经营实体有位于县城中心的四星级花园酒店，2007年开业，建筑面积17000平方米，客房176间，集餐厅、娱乐、会议等功能于一体，是武隆县档次最高和经营最好的酒店，年平均入住率76%，平均房价320元/间。酒店年营业额2000万元，经营利润800万元，从业人员200人，年缴纳税费200万元。九龙传说酒业成立于2011年，注册资金1000万元，占地40亩，建筑面积12000平方米。其生产的五粮小曲清香型白酒于2014年上市，年销售额200万元，2015年实现销售500多万元。公司主要的问题是资金链断裂，2005年开始修建花园酒店，计划投资3000万元，实际投资5000万元，超预算2000万元，被迫寻求民间借贷，借款基本年利率加上复息高达35%。酒店开业持续了三年才实现经营性盈利，中途投资了娃娃鱼驯养繁殖项目，当时预计能尽快收回投资，但紧接着国家三公消费的禁令导致这个项目未能盈利且又新增了借款。2011年投资3000万元修建了酒庄（此项目银行配有资金），注册了“五隆九”商标，希望借助当地大旅游这个优势来发展企业，但不管创始人杜建波和企业如何努力，高额的借债利息已压得企业无法喘息。2015年在极端困难的情况下，只有向债权人和银行阐明经营的压力和困难，暂时停止支付利息和归还本金。两家公司资金链断裂后涉及金融信贷部门7家，民间直接借款人221户共896人，总资金规模达2.8亿元，其中银行贷款只有1亿元。在武隆县这样一个国家级贫困县，这样的公司产生流动性危机带来的震荡是巨大的。民间借贷债权人中涉及思想激进喜欢煽动闹事的群体、年龄较大瞒着子女借钱的群体、身体多病或者残疾的群体。两公司2016年资产市值16000万元，但固定资产（包含股权）已全部抵押给银行，留给民间债权人的只有酒产品，这导致民间债权人情绪处于不稳定状态。2016年借款总金额累计高达28689万元，其中金融信贷借款10460万元，民间借款18229万元，民间借贷于2015年9月30日截止计息。县政府成立了帮扶小组进行解困，提出了保障债权人利益的四种方式：①债转股；②以酒抵债；③分期还款；④以债转债。同时，公司还面临着其他问题：民工工资80万元和工程款260万元未支付；包装物和粮食购进资金困难，导致酒业已无法继续发展；截至2016年6月底，银行利率已经拖欠8个月，员工五险统筹70万元无力缴纳，房契税30万元和客房消耗品30万元等款项未支付。

以上案例实际上在调研中只是冰山一角，大量类似的影子银行情况存在。高达30%左右的影子银行利率扭曲了市场资金价格，导致资源错配的现象会严重损害一个国家的金融实力。中国作为世界大国，金融方面是不能有短板的，长期存在短板，小则导致民企经营困难甚至破产，大则导致经济危机，不容小觑。所以，必须有效监管影子银行才可以防患于未然，那么，做好有效监管的工作就应该首先有效统计中国影子银行规模。2014年的107号文被看作顶层设计的关于中国影子银行的界定，但是在实际应用中利用其统计口径却十分困难，通过查询一行三会的官方网站，各种收费数据库类似万得资讯，都很难找到一个准确的月度影子银行数据。在互联网高速发展的今天，监管机构有必要对影子银行进行数据监控，确定其安全阈值，在安全阈值内允许其流动，补充传统银行信贷，高出安全阈值，则政府应当进行适当干预调控，使其回归安全阈值水平。本书认为有效统计影子银行的方法有以下四种：

一、确定各影子银行单元的负责单位

应当确定107号文所列出的三类影子银行监控责任单位：一是不持有金融牌照、完全无监管的信用中介机构、第三方理财机构可由当地银监局负责统一管理，新型网络金融公司可以由各地人民银行分行来统一负责监控；二是不持有金融牌照、存在监管不足的信用中介机构，包括融资性担保公司、小额贷款公司等；三是机构持有金融牌照，但存在监管不足或规避监管的业务，包括货币市场基金、资产证券化、部分理财业务等。负责单位应各司其职，各自统计管辖区内的影子银行规模，然后统一上报上一级主管单位，这样，可以大大提高统计效率。

二、建立银监会联合各地银监局的资金监控系统

建立统一化、标准化、分布式的软件系统将提升整个监控过程中的效率。例如，在美国等发达国家，金融机构基本在系统建设方面已经实现了统一化，如Cisco系统的广泛应用。Hoenig和Morris（2011）指出要重建银行系统促进金融市场安全性和健全性，其中影子银行体系应该在立法中被

涉及，通过有效建立影子银行监控软件系统跟踪影子银行体系发展。信用中介应当在每笔交易成交后录入标准的软件系统，而这个系统又可以自动更新至当地银监局的监控系统，使数据实时保持更新，到了每季度各地银监局再统一通过自己的系统更新上传至银监会的系统，这样利于对影子银行资金流数据的长期观察，为未来大数据的模拟和预测做好准备工作。通过数据建立一套能反映影子银行各种风险的金融指标体系，从而实现了影子银行的风险预警机制。还有金融新科技的应用，如区块链技术、电子支付系统、二维码支付系统、大数据处理系统等。此外，货币、交易、托管、清算的数字化是金融科技的未来趋势，很多国家和地区也都相应提出了 Fintech 概念，相信有朝一日金融数字化会成为现实，这是一个系统性工程，需要一行三会包括国家层面的大量资金、技术和人力的投入。如果真的能够实现整个系统的对接，对未来影子银行的监控将起到决定性的作用。

三、制定并优化信息处理与控制系统流程

建立统一的软件资金监控系统需要一个有效的信息处理流程才可以完善。Gelinas，Sutton 和 Hunton（2011）在《会计学信息系统》一书中详细阐述了通过预先设计好的信息处理与控制流程，包括信息流动的逻辑图、实物图、流程图、控制矩阵图，可以对整个信息系统进行充分的利用和有效监控。IPC（Information Process and Control）理论运用在资金监控系统里可以理清整个资金流动性，从应收账款到应付账款，从地方系统到中央系统，可以全方位地监控资金。

四、建立长期国家层面的金融督导工作

建立国家层面的金融督导工作的意义是可以循序渐进地规范影子银行，尤其是民间借贷。民间信用市场无论从软件系统开发，还是建立完善的资金监控系统都很难做到彻底的监控，这源于中国的民间传统和历史的传承。民间借贷在中国古代就相当盛行，至少有 3000 年的历史，在战国时期，放款取息已非常普遍。公元前 300 年，孟尝君在自己的封邑薛地放款取息，作为奉养 3000 门客的财源。王建文和黄震（2013）指出 2011 年 5 月民间借贷规模约为 3.38 亿元，占金融机构贷款余额的 6.7%。与此同

时，民间借贷产生的问题也随着规模的扩大而放大。2011 年浙江温州，宁夏固原，内蒙古鄂尔多斯，河南安阳，江苏泗阳以及福建厦门、安溪、福安等地相继爆出民间借贷引发的各种事件，数十万计的家庭遭受损失，对当地经济发展和社会稳定造成了极为不利的影响。同时，他们还指出从2005 年中央开始关注民间借贷至今，大多数政策均未能有效落实。所以，民间借贷的监控实际上是一个伪命题，几乎无法实现。但是，通过最高政府层面的层层督导，对各地市县村的指导、讲座、督导、实地考察、实地监督等可以推动民间借贷的逐渐消亡化。民间借贷的存在本质是投资者和融资者对金融理念和经济合同理念的缺失，他们并没有基本的合同关系和信用关系知识，亲朋好友间互相传播逐渐把民间借贷的雪球越滚越大。民间借贷将是一个随着人民群众金融素质的不断提高而逐渐消失的影子银行分支，所以，督导可以起到一定的加速作用，但不会立竿见影。

总之，在确定影子银行定义和明确分管机构职责的基础上，通过建立有效的、统一化的、标准化的资金监管系统，之后，完善资金流动的系统流程，通过自上而下的政府督导工作，实地教育和检查，影子银行在未来很快就可以实现监控和管理的全覆盖。这样，一方面可以使金融市场的资源配置更加有效，另一方面可以使政府更有效地制定货币政策，完善中国金融市场的短板，在国际市场上发挥更大的竞争力。

第二节　借鉴国际影子银行监管经验有效发展和监管中国影子银行

中国在 2014 年推出了监管影子银行的最高顶层设计方案，即“107 号文”（《国务院办公厅关于加强影子银行监管若干问题的通知》），此项文件的制定为影子银行的界定、归属负责单位、监管等定下了基调，也是监管层治理整顿影子银行的关键一年。所以，从本书第二章对影子银行的测算中也可以相应看到影子银行从 2014 年后是有显著下降的，说明监管政策的落地与实施是有显著影响的。但是，107 号文本身只是一次尝试，并不成熟和完善，所以，有必要借鉴国际上发达市场监管层对影子银行所制定的法规。在美国，影子银行被认为是“游离于传统银行体系之外的机构和金融工具”，无银行之名，却行银行之能。正是美国影子银行和金融衍生品的信息不对称和不透明，造成了监管真空，最终成为2008年金融危机爆发的重要因素。所以，之后在2010年7月美国通过的“Dodd-Frank Wall Street Reform and Consumer Protection Act”提出了对影子银行进行规范和治理的法案，这项法案的立法思想核心是对分业监管和监管程度进行了较为严谨的规定，是为了防范2007年次贷危机这样的系统性金融风险再次爆发。实际上，中国金融监管规则在2014年以前都深受美国这项法案的影响，一部分监管规则就是借鉴的这项法案。

“Dodd-Frank Wall Street Reform and Consumer Protection Act”中有几点是中国监管层已经借鉴的：①扩大美联储职责。2013年8月国务院批复了同意建立金融监管协调部级联席会议制度，由中央人民银行行长担任召集人，这意味着央行职权的扩大。②设立消费者金融保护局。中国在证监会和保监会分别设立投资者保护局后，央行和银监会也成立了各自的金融消费者保护局。③资本证券化风险留存。中国人民银行和银监会在2013年12月联合发布公告，要求信贷资产证券化发起机构保留一定比例的基础资产信用风险，该比例不得低于5%。④将私募基金纳入监管体系。2012年12月中国人大常委会通过了将在2013年6月实行的《新基金法》，将非公开募集证券投资基金纳入调整范围，并要求私募基金向相关协会履行登记手续，实行自律监管。⑤将资产证券化市场、场外衍生品市场、PE、对冲基金、信用评级机构等纳入监管一体化，防止交叉和真空监管。“107号文”确定一行三会等机构的各自职责。⑥授予金融监管机构制定规则的行动计划和原则。“107号文”同样也是一部要求金融机构规范影子银行立法的行动纲领，其中界定了影子银行标准，即凡是监管不充足的就是影子银行，反之就不是影子银行。所以，文中把除了影子银行机构，类似信托公司和小贷公司等以外的商业银行内部影子银行业务，如理财产品和货币市场基金等也纳入了监管范畴。同时，“107号文”理清了监管机构的权责范围，这样，相应的监管机构就可以根据文件制定相应规则，避免出现监管真空和重复监管。对于那些跨市场和跨行业的金融同业交叉业务，“107号文”明确了由中国人民银行监管，并由央行负责影子银行的总体统计，并向国务院报告。⑦确定禁止业务。“107号文”以负面清单的形式明确了禁止的业务范围。

然而，由于中美两国的影子银行界定和金融发展阶段不同，所以，

“Dodd-Frank Wall Street Reform and Consumer Protection Act”更多的是针对证券化机构和产品，如按揭贷款证券化（MBS）、担保债务凭证（CDO）、信用违约互换（CDS）、投资银行、对冲基金、PE、货币市场基金等。“107 号文”实际上针对的更多是信贷机构和信贷产品，如理财产品、金融同业业务、民间借贷、小额贷款、众筹、互联网信贷、信托公司、小贷公司、担保公司和民间借贷人等。这样，就导致“107 号文”并没有覆盖美国《多德—弗兰克法案》中的证券化产品和机构，所以，有必要借鉴美国监管的经验和法案规则，将更多影子银行纳入监管体系。尤其是在中国经济新常态背景下，将资产荒形成的大量社会信用衍生金融产品、结构化产品、产能严重过剩导致的地方债处置、国企债务证券化、债转股等衍生品纳入监管体系是有必要的。另外，中国应该借鉴《多德—弗兰克法案》中的“Volcker Rules”，即商业银行投资业务的剥离，禁止从事高风险自营交易，反对拥有对冲基金和 PE，限制衍生品交易，严格限制商业银行规模。中国与美国“Volcker Rules”监管相反，当前的商业银行都有投资银行部和金融市场部，部门在一定程度上行使了证券公司投行部门的职能，如商业银行承销了债券发行，同时还可以使自己的交易部投资自己承销的债券，还经常参与上市公司的再融资。这实际上违背了《商业银行法》第四十三条，即商业银行境内不得从事信托和证券业务。美国在 1987 年打破了过去《格拉斯—斯蒂格尔法》的规定，即严格区分投资者银行业务和商业银行业务。中国现阶段的银行业正处在混业经营的趋势中，有着与美国相反的发展模式，证监会研究中心主任祁斌也表示：中国商业银行的证券业务从 2007 年的 53%升至现在的 73%。这种金融结构显然是不合理的，进一步压制了证券公司和资本市场的发展空间。所以，借鉴美国“Volcker Rules”，“107 号文”中对商业银行混业经营带来的影子银行风险予以了关注，规定要分离代客理财资金和自营资金，不得变相利用代客资金购买本行的资产，不得开展理财资金池业务。2014 年银监会副主席周慕冰也表示要按照国际通行原则，实现理财业务和运营、存贷款业务机构和运营的彻底分离。所以，在这一点上借鉴“Volcker Rules”是有意义的。最后，就是应该限制中国商业银行独大的局面，建立多层次资本市场，这样可以避免银行业独大时逐利而形成的影子银行旁支业务的泛滥，同时可以有效平衡金融市场资源配置，缓解影子银行发展压力。

第三节　经济体制改革是有效监管和发展影子银行的根本

2013年中共十八届三中全会《中共中央关于全面深化改革若干重大问题的决定》（以下简称《决定》）指出：紧紧围绕使市场在资源配置中起决定性作用深化经济体制改革。“决定性作用”的提法是中国共产党在理论上的一次重大飞跃，有利于在全党全社会树立关于政府和市场关系的正确观念，有利于转变经济发展方式，有利于转变政府职能，有利于抑制消极腐败现象，必将对加快市场化改革、建立完善的社会主义市场经济体制起到重大的指导和推动作用。中国经济经历了过去否定市场，到计划配置为主、市场配置为辅，到后来的两者都是手段，再到市场起基础性作用，每一次改变都对中国经济发展起到了非常重要的作用。此次市场起决定性作用也会开启中国经济体制改革的新篇章。中国影子银行从正面讲是金融创新的产物，从负面讲是中国市场供需失衡和资源错配的产物。此次《决定》中理清了市场、价格浮动、供给与需求、政府之间的关系，强调市场在资源配置中起决定性作用，还要发挥政府的作用。只有市场是通过价格浮动有效反映供给和需求的，影子银行的资源错配问题才可以从根本上解决。《决定》中又指出社会主义市场经济体制比资本主义自由主义的市场经济体制更有优势，就在于社会主义市场经济中强调了政府在资源配置过程中的作用更加积极全面，兼顾效率和公平，更能发挥保持宏观经济稳定、弥补市场失灵、烫平经济波动的作用，这里强调的就是政府在市场配置资源的经济体制下是一个维护公正、公平和公开的监管者角色，不是参与资源的直接配置，是推动资源依据市场规则、市场价格、市场竞争实现效益最大化和效率最优化，从根本上维护这个经济制度有效运行。所以，有效的市场决定了有效的影子银行发展，有效的政府决定了影子银行的有效监管，这是中国影子银行健康发展的根本。

第四节　从国企改革的角度分析影子银行的有效发展

中国的国有企业经历了20世纪90年代的国企上市、国企改革、国企资产证券化，又经历了2005年后的股权分置改革，中国当前的多数国有企业实际上在所有制上已经是混合所有制形式了。国退民进从长期来看是持续推进的，但是国有企业在整个国民经济中占比仍然过高。在过去中国经济保持几乎两位数的高增长时代，国企占比大是有效的，因为国有企业可以通过政府的计划配置获得廉价的资源：低息贷款、无偿的土地、中国廉价的劳动力红利，这些资源禀赋的大量计划式投入创造了中国经济增长的奇迹。在社会资本恒定的基础下，国企资源的过度配置势必导致民企资源的稀缺，这是不符合市场经济和市场对资源配置起决定性作用的。但是，由于中国前期的落后，与发达国家差距极大的现实国情，实际上国企独大或者政府计划配置为主是有必要的，这是中国快速完成基础工业化，并在某些重要命脉领域实现弯道超车的根本和必要条件。但是，如今中国经济进入新常态，人口拐点来临，中国进入老龄化社会。那么，国有企业占比较大的局面就不利于中国经济转型。中共十八大以后中央提出了供给侧结构性改革，针对的主要是国有企业的产能过剩、库存过多、杠杆率和成本过高、短板较多。因为，中国的国有企业也同样和西方发达国家大型集团一样存在着“大而不倒”的情况，企业在过去经济好的时候扩张过快，经济不好了就长期依赖银行贷款维持生存。银行害怕企业倒闭无法偿贷，被迫长期输血，进一步导致金融资源错配和挤压民营企业。所以，只有进行国企改革，如混合所有制的落实和国有投资平台的建立等，使国有企业占比逐渐下降，只保留关系国家命脉的和公益性的行业，这样才可以降低整个市场资源的错配情况，从而解决民营企业无法获得同等资源禀赋的窘境。当民营企业有一个较为公平的金融生态环境时，其对影子银行的依赖也会减少，这样逐渐使影子银行资源配置趋于合理化，这也反映出了市场在影子银行资源配置中的决定性作用。影子银行平衡健康的发展又反过来利于政府的有效监管，从而形成良性循环。

第五节　从税制改革的角度分析影子银行的有效发展

中国 M2/GDP 1994 年首次突破 100%，但在 1995 年又下降到 100%以下，1996 年开始 M2/GDP 有效升至 100%，从此一直维持高增长。影子银行也从此时开始了真实意义上的高增长。从 1994 年分税制改革后，中央的财政收入剧增，地方财政大幅下降，这导致的后果就是地方财政开始追求以出让土地为主的循环模式。通过抵押土地从银行得到廉价的信贷资源，以低价出让工业园区，再以高价出让商品用地，两者形成的“剪刀差”使地方政府不但支付了商业银行的本金利息，而且，随着城镇化的快速推进（见图 8-1），地方政府获得了大量可投资用的财政收入，如图 8-2 所示，从 1994 年的 29.37%快速增长到了 2013 年的 53.7%。由于分税制改革是 1993 年起执政政府推出的，所以，这期间地方财政并没有显著地通过房地产收入的增长而增长；而到了 2003 年起执政政府时期，从图 8-2 可以看出，地方财政收入占比开始上升。那么，在 1994 年税制改革的背景下，大量要素配置到了以房地产为核心的全产业链当中，而地方出让的低价工业开发区又大大刺激了民营企业的崛起，欧美代工厂向中国的转移，使依附廉价劳动力和低成本的民营企业出口增速也快速增长。这种情况导致的就是商业银行资源错配到了地方财政、房地产和基建，对民营企业的发展所需要的信贷资源产生挤压，进而引发影子银行开始快速增长。影子银行的增长情况和分税制改革遥相呼应，即 1993 年起执政政府时期，影子银行增长并不显著，到了 2003 年起执政政府时期，影子银行快速增长，以房地产为核心的地方财政难以持续，影子银行也随之下降。

所以，分税制改革促使了商业银行信贷资源大量进入国有企业和地方财政，加剧了政府与民企争利的情况，导致民企无奈寻求影子银行，推高了影子银行的资金价格和规模。分税制改革在中国经济高速增长的时期总体来说是有效的，如今中国经济进入新常态，经济长期保持“L”形，中央提出了供给侧结构性改革，那么，在分税制方面如果可以进行有效的调整，将加大地方政府在财政收支方面的充盈度，而不会仅倒逼政府全盘进

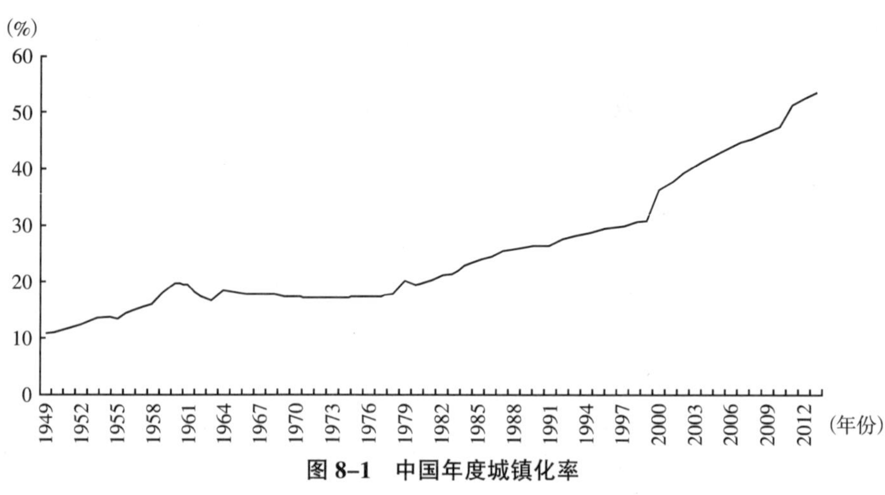

图 8-1　中国年度城镇化率

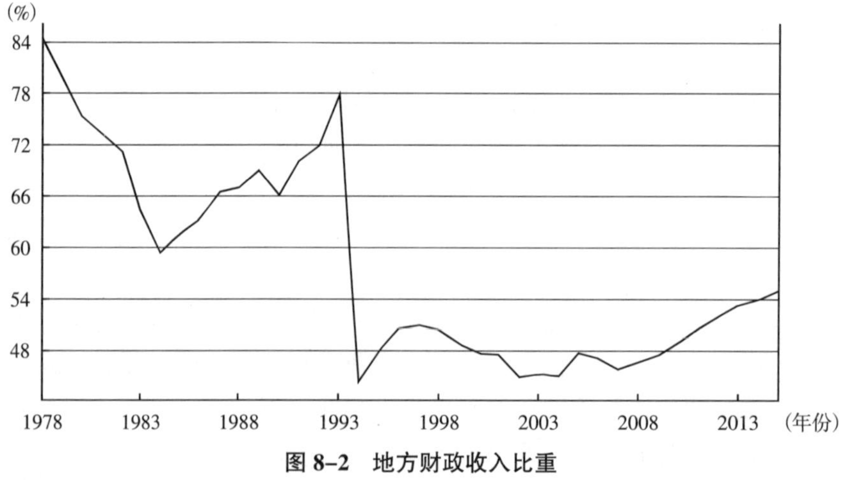

图 8-2　地方财政收入比重

入出让土地的财政收入模式。这样，可以促进地方金融资源的合理配置，进一步遏制影子银行的不良发展，促进民间投资增速的回升和民营企业的健康发展。

民营企业税收制度也是推动影子银行发展的一个重要因素。虽然中国的税制体制改革在不断推进，重点领域、关键环节、实施结构性减税政策已经取得了积极成效，但是，民营企业受到政策的排挤和歧视是一个长期现象。吕敏（2013）分析了民营企业税收政策的主要问题，其中有双重征税问题，即国企仅缴纳一次 25%的企业所得税，而民企不但需要缴纳 25%

的税，还需要在将税后利润向个人分配时缴纳20%的个税，综合税负达40%；此外还有公司制和合伙制公司的税负差很大，税收优惠制度不完善，税收征管不规范等问题。石坚（2012）指出中国现行对民营经济的税收优惠政策缺乏系统性和规范性，针对性不强。具体税收制度设计存在缺陷，如所得税方面存在个人所得税和企业所得税重复征收的问题，以及税收管理不规范。杨杨、汤晓健和杜剑（2014）指出民营企业贡献的就业与新增就业占总就业达80%以上，销售收入占全国企业75%以上，对国民经济的贡献占全国经济的近2/3，税收占总税收的49.7%。企业所得税的降低能促进中国民营经济的发展，对进一步发展非公经济起到较大的推动作用。周广仁（2012）指出一旦货币政策收紧，加上存款回报、担保、中介等其他显性和隐性费用，小微企业的银行融资成本已经接近甚至超过基准利率的两倍。这又迫使小微企业寻求民间贷款，利率高达20%~60%，从税收方面给予小微企业优惠将促进其健康发展。宝济同（2013）认为，中国目前关于民营企业的税收优惠政策局限于税率优惠和减免税两种方式，国际上通行的加速折旧、税收抵免、再投资抵免、延期纳税、专项费用扣除等间接优惠方式却运用较少。税收政策执行时随意性大，减免税受到一些地方政府较多的行政干预，人为因素多。同时，多数民营企业一般经营规模较小，相对于大型企业和特大型企业存在着税收负担不平等的问题。

总之，民营经济不但是中国经济增长和国家财政税收增收的重要动力，而且是扩大内需和增加就业的重要保障，民营经济是技术创新的主力军。张维迎（2016）指出民营企业的企业家才是真正的企业家，而非国有企业，任何一个时代的创新都是偶然的，而不是政府推动的，民营企业在创新方面起到了决定性作用。税收制度的高压使民营企业发展举步维艰，没有国企的隐性刚兑，企业家们在创业过程中如履薄冰，本来就没有得到商业银行的足够支持，一点利润还要大量缴纳，从根本上诱发了中国影子银行的长期高速发展。所以，应该从以下几方面的税收政策调整来促进民营企业健康发展，遏制影子银行过度泛滥。第一，加强对民营企业税收政策的支持，营造有利于民营企业发展的平等的税收环境，如在所得税方面可以根据企业利润的多少划分等级，实行企业所得税累进税率，大力扶持小微企业健康发展。第二，缩小公司制企业与合伙制企业的税负差距，如对合伙制企业同样颁布类似公司制企业享受的企业所得税加计扣除的优惠政策与创投企业投资抵免的税收政策。第三，提高对民营企业的纳税服务水平，如简化行政审批流程，提供便捷的纳税服务。第四，改善民营企业的税收征管与执法环境，如加大依法行政，不折不扣地落实税收优惠政策，提高税务部门执法人员的税法遵从度。第五，完善税收制度体系和增值税政策等。

2015 年中央提出了供给侧改革，2016 年初习近平总书记又提出了中国的供给侧结构性改革应强调“结构”二字，即需求侧也同样需要被重视。同时，2016 年中央又提出了供给侧结构性改革五大攻坚任务，其中强调“降成本”，这正是要求政府进一步简政放权，降税增加企业的盈余，在新常态下帮助企业渡过难关。那么，降税和设置合理的税收，使财税资源合理配置、二次分配合理配置，是对民营企业的财务负担有一定缓解作用的。只有民营经济有效增长了，税负下降了，其才不需要长期依赖影子银行，从而间接使影子银行逐步走向稳步发展。

第六节　从金融改革的角度分析影子银行的有效监管和发展

中共十八大以来，中国经济进入新常态，也就是说当前的经济形势、发展、展望已经与过去大不相同了。这种经济新常态会导致金融系统的新常态，从而传导至影子银行系统。因为影子银行属于金融行业，金融行业的变革是对影子银行变革的微观基础。中国自改革开放以后，经历了三次大的经济转型，而经济转型“牵一发动全身”，马上会传导至金融变革，金融变革又会传导至影子银行变革。因为中国影子银行发展本身就是金融管制、金融不发达与金融垄断的结果，所以，金融改革、打破垄断、推进多元化等才可以从微观角度解决影子银行的问题，使影子银行健康发展。中国人民银行研究局局长陆磊（2014）指出中国经历了三次金融变革：第一次是 1992 年邓小平南方谈话以后，奠定了中国走特色社会主义的市场经济道路，1993 年金融就发生了变革，即国务院推出了《关于金融体制改革的决定》。这个时期中国金融业开始走向了创新之路，可以看作中国影子银行发展的萌芽阶段。第二次是在 1997 年中国经济仍然在转型过程中，亚洲金融危机后周边国家汇率普遍暴跌的背景下，产生了周边国家产品出口竞争力加强，中国外需和外贸压力加大。从而使1998年上游企业竞争力快速下滑，导致全面性的商业银行坏账率上升，倒逼中国从1999年开始了第二次金融改革，即想方设法出清上游产能，剥离国有银行不良贷款，注入资本金，按照资本充足率来管理金融机构。同时，1999年开始的金融改革对国有商业银行的经营与业务进行了变革，从经营角度来讲：过去中国银行做对外信用业务，中国农业银行支持“三农”信用，中国工商银行提供流动贷款，中国建设银行针对固定资产投资信用的格局被打破，国有银行间可以互相经营不同的领域，不再只管理自己从前的单项业务，这导致了银行间的互相竞争。从业务的角度讲：国有银行从过去只经营传统利差业务向中间业务过渡，这样可以提高国有银行的市场竞争力与服务能力。这个阶段是影子银行低速发展的阶段。第三次金融变革起源于2007年次贷危机，但实际上是从2012年中共中央颁布《中共中央关于全面深化改革的若干重大问题的决定》开始的，此次“深改决定”强调了市场在资源配置中起决定性作用。同时提出金融市场、金融机构、金融所有制的改革思路，即发展混合所有制，允许民营企业进入上游金融垄断产业，发展多层次的资本市场，逐渐改变为间接融资向直接融资市场过渡。这个阶段的影子银行经历了高速发展到逐渐趋稳并开始有所下降的趋势。三次金融改革虽然在一定程度上引入了市场机制与混合所有制，进一步开放了金融业务，但是也存在很多问题。改革使国有金融企业越来越大，如1998年的国企改革，朱镕基总理提出了“抓大放小”，抓住大的金融国企，让一部分中小国企变成私企，这些转制而成的私企实际上奠定了中国发展的基础。这些民企长期以两位数的速度发展，贡献了中国GDP总量中的很大部分，是中国经济高速发展的核心推动力。那么，过去“抓大”的国有金融企业越做越大，其转制将更加困难，这个做法似乎又不利于改革。那么，金融垄断导致的资源错配还会存在，致使影子银行的资源错配性也将长期存在。

当前中国金融业面临两个问题：一是后危机时期再平衡的问题，即世界经济已经不像过去那样可以消化中国的产能；二是中国经济经历了20多年的高速增长，已经不可能继续下去，原因是经济体量越来越大，导致每年增长的实际额也越来越大，所以势必会产生一个经济上的自然收敛。未来新常态产生了三个重要拐点：一是持续30年10%的高增长率转向7%

左右；二是劳动力要素从过去的廉价加丰富转向昂贵与减少；三是土地、资源、环境、可持续性等因素导致的增长极从过去的环渤海、珠三角和长三角向中西部转移（陆磊，2014）。所以，本书认为只有从金融业入手，从以下六个方面改革才可以从根本上发挥金融资源配置的有效性和使金融效益最大化，从而使影子银行健康有序地发展。

第一，建设多层次金融市场。主要针对的是中国长期以来以银行信贷间接融资为主的模式，这种模式是导致影子银行泛滥的一个重要原因。因为中国长期以来企业是通过向银行借贷来进行生产经营的，那么，就会造成企业部门负债率越来越高的情况，致使企业最终拿出部分或者大部分的盈利去支付债权人。这也体现在了影子银行主要投向于信贷市场，没有多层次资本市场，企业无法通过其他途径融资，长期依赖银行信贷或者影子银行信贷，潜在系统性风险实际上越来越大。中国影子银行是商业银行的旁支，长期以来以满足商业银行无法提供的信贷为主要特征，如果说商业银行暴发大面积信用危机会产生系统性风险，那么，影子银行如果爆发大面积信用危机将会产生很多局部性风险，这些局部性风险堆积过度时就会产生系统性风险。国外同样有这样的情况，如 1991 年前后的日本和 1997 年前后的韩国，都是过度依赖银行信贷，导致企业负债率过高。当经济处于上升周期时，企业盈利向好，拿出盈利的一部分就可以支付银行贷款的本金和利息，但是，一旦经济处于下行周期，企业就必须拿出全部所得来偿还债务，甚至出现当年盈利无法覆盖当年债务的情况，最后产生一系列系统性危机。同时，银行或者影子银行由于害怕企业破产而产生信用危机，就会无奈延期债务或者继续滚动发行债务于效益不好的企业，这个时候就产生了僵尸企业，即这类企业已经没有希望继续运营，但银行还要以资金输血维持其继续生存。这种以间接融资为主的金融市场一旦产生流动性危机，后果会十分严重。2015 年 6 月的中国股灾就是这种情况：大量场内和场外的融资和配资等杠杆信用资金泛滥，一旦产生一点流动性紧张，马上就会产生全局性的危机，这次股灾据不完全统计导致中国股市蒸发近 30 万亿元。这些融资和配资都属于影子银行范畴，也是间接融资的一种新模式，其潜在风险值得关注。所以，预防中国金融市场间接融资独大局面所导致的潜在风险，应该通过建立多层次的直接融资市场来解决，如多层次的股权市场——主板市场、中小板市场、创业板市场、新三板市场、场外交易市场等。这就可以优化与平衡企业的融资结构，把企业对商业银行和影子银行的信贷依赖所产生的信用风险降低。作为中国经济增长驱动的核心，民营企业也就会减少对影子银行间接融资的依赖，寻求多种融资模式，化解高于银行数倍的高利率融资信用风险。

第二，利率市场化与汇率形成机制的改革。截至 2015 年，中国的利率已经接近市场化，贷款利率已经完全放开，存款利率的上下浮动空间也越来越大，这就给了商业银行更多的自主定价权。银行利率定价权是影子银行利率定价的一个重要传导渠道，利率市场化可以使资金的价格真实反映市场需求，使市场在其资源配置决定性作用中，通过价格的自由浮动来调节市场供需。利率市场化后资金价格竞争力加强，从而使资金价格下降，对影子银行资金价格传导机制的形成是有意义的。影子银行的资金价格通常是参考商业银行资金价格的，往往高于商业银行资金价格的数倍，使无奈寻求影子银行信贷的民营企业苦不堪言，很多企业稍微经营失误就会导致当年回报无法覆盖高昂的影子银行利息。从投资方来说，很多影子银行的债权人是个人组成的私募资金，一旦债务人无法偿还，对债权人的潜在危害性也会很大。所以，商业银行资金价格对影子银行资金价格的传导机制，就可以通过利率引入市场化竞争机制来有利引导，迫使影子银行的利率相应下调。同时，利率市场化可以改变不当的金融资源市场配置，如地方政府通过行政手段获得低息贷款，那么，利率市场化后依法依规地方政府的无效生产就不能再得到廉价贷款。同时，当利率没有市场化的情况下，利率受到固定的控制，在利差一样的情况下，各家商业银行就会无限制地追逐规模，因为规模越大，规模乘以利息差的值就越大，商业银行的利润就越大。在这种背景下，商业银行就会放弃中小微企业，直接把贷款放给大国企来冲规模。而且，由于作为经济增长里最有活力的中小民营企业相对大型国有企业抗风险能力较弱，那么在利率固定的情况下，商业银行就会选择把贷款投向抗风险能力强的大型国企，中小微企业就只能无奈去选择影子银行。最终，中国金融市场的间接融资市场就形成了这样怪异的局面：商业银行和国企的市场，影子银行和民企的市场，显然，这是不公平、垄断和非市场化的变异市场。那么，如果利率市场化了，商业银行就可以灵活定价，对抗风险能力弱的民营企业设定相对合理的高利率，对抗风险能力强的大型国企设定相对低的利率，从而形成一套完善的商业银行市场定价覆盖风险机制，这样，才可以有效配置金融资源，解决中小微企业的融资难与生存难问题，在经济下行周期里，避免影子银行违约与债权人的损失。

从汇率改革的角度看影子银行改革，汇率的长期僵化不但会导致大量的套利产生，而且会使企业的竞争力下降，原因是企业可能会更多依赖国家在汇率上的管控，在出口上通过汇率来盈利，而不是产品竞争力。这样，首先会导致国有企业寻求国家汇率帮助，进而产品竞争力下降导致企业盈利下降，传导至资金链就又会表现在寻求商业银行的信贷支持。这样，商业银行就会恶性循环地帮助国有企业，把资源配置在更多国企领域，导致民营企业的资金配置更少。例如，作为过剩产能的中国远洋控股集团，2015 年其资产负债率高达 70%，长期资本负债率高达 76%，仅由于人民币汇率贬值就产生汇兑损失近 4 亿元。所以，汇率的改革可以倒逼国有企业进行转型升级。汇率和利率代表着货币的国际和国内价格，在总量不变的情况下，由于汇率和利率价格的长期计划配置，形成的资源错配就会导致存量金融资源供给民营企业部门不足。那么，这就会进一步促使民营企业为了生存而求助于影子银行，影子银行市场随着需求的不断增加，供给价格也不断提高，可想而知，这对整个金融市场的通过价格浮动来调节供需的机制造成多么严重的影响。所以，从汇率角度上，通过建立离岸清算和储备中心，与他国建立货币互换等机制，遵从循序渐进、有放有收、收紧自如的方法逐渐放开汇率，通过汇率的市场化机制形成市场决定资源配置的决定性作用，通过价格浮动来调节供需，从根本上促进中国金融市场的有序发展，使影子银行可以有序健康发展。

第三，放开民营资本进入金融投融资垄断领域。如 2014 年中旬首批五家民营银行牌照的颁发，可以直接加大金融业的竞争力。资源配置的高效率是金融业竞争力的直接表现，而竞争力的加强可以促进金融消费端的更多剩余价值，这是一个良性循环。按照连平（2014）的研究，从 2009 年小贷公司发展起来至今，8000 多家小贷公司总共的信贷规模不超过 1 万亿元，根本无法满足中国 4000 多家小微企业，这 4000 多家小微企业里有 90%从来没有银行信贷的历史。同时，类似小贷公司这样的影子银行是轻资产的，因为其没有存款资质，则一旦产生兑付危机，就会导致一系列社会问题。所以，需要民营小型银行进入金融服务领域，获得大型银行的存款资质，这样，就可以解决中小企业融资难的问题。从融资端看，民营资本进入垄断融资体系，可以避免国有大型金融机构对国有企业的单向关照，也就是说民营企业有了更多的融资渠道，民营银行就可以更多地在风险覆盖基础上给民营企业贷款，这样就可以有效降低影子银行的资金成本，使民营企业有一个更有利的生存环境。影子银行的资金成本的降低，或者说逐渐回归真实价值，可以进一步避免影子银行的信用风险，减少其对宏观经济的系统性风险，这样，就会使影子银行对股票市场的影响也大大降低。从投资端看，投资品种的增多使投资人收益多样化，产品多元化。实际上，这也会有效增加影子银行供给，投资人可以拿到一个不错的回报，融资人也不至于背负着沉重的高利贷压力。通过放开民营资本进入金融垄断领域，加大整个金融行业竞争力，减少影子银行潜在风险。例如，民生银行作为民营资本的商业银行，与国有背景的工商银行比，其服务和产品多样化都要更优。民营企业进入金融领域的具体表现形式有：民营银行、网络金融、社区银行等。民营企业进入金融垄断领域，还可以有效解决小银行与小企业、小个体、小家庭的合作。由于大银行与大国企长期存在固定的合作关系，会导致大银行忽视对中小微企业与个人的金融服务，民营企业进入金融业，由于其资本实力有限，往往是从小做起的，如美国有很多小型民营社区银行，专注于为社区个人与法人服务。那么，这样来看，金融民企还可以平衡大金融机构对私业务的不足。中国大国企历来是不需要影子银行的，需要影子银行的都是小个体、小企业，利率高企导致小个体、小企业生存压力巨大，那么，民营小企业就可以消化一部分影子银行的金融业务，加大与影子银行的竞争，从而压低资源成本，促进小微企业健康发展，避免局部性风险传导至金融市场。

第四，存款保险制度的完善。中国在 2015 年 5 月首次开始实施存款保险制度，但主要覆盖的是商业银行，而影子银行作为商业银行的替代与创新，也是需要相对应的待遇的。原因是中国影子银行的很多投向是信贷市场，很多又是轻资产型放贷公司，一旦产生问题，如债务人企业经营如果不经过尽职调查，即影子银行管理团队不对企业的流动性风险、抵押物的价值评估、经营风险、信用风险进行考察，随便发放贷款，将会产生兑付危机。近年来，从各大新闻媒体上屡屡可以看到小微贷款公司、网络金融公司等由于融资人项目失败而违约，引起了投资人的上访、闹事，甚至游行。有些较大的民营上市公司，由于资金紧张，银行贷款无果，最后寻求高利贷的影子银行，产生兑付危机时甚至对股票市场产生了一定负面影响。所以对于轻资产型影子银行有必要设立规章制度，设置一定的存款准备金，并建立一定比例的存款保险。这样可以预防未来轻资产型影子银行产生兑付危机时所面临的流动性紧张。

第五，从金融反腐的角度预防影子银行风险。中共十八大以来，以习近平同志为总书记的党中央进行了一系列反腐败工作，尤其是在 2015 年的中纪委第三轮巡视工作中将金融业列为重点反腐领域，金融反腐进入深水区，对遏制金融业的道德风险与信用风险起到了积极作用。金融业利益盘根错节，一直是公众关注的焦点，金融反腐不但挽回了人民群众对党的信任，而且金融业作为一国的经济命脉，牵一发动全身，金融反腐可以完善金融市场的健康发展体系，促进中国经济长期保持稳定健康发展。谢平和陆磊（2003）分析了金融腐败的宏观经济成本，指出金融腐败会产生以下三种负面经济成本：其一，金融机构通过寻租扭曲了资源价格，导致资源错误配置和金融资源使用效率低下。其二，融资腐败是一种转移支付，是金融机构或者监管部门直接或间接攫取实体经济部门的产出收益，这种行为会导致资金短缺，从而导致资金价格的高企。其三，金融腐败会扭曲储蓄到投资的平衡，即中国储蓄率很高，但是存在贷款难的问题。从以上分析可以看出，金融腐败会导致资源配置扭曲，从而推动影子银行的进一步扩张。当信贷资源掌握在特殊权利下，借款难现象就会发生，民营企业为了生存就要寻求影子银行。同时，国有企业是否也存在借款难的情况？答案是肯定的。但国有企业会去寻找影子银行吗？答案是否定的。因为通过转移支付等腐败行为的经济成本要相对少于影子银行的高息成本。有些国有企业借着做大做强的旗帜，过度依赖银行贷款，超额贷款往往需要“托关系找人打招呼”，而商业银行高管通过违规贷款又进一步扭曲了贷款资源的合理配置。按照以上分析可知，国企的这种金融腐败会进一步挤压民营企业本来可以得到的信贷资源，进一步推高了市场资金的稀缺度，强化了影子银行在市场的作用。金融反腐进入深水区，一系列反腐行动实际上都和影子银行有直接或间接的关系。如 2013 年开始债券反腐风暴：4 月万家基金固定收益投资总监邹昱案件，中信证券固定收益部总经理杨辉案件，齐鲁银行、西南证券、嘉实基金固定收益投资案件；9 月宏源证券副董事长周栋案件，涉及的就是债券现券买卖的利益输送、丙类账户交易的内幕交易、资金违规套利等。这种道德风险行为会直接导致银行债券资产的亏损，但由于十分隐蔽，又不易被察觉，大量资金经过空手套，一转就变成了个人的财富，而这些本来属于银行利润但却流出银行的盈利最终会流向哪里？影子银行由于其隐蔽性或许是最好的归属。再如 2015 年 9

月证监会主席助理张育军案件，以及 6 月股灾后的“私募一哥”徐翔案件。徐翔控制的泽熙投资的至少一半资金是监管机构无法有效监管的，这些游离于监管外的影子银行资金通过内幕信息就可以对上市公司二级市场价格进行操纵，虽然公开信息表明徐翔实际操控 200 亿元左右，但是资本市场的配资、券商经纪的融资、小额贷款、互联网金融等影子银行如果给予其一定的杠杆资金，可想而知其对类似创业板这样的小市值公司为主的市场会有多么大的影响力。截至 2016 年 4 月，中国基金业协会数据显示：在协会备案的私募基金数已经达 26000 余家，而在 10 年前，这个数字不到 1000 家。可想而知，如果这么多私募基金通过影子银行渠道的杠杆信贷来进行股票和债券市场交易，将会对中国股市产生巨大影响。2015 年中国股灾实际上已经证明了交易场所外影子银行大量资金的影响力了。

总之，金融反腐可以遏制金融业道德风险与信用风险。这些风险会扰乱金融市场资源配置，从而进一步加大影子银行的非正常发展。有些商业银行行长违规放贷，这些贷款不但没有进入实体经济和企业实际的项目，转手几次却进入影子银行领域，利率也由于几次转手而变得很高，进而演变成庞氏骗局。所以，为了有效监管影子银行，首先要堵住金融腐败行为，为绿色金融市场创造一个文明、公平、公开的投融资环境。

第六，金融监管分割的局面需要与时俱进。20 世纪 90 年代设立一行三会的监管模式是为了平衡金融机构的发展，避免银行业独大，逐步加大对证券业、保险业、基金、信托等的发展，使金融资源可以更好地配置。然而，经过长期发展以后，非银类金融机构已经壮大，继续保持监管分割会导致监管机构无法有效监管影子银行。例如，在 2015 年的股灾中，导致股灾的流动性因素既有信托公司的通道业务，又有商业银行的结构化产品业务，还有券商的融资业务、基金公司的分级基金业务等。这些金融机构都由不同的监管机构负责，导致无法协调、统一、实时管理，一旦一种类型的金融业务产生危机，马上就会传染到其他业务，产生多米诺效应。根据“十三五”规划建议，“加强金融宏观审慎管理制度建设，加强统筹协调，改善并完善适应现代金融市场发展的金融监管框架，健全符合中国国情和国际标准的监管规则，实现金融风险监管全覆盖”。习近平总书记在建议说明中也提到，“国际金融危机爆发后，主要国家均加大了金融监管体系改革力度，核心是提高监管标准，形成互为补充的监管合理和风险处置能力”。所以，一行三会的统一有利于系统的统一和监管的统一，对影子银行的有效监管将起到决定性的作用。例如，可以参考英国模式，即1999年合并各类监管机构，成立统一的超级监管机构（FSA）；还有就是美国模式，美联储作为金融控股公司，监管者处于伞尖，负责评估和监控金融控股公司的整体经营，其他行业监管机构针对各自负责的金融行业进行纵向的功能监管。就中国而言，如果一行三会成立统一的监管机构，将原先的证监会、银监会、保监会设置为证监局、银监局、保监局，则可以有效地将部门边界内部化，从而消除相互推诿的局面。在面临阻力较大的情况下，可以设立国务院层面的金融监管协调委员会，这样可以有效减少改革阻力。总之，统一监管和功能监管的方向和改革将会持续进行。

总体来看，通过技术方面的有效统计影子银行的方法，借鉴西方发达市场的经验，结合宏观经济体制改革和微观国企、财税和金融改革，可以加强金融业的竞争力和效率，实现有效监管和发展影子银行。20世纪90年代末民营企业崛起后，影子银行相应快速发展，经过大浪淘沙，最后仍然可以持续经营的影子银行将是懂得资源配置、能把握市场机遇的。通过金融市场化改革，按照供给侧结构性改革的原理，可以把配置错误的影子银行去掉，增加配置有效的影子银行，这样，影子银行就可以既朝着有利的一面扶持民营企业，又可以在风险可控的基础上补充商业银行。

第七节　展望

自中共十八大以来，中国经济进入新常态，经济长期呈现“L”形，2015年中央经济工作会议提出了重点落实“十三五”规划建议要求，推进结构性改革，推动经济持续健康发展。同时，会议提出了供给侧结构性改革五大攻坚任务，即“去产能、去库存、去杠杆、降成本、补短板”。通过减少无效供给，提高有效供给，解放和发展社会生产力，增强供给结构对需求变化的适应性和灵活性，提高全要素生产率。习近平总书记提出供给侧结构性改革，既强调供给又关注需求，既突出发展社会生产力又注重完善生产关系，既发挥市场在资源配置中的决定性作用又更好地发挥政府作用，既着眼当前又立足长远。从政治经济学的角度看，供给侧结构性改革的根本，是使中国供给能力更好地满足广大人民日益增长、不断升级和个性化的物质文化和生态环境需要，从而实现社会主义生产目标。[①] 最后，本书通过供给侧改革五大攻坚任务来展望影子银行的发展。

（1）去产能。以往受到就业底线思维的制约，去产能效果有限，且较为分散。2013 年《工业信息业运行报告》称，“当前，中国产能过剩已经呈现行业面广、过剩程度高、持续时间长等特点，产能过剩从钢铁、有色、建材、化工、造船等传统行业向风电、光伏、碳纤等新兴产业扩展”。2015 年底中央经济工作会议强调主要是去掉产能严重过剩的国有企业部门，会议强调了要按照企业主体、政府推动、市场引导、依法处置的办法，研究制定全面配套的政策体系，因地制宜、分类有序处置，妥善处理保持社会稳定和推进结构性改革的关系。让国有企业精装上阵，那么，就涉及一系列的国有企业深化改革任务，如国有企业占比的不断减小、处置不良资产、多并购少破产、放开部分垄断国企、加大 PPP 合作、深入贯彻混合所有制等，这些政策的推广都是有利于民营企业发展的具体政策。民营企业的健康发展又反过来对影子银行产生积极影响，影子银行稳定的发展又进一步促进金融市场的稳定。

（2）去库存。可以说主要是去掉房地产库存，房地产的高速发展起始于 1994 年分税制改革，催化剂是 1998 年后的取消公分房和放开房屋抵押贷款，大量民营企业进入房地产业。房地产业在中国经历了无与伦比的高速增长，在不到 20 年的时间里已经完成了西方资本主义国家上百年的房地产增长史。然而，从 2012 年后，中国进入老龄化社会，新增劳动力人口出现拐点，房地产业无法继续保持高增长，在地方政府追赶业绩和地产行业的惯性效应下，三四线城市大量库存堆积，甚至出现了很多“鬼城”。然而，很多房地产开发商和地方政府都涉及了影子银行资金来源，通过发行信托产品、商业银行非标理财产品，以及民间借贷、小额贷款公司筹资，大量影子银行资金流入房地产市场。导致房地产市场不仅存在着商业银行信贷的巨大泡沫，而且存在着影子银行信贷的巨大泡沫。那么，有效出清房地产库存，尤其是出清三四线城市的库存就可以有效缓解影子银行泡沫的破裂，避免民营房地产企业由于卖不出房而资金断裂。那么，政府就可以利用一些优惠政策来鼓励在城市中仍然没有房的群体去购房，如农

① 习近平：《在省部级主要领导干部学习贯彻党的十八届五中全会精神主题研讨班上的讲话》，《人民日报》2016 年 1 月 18 日。

民工，在市场公允价格的基础上给予补贴、减免税收或大幅降价。三四线城市起到了承接农村和一二线城市的作用，实际上广大农村地区的农民长期生活在农村并不现实，但在一二线城市买房也不现实，那么，三四线城市如果有完善的城市基础设施和部分产业，对于三四线城市的去库存就是有效的。潘家华（2016）指出消除三四线房地产市场的低迷，问题似乎不在于房地产的供给，而在于需求侧的动力机制保障，只有一二线城市高度集中的优质资本、技术和人才注入三四线城市，才有可能使三四线城市的房地产市场平稳持续发展。在互联网时代，信息可以即时传播，通过视频会议、电话会议、传真机、扫描仪、数据传输、快递、物流等物联网体系，就可以完成很多传统工作，一些央企的先进制造业基地和科研院所就可以往三四线城市配置。农民工的就业可以转向以“互联网+物流”为主的新兴行业，如果全国实行三四线城市化，那么可想而知仅“互联网+”就需要多少劳动力再就业。所以，去库存的有效实施对房地产民营企业是有巨大好处的，这间接又会影响民营企业的资金链，从而使民营企业对影子银行可以按时还本付息，遏制不良影子银行信贷规模。

（3）去杠杆。既可以通过债务/GDP 中分子和分母的调节来实现，也可以通过杠杆转移来实现。中国影子银行近年来的高速增长与顺经济周期中加杠杆的特征息息相关，即在经济上行时个人、企业和政府通过加杠杆能获得更多收益，其对经济是有益的；而经济下行时债务增速过快，杠杆率过高，将会加大风险，甚至导致系统性金融危机。影子银行的一个与商业银行信贷转出不同的特征就是：当经济下行时，通常企业由于外部需求的减少会减少银行信贷，银行由于对经济展望的负预期，往往也惜贷，对贷款人的资质要求也会更高，但是影子银行却不同。影子银行缺少监管、风险管理、严格的信贷规章制度，导致影子银行在经济下行时仍然会有大量资金流动。商业银行惜贷，民营企业为了度过阶段性经济周期下行，无法从商业银行得到资金支持的时候就去寻求影子银行，反过来，影子银行松散的制度也会允许资金流向经营困难的民营企业。那么，这实际上加大了债务攀升所引发局部风险的可能性，这也意味着影子银行不是与社会融资规模和商业银行信贷规模同步的，所以，去影子银行杠杆是有必要的。一是对债务/GDP 减分子，由政府或央行承接一部分债务，进行债务减计；二是扩分母，即积极推动经济结构和经济体制改革，努力提高经济效率，扩大真实 GDP 规模；三是通过杠杆转移让中央政府和金融机构接手一些债务，同时可以将企业债务转换为股权等，这就又涉及建立多层次的资本市场，即当民营企业有大量存量影子银行信贷而无法兑付时，可以考虑通过多层次的资本市场对其负债进行股权置换等。

（4）降成本。这又涉及了采取简政放权、降税等手段来增加民营企业的盈余，使民营企业在新常态背景下有足够的资本渡过难关。2015 年 12 月中央经济工作会议提出了明确降税降费，降低企业成本的“降成本”任务。会议明确降低六大企业成本：第一，降低制度性交易成本，即简政放权、转变政府职能、清理规范中介服务、降低行政体系对企业造成的效率损失；第二，降低税费负担，即进一步正税清费，强化税收法定，清理并不合理的非税费用，营造公平的税负环境，进一步降低制造业增值税税率；第三，降低社会保险费，即精简归并五险一金，降低企业人力成本，进一步释放劳动力市场和企业发展动力；第四，降低企业财务成本，即引导金融部门疏通利率传导渠道，提高资金的可得性和配置效率，创造利率正常化的政策环境，为实体经济让利；第五，降低电力价格，电力是企业生产的基础，推进电价市场化改革，完善煤电价格联动机制，疏通能源与电力价格之间的传导机制，使较低的能源价格传导至企业；第六，降低物流成本，即进一步推动流通体制改革，提高商品流通效率，促进商品生产和消费。其中，降低企业成本的三大亮点——降低制造业增值税、精简归并五险一金和煤电价格联动机制的完善，显然是可以使民营企业的成本有效降低的。新常态下民间投资增速急剧下降，有效的降成本可以提高民营企业的投资信心与积极性，可以使民营企业在国内外需求都下降的趋势下留有盈余，这样可以减少民营企业对影子银行的过度依赖，进一步减缓民营企业资金链方面的流动性风险，从而降低金融市场系统性风险。

（5）补短板。其强调的是加大有效供给，尤其是新技术、新设备、新产品、新人才的有效供给。从影子银行的发展看，影子银行之所以在中国泛滥，其主要原因是常规金融市场融资资源有效供给不足，导致民营企业寻求非常规金融市场。“十三五”规划提出的建立多层次资本市场，加大金融创新和直接融资比例等，都是促进影子银行健康发展的有效方法。中国长期以来都是以商业银行间接融资为主，银行业在金融市场独大，在股票市场的市值也是比例最大的，这会产生一系列局部性风险，甚至导致金融危机。因为商业银行的间接融资平台主要服务于国有企业和政府，而国有企业和政府担负着中国城镇化和保就业等一系列政治使命。那么，这就意味着很多政府和国企主导的商业行为是非盈利的，甚至是亏损的，如建设农村地区，如果换成西方私人资本主义企业，资本逐利性会导致企业不会去建设农村落后地区，导致两极分化越发严重。中国这种特色社会主义市场经济的国有企业运营模式，实际上堆积了大量的信用风险，即国企的很多建设项目的回报根本无法覆盖银行贷款，而银行占A股市场的市值比例按行业算又是第一，那么，国企的信用风险就会传导至商业银行，从而导致股市的剧烈波动，最后可能引发系统性金融危机。所以，从一个角度看，影子银行的发展可以补充商业银行对民营企业信贷支持的短板，提供有效供给；但从另一个角度看，因为中国金融市场发展的资源错配性和商业银行的独大性，所以影子银行发展超过了一定的安全阈值，长期以来处在高速发展的状态，大量影子银行的存在已经被证明对宏观经济和金融市场是有危险性的。所以，把影子银行控制在一定安全阈值内，使其稳定发展，不但对金融市场没有负面影响，反而会促进金融市场的效用最大化。那么，这就需要对整个金融市场进行改革，切实推进和落实金融改革。改革不是口号，而是实打实的政策落地，建立多层次资本市场、注册制改革、利率市场化、资本项目的开放、压缩间接融资、提高直接融资比例等，不要因为一次股灾或者一些经济上的挫折就中断，应当坚定不移地推进这些改革措施，从而提高金融市场有效供给，使影子银行可以健康发展，对金融市场起到促进作用。

总之，通过理论分析和实证研究，本书认为中国影子银行对中国股市是有一定影响的。总体来看，影子银行的确有流动性分流的作用，对股市流动性有一定负面作用；同时，其作为金融资源配置在金融市场也起到了一定的积极作用。然而，从局部和结构性动态关系看，在不同时期的不同政策背景下，影子银行在时频上对股市又显示出了不同的影响性，有正面的，也有负面的。多种模型的应用验证了文献回顾里两者间影响性的各种不同观点。中国影子银行的发展和政策密切相关，它是中国经济发展和金融市场不断创新的产物。2013年，中共十八届三中全会指出市场在资源配置中起决定性作用，市场决定资源的配置机制，主要包括价格机制、供求机制、竞争机制以及激励和约束机制，同时，强调更好发挥政府的作用。既强调市场决定资源配置，又强调政府兼顾效率和公平，实际上这才是促进中国影子银行健康发展和有效监管影子银行的根本。影子银行的泛滥本身就是资源错配和供需失衡的表现，市场决定资源配置可以使影子银

行逐渐通过市场机制形成平衡，从而有效服务金融市场。影子银行暴露的大量风险又是政府在效率和公平上监管的缺失所造成的，强调政府在参与资源配置过程中的作用更加积极全面，维护市场秩序和公平同样可以进一步促进影子银行的绿色健康发展，进而有效服务投融资双方市场。有效监管影子银行需要从宏观经济政策方面来分析，同时借鉴西方发达市场政策监管经验，结合微观的监管手段，这样才可以深刻地理解在当前新常态背景下“十三五”规划中哪些方面的改革对影子银行健康发展可以起到决定性的作用。展望影子银行的未来，结合当前实际经济形势，通过供给侧改革五大攻坚任务看清五大任务的落实才可以真正促进影子银行的有序、健康、有效发展。

参考文献

巴曙松:《加强对影子银行系统的监管》,《中国金融》2009 年第 14 期。

巴曙松:《应从金融结构演进角度客观评估影子银行》,《经济纵横》2013 年第 4 期。

宝济同:《对民营经济发展的税收政策思考》,《现代营销》(学苑版) 2013 年第 10 期。

曹宪章:《中国影子银行对未来债券市场影响分析》,《中外企业家》2014 年第 29 期。

陈剑、张晓龙:《影子银行对我国经济发展的影响——基于 2000~2011 年季度数据的实证分析》,《财经问题研究》2012 年第 8 期。

程国平、刘丁平:《我国金融中介目标 M2/GDP 国际比较研究》,《河南工业大学学报》(社会科学版) 2015 年第 3 期。

崔连翔、张莹:《外汇储备对我国物价水平的影响——基于协整检验与误差修正模型的分析》,《经济问题》2012 年第 3 期。

董直庆、王林辉:《我国证券市场与宏观经济波动关联性:基于小波变换和互谱分析的对比检验》,《金融研究》2008 年第 8 期。

杜亚斌、顾海宁:《影子银行体系与金融危机》,《审计与经济研究》2010 年第 1 期。

樊晓静、龙建成、张雄:《影子银行发展对中国经济增长的实证分析》,《西安电子科技大学学报》(社会科学版) 2013 年第 5 期。

封思贤、居维维、李斯嘉:《中国影子银行对金融稳定性的影响》,《金融经济学研究》2014 年第 4 期。

高铁梅:《计量经济分析方法与建模:EViews 应用及实例》(第二版),清华大学出版社 2009 年版。

高岳、张翼:《深成指 GPD 分布尾部拟合与 VaR、ES 风险度量》,《统计与决策》2012 年第 18 期。

桂文林、韩兆洲、潘庆年：《POT 模型中 GPD“厚尾”性及金融风险测度》，《数量经济技术经济研究》2010 年第 1 期。

哈继铭：《2013 全球经济展望与中国的政策研究》，《中国市场》2013 年第 15 期。

何德旭、李锦成：《中国影子银行与 A 股市场的相关性分析》，《上海金融》2015 年第 4 期。

何德旭、郑联盛：《影子银行体系与金融体系稳定性》，《经济管理》2009 年第 11 期。

贺铿：《中国经济减速原因与出路》，《中国市场》2013 年第 31 期。

贺磊、王雄：《我国保险市场与信贷市场作用关系的动态分析——基于 Bootstrap 仿真的实证分析》，《湖南大学学报》（社会科学版）2014 年第 1 期。

胡碧、曹宝玉：《影子银行对我国货币供应量统计的影响分析》，《统计与决策》2015 年第 22 期。

胡碧、曹宝玉、吴姗姗：《基于影子银行的我国货币供应量统计失真问题探讨》，《商业时代》2014 年第 32 期。

花拥军、张宗益：《沪深股市极端风险的实证研究与比较分析——基于 GPD 分布的极值 POT 模型》，《系统工程》2009 年第 2 期。

花拥军、张宗益：《基于峰度法的 POT 模型对沪深股市极端风险的度量》，《系统工程理论与实践》2010 年第 5 期。

黄新建、王勇：《财政支农对江西农业经济增长效应的实证研究——基于协整检验与误差修正模型》，《江西财经大学学报》2010 年第 2 期。

贾俊平、何晓群、金勇进：《统计学》，中国人民大学出版社 2000 年版。

姜春海、李姝、田露露：《上网电价波动对中国火电发电量的影响——基于协整检验和误差修正模型的实证分析》，《财贸经济》2012 年第 5 期。

金雪军、周建锋：《投资者关注度与市场收益间动态关系研究——基于 Bootstrap 的滚动窗口方法》，《浙江大学学报》（人文社会科学版）2014 年第 6 期。

毛泽盛、万亚兰：《中国影子银行与银行体系稳定性阈值效应研究》，《国际金融研究》2012 年第 11 期。

雷曜、祝红梅、王亮亮：《客观看待影子银行体系的风险》，《中国金融》2013 年第 4 期。

李波、伍戈：《影子银行的信用创造功能及其对货币政策的挑战》，《金融研究》2011 年第 12 期。

李春霄、贾金荣：《农村金融发展与经济增长关系研究——基于协整检验和误差修正模型的实证分析》，《广东商学院学报》2012 年第 6 期。

李锦成：《对 1996~2015 年中国影子银行月度规模数据的测算》，《中国市场》2016 年第 24 期。

李锦成：《对中国影子银行规模的预测并检验其与 A 股市场的关系》，《经济研究导刊》2016 年第 12 期。

李若愚：《中国式影子银行规模测算与风险评估》，《金融与经济》2013 年第 9 期。

李强、周孝华：《基于 Copula 的我国台湾和韩国股票市场相关性研究》，《管理工程学报》2014 年第 2 期。

连平：《新形势下中国银行业发展呈现五大新趋势》，《中国银行业》2014 年第 9 期。

刘睿、詹原瑞、刘家鹏：《基于贝叶斯 MCMC 的 POT 模型——低频高损的操作风险度量》，《管理科学》2007 年第 3 期。

刘文雯、高平：《"影子银行体系"的崩塌对中国信托业发展的启示》，《上海金融》2010 年第 7 期。

刘晓星、王金定：《我国商业银行流动性风险研究——基于 Copula 和高阶 ES 测度的分析》，《广东商学院学报》2010 年第 5 期。

刘玉红、高铁梅：《中国动态货币政策乘数和总需求曲线分析》，《金融研究》2006 年第 12 期。

陆磊：《中国金融改革的逻辑和思路》，《经济导刊》2014 年第 1 期。

陆岷峰、陶瑞：《从庞氏骗局看中国影子银行体系的治理对策》，《桂海论丛》2014 年第 1 期。

罗世华、周斌、李颖：《基于小波分析的股市波动的多重分形辨识》，《系统工程理论与实践》2012 年第 11 期。

鹿朋：《中国影子银行体系的发展与影响——基于国际比较视角的政策选择》，《北京科技大学学报》（社会科学版）2013 年第 2 期。

吕敏：《优化民营企业税收环境的观察与思考》，《税务研究》2014 年第 3 期。

潘家华：《三四线城市房地产的去库存压力有多大》，《人民论坛》2016 年第 10 期。

彭森、陈立等：《中国经济体制改革重大事件》（下），中国人民大学出版社 2008 年版，第 433 页。

任仙玲、张世英：《基于 Copula 函数的金融市场尾部相关性分析》，《统计与信息论坛》2008 年第 6 期。

邵延进：《影子银行资金流向图谱及风险——以河北省为例》，《中国金融》2011 年第 18 期。

沈悦、谢坤锋：《影子银行发展与中国的经济增长》，《金融论坛》2013 年第 3 期。

石坚：《完善我国民营经济税收政策的研究》，《税务研究》2012 年第 3 期。

宿成建、刘星、刘礼培、魏锋：《应用小波分析方法研究沪深股市的溢出效应》，《系统工程学报》2004 年第 1 期。

孙国峰、贾君怡：《中国影子银行界定及其规模测算——基于信用货币创造的视角》，《中国社会科学》2015 年第 11 期。

涂晓枫、李政：《银行的影子：风险分担还是风险传染》，《当代经济科学》2016 年第 2 期。

谈佳隆：《“影子银行”：“剿”还是“抚”?》，《中国经济周刊》2011 年第 21 期。

王建文、黄震：《论中国民间借贷存在的依据、问题及规制路径》，《重庆大学学报》（社会科学版）2013 年第 1 期。

王晓枫、申妍：《影子银行影响中国经济发展了吗?》，《财经问题研究》2014 年第 4 期。

王增武：《影子银行体系对我国货币供应量的影响——以银行理财产品市场为例》，《中国金融》2010 年第 23 期。

王维维：《中国影子银行发展的原因与影响》，《经济研究导刊》2014 年第 1 期。

闻岳春、肖敬红：《银信合作视角下影子银行对金融市场的影响》，《同济大学学报》（社会科学版）2014 年第 2 期。

韦艳华、张世英、郭焱：《金融市场相关程度与相关模式的研究》，《系统工程学报》2004 年第 4 期。

温铁军：《八次危机：中国的真实经验》，《学习月刊》2013 年第 5 期。

文维虎、陈荣：《重视影子银行动向　避免风险隐患显现》，《西南金融》2010 年第 2 期。

肖曼君、夏荣尧：《中国的通货膨胀预测：基于 ARIMA 模型的实证分析》，《上海金融》2008 年第 8 期。

谢平、陆磊：《资源配置和产出效应：金融腐败的宏观经济成本》，《经济研究》2003 年第 11 期。

谢中华：《MATLAB 统计分析与应用：40 个案例分析》，北京航空航天大学出版社 2010 年版。

熊志斌：《ARIMA 融合神经网络的人民币汇率预测模型研究》，《数量经济技术经济研究》2011 年第 6 期。

许立平、罗明志：《基于 ARIMA 模型的黄金价格短期分析预测》，《财经科学》2011 年第 1 期。

徐绪松、王频：《中国股票市场 ES 和 VaR 的实证比较分析》，《技术经济》2006 年第 12 期。

杨旭：《中国“影子银行”的产生发展和影响》，《中外企业家》2012 年第 1 期。

杨杨、汤晓健、杜剑：《我国中小型民营企业税收负担与企业价值关系——基于深交所中小板上市公司数据的实证分析》，《税务研究》2014 年第 3 期。

姚军、葛新峰：《我国影子银行的发展现状及其对信贷调控政策的影响》，《金融纵横》2011 年第 10 期。

易文德：《基于 ARMA—GARCH-COUPULA 模型的交易量与股价波动相依关系》，《系统管理学报》2012 年第 5 期。

张宝林、潘焕学：《影子银行与房地产泡沫：诱发系统性金融风险之源》，《现代财经》（天津财经大学学报）2013 年第 11 期。

张世强、张青超、眭悦：《影子银行规模估算与监管研究》，《国际商务》（对外经济贸易大学学报）2013 年第 5 期。

张维迎：《人类发展靠企业家精神》，《商周刊》2016 年第 14 期。

张文彤、邝春伟：《SPSS 统计分析基础教程》（第 2 版），高等教育出版社 2011 年版。

张亦春、彭江：《影子银行对商业银行稳健性和经济增长的影响——基于面板 VAR 模型的动态分析》，《投资研究》2014 年第 5 期。

周广仁：《促进小微企业健康发展的税收政策取向》，《税务研究》2012 年第 12 期。

周凤明、周艳：《世界优秀统计软件 SPSS v10.0 for Windows 实用基础教程》，北京希望电子出版社 2001 年版。

赵慧琴：《Bootstrap 方法在区间估计中的应用》，《江西科学》2010 年第 4 期。

朱孟楠、叶芳、赵茜、王宇光：《影子银行体系的监管问题——基于最优资本监管模型的分析》，《国际金融研究》2012 年第 7 期。

邹东涛、欧阳日辉：《新中国经济发展 60 年（1949~2009）》（第 1 版），人民出版社 2009 年版。

Acerbi C., Tasche D., "Expected shortfall: A natural coherent alternative to value at risk", *Economic Notes*, Vol.31, No.2, 2002, pp.379-388.

Adrian, Tobias and Adam B., "Ashcraft. Shadow banking: A review of the literature", No.580. Federal Reserve Bank of New York, 2012.

Adrian, Tobias and Hyun Song Shin, "The shadow banking system: Implications for financial regulation", No.382. Staff Report, Federal Reserve Bank of New York, 2009.

Adrian T., "Shadow banking system: Implications for financial regulation", DIANE Publishing, 2010.

Adrian T., Shin H. S., "The changing nature of financial intermediation and the financial crisis of 2007-2009", *Economics*, Vol.2, No.1, 2010, pp. 603-618.

Bengtsson, Elias, "Shadow banking and financial stability: European money market funds in the global financial crisis", *Journal of International Money and Finance*, Vol.32, No.1, 2013, pp.579-594.

Bernanke B. S., "Some reflections on the crisis and the policy response", Remarks delivered at the Russell Sage Foundation and Century Foundation Conference on "Rethinking Finance", New York City, April 2012.

Bordo M. D., "An historical perspective on the crisis of 2007-2008", *National Bureau of Economic Research*, 2008.

Borgioli, Stefano, et al., "Shadow banking in the euro area: An overview", European Central Bank, 2012.

Bouveret A., "An assessment of the shadow banking sector in Europe", *Social Science Electronic Publishing*, 2012.

Brunnermeier M. K., "Deciphering the liquidity and credit crunch 2007-2008",

The Journal of Economic Perspectives, Vol.23, No.1, 2009, pp.77–100.

Buiter, Willem, "Lessons from Northern Rock: Banking and shadow banking", *The First Global Financial Crisis of the 21st Century*, Vol.133, 2008.

Bordo M. D., "An historical perspective on the crisis of 2007–2008", *National Bureau of Economic Research*, 2008.

Calmès C., Théoret R., "The rise of shadow banking and the hidden benefits of diversification", Département des Sciences Administratives, UQO, 2011.

Calvet L. E., Fisher A., "Multifractal volatility: Theory, forecasting, and pricing", Academic Press, 2008.

Chib S., Nardari F. and Shephard N., "Markov chain Monte Carlo methods for stochastic volatility models", *Journal of Econometrics*, Vol.108, No.2, 2002, pp.281–316.

Chib S., "Markov chain Monte Carlo methods: Computation and inference", *Handbook of Econometrics*, Vol.5, No.1, 2001, pp.3569–3649.

Choulakian V., Stephens M. A., "Goodness–of–fit tests for the generalized Pareto distribution", *Technometrics*, Vol.43, No.4, 2001, pp.478–484.

Duca, John V., "What drives the shadow banking system in the short and long run?", No. 1401, 2014.

Eichengreen B., "Origins and Responses to the Crisis", 2008.

Fama E. F., French K. R., "The cross–section of expected stock returns", *Journal of Finance*, June 1992.

Fama E. F., MacBeth J. D., "Risk, return, and equilibrium: Empirical tests", *The Journal of Political Economy*, Vol.81, No.3, 1973, pp.607–636.

Fama E. F., "Risk, return and equilibrium: Some clarifying comments", *The Journal of Finance*, Vol.23, No.1, 1968, pp.29–40.

Farhi M., Cintra M. A. M., "The financial crisis and the global shadow banking system", *Revue de la régulation. Capitalisme, Institutions, Pouvoirs*, Vol.5, 2009.

Friedman M., Schwartz A. J., "A monetary history of the United Stales", 1963.

Fung W., Hsieh D. A., "Hedge fund benchmarks: A risk–based approach",

Financial Analysts Journal, Vol.60, No.5, 2004, pp.65–80.

G30, "Derivatives: Practices and Principles", 1993.

Gallegati M., "Wavelet analysis of stock returns and aggregate economic activity", *Computational Statistics & Data Analysis*, Vol.52, No.6, 2008, pp.3061–3074.

Gelinas U. J., Sutton S. G. and Hunton, "Accounting Information Systems", (6th Edition), South–Western College Publishing, Cincinnati, Ohio, 2011.

Gennaioli, Nicola, Andrei Shleifer and Robert W. Vishny, "A model of shadow banking", *The Journal of Finance*, Vol.68, No.4, 2013, pp. 1331–1363.

Gilli M., "An application of extreme value theory for measuring financial risk", *Computational Economics*, Vol.27, No.2–3, 2006, pp.207–228.

Gorton, Gary and Andrew Metrick, "Regulating the Shadow Banking System", *Brookings Papers on Economic Activity*, Vol.41, 2010, pp.261–312.

Hill B. M., "A simple general approach to inference about the tail of a distribution", *The Annals of Statistics*, Vol.3, No.5, 1975, pp.1163–1174.

Hoenig T. M., Morris C. S., "Restructuring the banking system to improve safety and soundness", 2011.

Imtiaz Mazumder M., Ahmad N. Greed, "Financial innovation or laxity of regulation? A close look into the 2007–2009 financial crisis and stock market volatility", *Studies in Economics and Finance*, Vol.27, No.2, 2010, pp.110–134.

Kim S., In F., "The relationship between stock returns and inflation: New evidence from wavelet analysis", *Journal of Empirical Finance*, Vol.12, No.3, 2005, pp.435–444.

Khalik Salman A., Shukur G., "Testing for Granger causality between industrial output and CPI in the presence of regime shift: Swedish data", *Journal of Economic Studies*, Vol.31, No.6, 2004, pp.492–499.

Linsmeier T. J., Pearson N. D., "Value at risk", *Financial Analysts Journal*, Vol.56, No.2, 2000, pp.47–67.

Lintner J., "The valuation of risk assets and the selection of risky investments in stock portfolios and capital budgets", *The Review of Economics and Statistics*, 1965, pp.13–37.

Luttrell, David, Harvey Rosenblum and Jackson Thies, "Understanding the risks inherent in shadow banking: A primer and practical lessons learned", *Staff Papers*, Nov. 2012.

Markowitz H., "Portfolio selection", *The Journal of Finance*, Vol.7, No.1, 1952, pp.77–91.

McCulley, Paul, "The paradox of deleveraging will be broken", *Global Central Bank Focus*, 2008.

McNeil A. J., "Estimating the tails of loss severity distributions using extreme value theory", *ASTIN Bulletin*, Vol.27, No.1, 1997, pp.117–137.

Mossin J., "Equilibrium in a capital asset market", *Econometrica: Journal of the Econometric Society*, Vol.34, No.4, 1966, pp.768–783.

Nguyen C. C., Bhatti M. I., "Copula model dependency between oil prices and stock markets: Evidence from China and Vietnam", *Journal of International Financial Markets, Institutions and Money*, Vol.22, No.4, 2012, pp. 758–773.

Noeth, Bryan J. and Rajdeep Sengupta, "Is shadow banking really banking?", *The Regional Economist*, 2011, pp.8–13.

Ordonez, Guillermo, "Sustainable Shadow Banking", No. w19022. National Bureau of Economic Research, 2013.

Parent E., Bernier J., "Bayesian POT modeling for historical data", *Journal of Hydrology*, Vol.274, No.1, 2003, pp.95–108.

Pozsar, Zoltan, et al., *Shadow Banking*, No. 458. Staff Report, Federal Reserve Bank of New York, 2010.

Pozsar, Zoltan and Manmohan Singh, "The nonbank-bank nexus and the shadow banking system", Washington, DC: International Monetary Fund, 2011.

Pozsar Z., Singh M., "The nonbank-bank nexus and the shadow banking system", *IMF Working Papers*, Vol.11, No.289, 2011, pp.1–18.

Perotti, Enrico, "The roots of Shadow Banking", Bank of England, Mimeo, 2012.

Pickands Ⅲ J., "Statistical inference using extreme order statistics", *The Annals of Statistics*, 1975, pp.119-131.

Ramsey J. B., Usikov D. and Zaslavsky G. M., "An analysis of US stock price behavior using wavelets", *Fractals*, Vol.3, No.2, 1995, pp.377-389.

Ross S. A., "The arbitrage theory of capital asset pricing", *Journal of Economic Theory*, Vol.13, No.3, 1976, pp.341-360.

Rua A., Nunes L. C., "International comovement of stock market returns: A wavelet analysis", *Working Papers*, Vol.16, No.4, 2009, pp.632-639.

Serletis, Apostolos, Khandokar Istiak and Periklis Gogas, "Interest Rates, Leverage, and Money", *Open Economics Review*, Vol.24, No.1, 2013, pp.51-78.

Sharpe W. F., "Capital asset prices: A theory of market equilibrium under conditions of risk", *Journal of Finance*, Vol.19, No.3, 1964, pp.425-442.

Shik Lee H., "International transmission of stock market movements: A wavelet analysis", *Applied Economics Letters*, Vol.11, No.3, 2004, pp.197-201.

Stockhammer E., "Financialization and the global economy", *Political Economy Research Institute Working Papers*, Vol.99, No.4, 2010, pp.409-410.

Torrence C., Compo G. P., "A practical guide to wavelet analysis", *Bulletin of the American Meteorological Society*, Vol.79, No.1, 1998, pp.61-78.

Wang Q. J., "The POT model described by the generalized Pareto distribution with Poisson arrival rate", *Journal of Hydrology*, Vol.129, No.1-4, 1991, pp.263-280.

Wiener N., "Differential-Space", *Journal of Mathematics and Physics*, Vol.2, No.1-4, 1923, pp.131-174.

Yamai Y., Yoshiba T., "Value-at-risk versus expected shortfall: A practical perspective", *Journal of Banking & Finance*, Vol.29, No.4, 2005, pp.997-1015.

索　引

A

安全阈值　2，3，28，32，105，106，107，109，112，116，117，119，121，122，125，141，144，166

B

边缘分布　19，29，127，128，129，130，131，133，134，139

C

Clayton-copula 函数　29，127，133，135，136，137，138

存款保险制度　4，159

D

低频高损　28，109，116，125，171

迭代轨迹　28，118，121，123，124，125

多层次资本市场　14，21，141，148，156，165，166

E

二元频率直方图　134

F

非对称 Copula 函数　25，29，126，127，138

分布函数图　133，135，136

分位数检验　28，118，121，124，125

G

供给侧改革　27，35，63，84，85，87，88，139，154，163，167

Gumbel-copula 函数　29，127，129，133，134，135，136，137，138，139

滚动窗口检验　24，91，95

国企改革　26，30，41，43，97，103，150，155

H

核分布估计图　133

J

极大似然估计 18，19，28，105，107，108，109，116，117，118，119，120，121，123，125

极值 19，23，25，27，28，29，105，106，107，109，114，115，116，117，118，119，121，122，123，124，125，126，139，170

季节调整 24，48，49，50，51，79，87，94

监管机构 8，15，22，26，74，142，144，147，161，162

金融督导 145

金融改革 30，154，155，162，166，171

经济体制改革 30，42，149，162，164，172

经验分布函数图 133

L

利率市场化 14，16，157，166

联合分布 19，110，127，129，130

M

M2/GDP 12，23，26，34，35，36，38，39，41，42，43，44，45，48，51，52，53，73，151，169

密度函数 29，109，111，128，129，133，135，136，138

P

平方欧式距离 131，138

平均超额函数图 28，116，119，121，125

Q

Q-Q 图 114，115，117，119，120，122，123

曲线拟合 23，24，27，28，65，66，67，69，70，71，72，73，74

全样本格兰杰检验 89，90，94，95

S

三次函数 27，65，69，70，73，74

数据处理 66，90，145

税制改革 43，151，163

T

统计方法 27，31，34，35，74

统计口径 26，31，34，144

统计值检验 132

V

Volcker Rules 148

W

尾部相关性 18，19，25，29，127，130，135，136，137，138，139，172

稳定性检验 95

X

相关性分析 18，23，65，91，105，130，170，172
小波时频分析 90，91，99
小波相关系数 28，92，93，99，100，102，103
协整关系 15，18，77，85，86，89，90，92，99
新常态 148，150，151，154，155，162，165，167
需求系数 12，24，34，35，51，52，53，54，55，56，57，58，59，60，61，62，87

Y

影响性 3，9，11，16，20，21，23，24，25，26，27，29，64，65，75，87，88，89，90，95，99，102，127，128，137，138，139，141，166
影子银行规模 2，5，7，12，20，22，23，25，26，27，28，30，31，32，33，34，35，42，51，52，53，54，55，56，57，58，59，60，61，62，63，64，68，70，71，73，76，78，83，84，85，86，87，88，90，94，95，97，99，104，113，131，139，141，142，144，171，173
有效监管 4，21，22，24，25，30，141，144，149，150，154，161，162，166，167
有效统计 24，25，32，142，144，162

Z

中国影子银行 1，2，3，11，12，13，14，15，16，20，21，22，24，25，26，27，28，29，30，31，32，33，34，35，42，43，45，48，63，64，65，68，73，74，75，84，85，86，87，88，103，104，105，127，131，132，133，138，141，142，144，146，149，153，154，156，159，164，166，169，170，171，172
资金监控 144，145

后　记

本书是我在中国社会科学院数量经济与技术经济研究所从事博士后研究期间完成的。在此首先要向我的博士后导师樊明太老师以及博士生导师何德旭老师表示最衷心的感谢！

感谢全国博士后管理委员会、中国社科院博士后管理委员会、经济管理出版社对本书在经费和出版上的大力支持！

感谢我身边的朋友们，在研究的道路上，正是你们的支持与帮助，为我的研究工作增加了很多便利。

最后，感谢我的家人给予的无限支持。特别是我的父母，你们无私的亲情给了我最大的动力、最持久的温暖。我会带着这份感恩的心，继续前行。

李锦成

2017 年 7 月

专家推荐表

第六批《中国社会科学博士后文库》专家推荐表 1			
推荐专家姓名	何德旭	行政职务	研究员
研究专长	金融学	电　　话	
工作单位	中国社会科学院、财经战略研究院	邮　　编	
推荐成果名称	中国的影子银行与股票市场：内在关联与作用机理		
成果作者姓名	李锦成		

（对书稿的学术创新、理论价值、现实意义、政治理论倾向及是否达到出版水平等方面做出全面评价，并指出其缺点或不足）

书稿运用 X12 季节调整和低频转高频数据处理方法，利用 M2、GDP、信贷规模、货币需求系数等要素测算了中国影子银行 1996~2015 年的月度规模数据。书稿通过多种线性与非线性、对称与非对称模型检验了中国影子银行对中国股市的影响，并将工程学小波分析法运用到经济模型统计中，在时间序列中通过时域和频域有校检验了金融变量间的局部影响性。同时，还利用安全阈值模型中 Hill 图观察并推算出了中国影子银行与中国股市的 ES 和 VaR 估计值，在研究影子银行对股市极值影响性上有了较为深入的创新性探索。

书稿基于实证研究，通过“十三五”报告中基于宏观方面的经济体制改革，微观方面的国企改革、财税改革和金融改革，分析了有效发展和监管影子银行的路径，从政策理论的角度给出了发展影子银行的建议。并结合供给侧结构性改革五大攻坚任务目标分析了影子银行未来的发展，有较大的理论价值。

另外，基于美国学术界提出的影子银行是导致 2007 年次贷危机和全球股市巨幅波动的重要因素等观点，书稿探讨了中国影子银行对 A 股市场的影响性，对理解 A 股市场长期波动率现象，以及为监管层提供决策参考，都具有较大的启示意义。而且，通过分析影子银行和 A 股市场间的风险安全阈值，可以进一步准确度量中国影子银行的风险。

总体上看，书稿选题与内容新颖，具有现实针对性，突出了新理论、新视角、新架构和新观点，政治方向正确，理论研究严谨，是一部有较高水平和较大学术价值的书稿。

建议列入《中国社会科学博士后文库》。

签字：

2017 年 1 月 8 日

说明：该推荐表由具有正高职称的同行专家填写。一旦推荐书稿入选《博士后文库》，推荐专家姓名及推荐意见将印入著作。

<table>
<tr><th colspan="4">第六批《中国社会科学博士后文库》专家推荐表 2</th></tr>
<tr><td>推荐专家姓名</td><td>樊明太</td><td>行政职务</td><td>研究员</td></tr>
<tr><td>研究专长</td><td>经济学</td><td>电　　话</td><td></td></tr>
<tr><td>工作单位</td><td>中国社会科学院数量经济与技术经济研究所</td><td>邮　　编</td><td></td></tr>
<tr><td>推荐成果名称</td><td colspan="3">中国的影子银行与股票市场：内在关联与作用机理</td></tr>
<tr><td>成果作者姓名</td><td colspan="3">李锦成</td></tr>
<tr><td colspan="4">（对书稿的学术创新、理论价值、现实意义、政治理论倾向及是否达到出版水平等方面做出全面评价，并指出其缺点或不足）
该书稿研究了中国影子银行的发展规律及其与股票市场的内在关联和作用机理。在中国传统银行业脱媒加速、银行业转型和升级的背景下，该研究对于理解银行业金融改革具有重要的现实意义。其关于影子银行与股票市场的内在关联与作用机理的实证分析具有重要的理论价值。
该书稿的创新之处有：一是建立了多曲线拟合分析模型、非对称 Copula 函数、小波分析等模型，实证研究证明了影子银行对资本市场具有结构动态性影响；二是利用 POT 模型估计了中国影子银行与中国股市的风险价值（VaR 和 ES 估计）。特别地，在运用中兼顾了研究结果参数的统计意义和经济意义的合理组合。
总体上看，书稿选题处于学科前沿，研究方法先进，技术路线可行，政治方向正确，理论研究严谨，是一部具有创新性的研究成果。
建议列入《中国社会科学博士后文库》。

签字：樊明太
2017 年 1 月 16 日</td></tr>
<tr><td colspan="4">说明：该推荐表由具有正高职称的同行专家填写。一旦推荐书稿入选《博士后文库》，推荐专家姓名及推荐意见将印入著作。</td></tr>
</table>

经济管理出版社
《中国社会科学博士后文库》
成果目录

第一批《中国社会科学博士后文库》（2012年出版）

序号	书　名	作　者
1	《“中国式”分权的一个理论探索》	汤玉刚
2	《独立审计信用监管机制研究》	王　慧
3	《对冲基金监管制度研究》	王　刚
4	《公开与透明：国有大企业信息披露制度研究》	郭媛媛
5	《公司转型：中国公司制度改革的新视角》	安青松
6	《基于社会资本视角的创业研究》	刘兴国
7	《金融效率与中国产业发展问题研究》	余　剑
8	《进入方式、内部贸易与外资企业绩效研究》	王进猛
9	《旅游生态位理论、方法与应用研究》	向延平
10	《农村经济管理研究的新视角》	孟　涛
11	《生产性服务业与中国产业结构演变关系的量化研究》	沈家文
12	《提升企业创新能力及其组织绩效研究》	王　涛
13	《体制转轨视角下的企业家精神及其对经济增长的影响》	董　昀
14	《刑事经济性处分研究》	向　燕
15	《中国行业收入差距问题研究》	武　鹏
16	《中国土地法体系构建与制度创新研究》	吴春岐
17	《转型经济条件下中国自然垄断产业的有效竞争研究》	胡德宝

第二批《中国社会科学博士后文库》（2013年出版）

序号	书　名	作　者
1	《国有大型企业制度改造的理论与实践》	董仕军
2	《后福特制生产方式下的流通组织理论研究》	宋宪萍

续表

第二批《中国社会科学博士后文库》（2013年出版）		
序号	书　名	作　者
3	《基于场景理论的我国城市择居行为及房价空间差异问题研究》	吴　迪
4	《基于能力方法的福利经济学》	汪毅霖
5	《金融发展与企业家创业》	张龙耀
6	《金融危机、影子银行与中国银行业发展研究》	郭春松
7	《经济周期、经济转型与商业银行系统性风险管理》	李关政
8	《境内企业境外上市监管若干问题研究》	刘　轶
9	《生态维度下土地规划管理及其法制考量》	胡耘通
10	《市场预期、利率期限结构与间接货币政策转型》	李宏瑾
11	《直线幕僚体系、异常管理决策与企业动态能力》	杜长征
12	《中国产业转移的区域福利效应研究》	孙浩进
13	《中国低碳经济发展与低碳金融机制研究》	乔海曙
14	《中国地方政府绩效评估系统研究》	朱衍强
15	《中国工业经济运行效益分析与评价》	张航燕
16	《中国经济增长：一个“被破坏性创造”的内生增长模型》	韩忠亮
17	《中国老年收入保障体系研究》	梅　哲
18	《中国农民工的住房问题研究》	董　昕
19	《中美高管薪酬制度比较研究》	胡　玲
20	《转型与整合：跨国物流集团业务升级战略研究》	杜培枫

第三批《中国社会科学博士后文库》（2014年出版）		
序号	书　名	作　者
1	《程序正义与人的存在》	朱　丹
2	《高技术服务业外商直接投资对东道国制造业效率影响的研究》	华广敏
3	《国际货币体系多元化与人民币汇率动态研究》	林　楠
4	《基于经常项目失衡的金融危机研究》	匡可可
5	《金融创新及其宏观效应研究》	薛昊旸
6	《金融服务县域经济发展研究》	郭兴平
7	《军事供应链集成》	曾　勇
8	《科技型中小企业金融服务研究》	刘　飞

续表

第三批《中国社会科学博士后文库》（2014年出版）		
序号	书　名	作　者
9	《农村基层医疗卫生机构运行机制研究》	张奎力
10	《农村信贷风险研究》	高雄伟
11	《评级与监管》	武　钰
12	《企业吸收能力与技术创新关系实证研究》	孙　婧
13	《统筹城乡发展背景下的农民工返乡创业研究》	唐　杰
14	《我国购买美国国债策略研究》	王　立
15	《我国行业反垄断和公共行政改革研究》	谢国旺
16	《我国农村剩余劳动力向城镇转移的制度约束研究》	王海全
17	《我国吸引和有效发挥高端人才作用的对策研究》	张　瑾
18	《系统重要性金融机构的识别与监管研究》	钟　震
19	《中国地区经济发展差距与地区生产率差距研究》	李晓萍
20	《中国国有企业对外直接投资的微观效应研究》	常玉春
21	《中国可再生资源决策支持系统中的数据、方法与模型研究》	代春艳
22	《中国劳动力素质提升对产业升级的促进作用分析》	梁泳梅
23	《中国少数民族犯罪及其对策研究》	吴大华
24	《中国西部地区优势产业发展与促进政策》	赵果庆
25	《主权财富基金监管研究》	李　虹
26	《专家对第三人责任论》	周友军

第四批《中国社会科学博士后文库》（2015年出版）		
序号	书　名	作　者
1	《地方政府行为与中国经济波动研究》	李　猛
2	《东亚区域生产网络与全球经济失衡》	刘德伟
3	《互联网金融竞争力研究》	李继尊
4	《开放经济视角下中国环境污染的影响因素分析研究》	谢　锐
5	《矿业权政策性整合法律问题研究》	郗伟明
6	《老年长期照护：制度选择与国际比较》	张盈华
7	《农地征用冲突：形成机理与调适化解机制研究》	孟宏斌
8	《品牌原产地虚假对消费者购买意愿的影响研究》	南剑飞

续表

第四批《中国社会科学博士后文库》（2015年出版）		
序号	书 名	作 者
9	《清朝旗民法律关系研究》	高中华
10	《人口结构与经济增长》	巩勋洲
11	《食用农产品战略供应关系治理研究》	陈 梅
12	《我国低碳发展的激励问题研究》	宋 蕾
13	《我国战略性海洋新兴产业发展政策研究》	仲雯雯
14	《银行集团并表管理与监管问题研究》	毛竹青
15	《中国村镇银行可持续发展研究》	常 戈
16	《中国地方政府规模与结构优化：理论、模型与实证研究》	罗 植
17	《中国服务外包发展战略及政策选择》	霍景东
18	《转变中的美联储》	黄胤英

第五批《中国社会科学博士后文库》（2016年出版）		
序号	书 名	作 者
1	《财务灵活性对上市公司财务政策的影响机制研究》	张玮婷
2	《财政分权、地方政府行为与经济发展》	杨志宏
3	《城市化进程中的劳动力流动与犯罪：实证研究与公共政策》	陈春良
4	《公司债券融资需求、工具选择和机制设计》	李 湛
5	《互补营销研究》	周 沛
6	《基于拍卖与金融契约的地方政府自行发债机制设计研究》	王治国
7	《经济学能够成为硬科学吗？》	汪毅霖
8	《科学知识网络理论与实践》	吕鹏辉
9	《欧盟社会养老保险开放性协调机制研究》	王美桃
10	《司法体制改革进程中的控权机制研究》	武晓慧
11	《我国商业银行资产管理业务的发展趋势与生态环境研究》	姚 良
12	《异质性企业国际化路径选择研究》	李春顶
13	《中国大学技术转移与知识产权制度关系演进的案例研究》	张 寒
14	《中国垄断性行业的政府管制体系研究》	陈 林

续表

第六批《中国社会科学博士后文库》（2017 年出版）		
序号	书　名	作　者
1	《城市化进程中土地资源配置的效率与平等》	戴媛媛
2	《高技术服务业进口技术溢出效应对制造业效率影响研究》	华广敏
3	《环境监管中的“数字减排”困局及其成因机理研究》	董　阳
4	《基于竞争情报的战略联盟关系风险管理研究》	张　超
5	《基于劳动力迁移的城市规模增长研究》	王　宁
6	《金融支持战略性新兴产业发展研究》	余　剑
7	《清乾隆时期长江中游米谷流通与市场整合》	赵伟洪
8	《文物保护经费绩效管理研究》	满　莉
9	《我国开放式基金绩效研究》	苏　辛
10	《医疗市场、医疗组织与激励动机研究》	方　燕
11	《中国的影子银行与股票市场：内在关联与作用机理》	李锦成
12	《中国应急预算管理与改革》	陈建华
13	《资本账户开放的金融风险及管理研究》	陈创练
14	《组织超越——企业如何克服组织惰性与实现持续成长》	白景坤

《中国社会科学博士后文库》征稿通知

为繁荣发展我国哲学社会科学领域博士后事业，打造集中展示哲学社会科学领域博士后优秀研究成果的学术平台，全国博士后管理委员会和中国社会科学院共同设立了《中国社会科学博士后文库》（以下简称《文库》），计划每年在全国范围内择优出版博士后成果。凡入选成果，将由《文库》设立单位予以资助出版，入选者同时将获得全国博士后管理委员会（省部级）颁发的“优秀博士后学术成果”证书。

《文库》现面向全国哲学社会科学领域的博士后科研流动站、工作站及广大博士后，征集代表博士后人员最高学术研究水平的相关学术著作。征稿长期有效，随时投稿，每年集中评选。征稿范围及具体要求参见《文库》征稿函。

联系人：宋　娜　主任

联系电话：01063320176；13911627532

电子邮箱：epostdoctoral@126.com

通讯地址：北京市海淀区北蜂窝 8 号中雅大厦 A 座 11 层经济管理出版社《中国社会科学博士后文库》编辑部

邮编：100038

经济管理出版社